列国志

GUIDE TO
THE WORLD
NATIONS

新版

李德芳 | *PALAU*

编著

帕劳

社会科学文献出版社
SOCIAL SCIENCES ACADEMIC PRESS (CHINA)

帕劳行政区划图

帕劳总统府位于梅莱凯奥克州的恩吉鲁模德，本书采用帕劳首都为恩吉鲁模德这一观点。

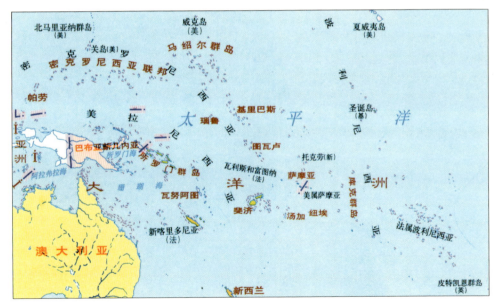

太平洋主要岛屿位置图

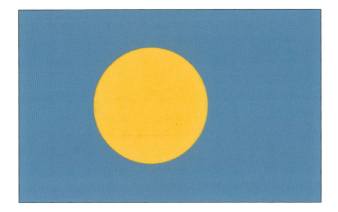

帕劳国旗

帕劳国徽

总统府（郭佩宜 摄）

国家博物馆（郭佩宜 摄）

爱普森博物馆（郭佩宜 摄）

帕劳水族馆（郭佩宜　摄）

传统工艺品市场（郭佩宜　摄）

男人会馆（郭佩宜　摄）

男人会馆中的帕劳人（太平洋岛国贸易与投资专员署　供图）

帕劳发行的邮票（李德芳　摄）

蓝洞潜水（太平洋岛国贸易与投资专员署　供图）

热带雨林滑索（太平洋岛国贸易与投资专员署　供图）

水母湖（太平洋岛国贸易与投资专员署 供图）

牛奶湖（太平洋岛国贸易与投资专员署 供图）

安德茂瀑布（太平洋岛国贸易与投资专员署　供图）

七十群岛（太平洋岛国贸易与投资专员署　供图）

出版说明

　　《列国志》编撰出版工作自 1999 年正式启动，截至目前，已出版 144 卷，涵盖世界五大洲 163 个国家和国际组织，成为中国出版史上第一套百科全书式的大型国际知识参考书。该套丛书自出版以来，受到社会各界的广泛好评，被誉为"21 世纪的《海国图志》"，中国人了解外部世界的全景式"窗口"。

　　这项凝聚着近千学人、出版人心血与期盼的工程，前后历时十多年，作为此项工作的组织实施者，我们为这皇皇 144 卷《列国志》的出版深感欣慰。与此同时，我们也深刻认识到当今国际形势风云变幻，国家发展日新月异，人们了解世界各国最新动态的需要也更为迫切。鉴于此，为使《列国志》丛书能够不断补充最新资料，更好地服务于社会各界，我们决定启动新版《列国志》编撰出版工作。

　　与已出版的 144 卷《列国志》相比，新版《列国志》无论是形式还是内容都有新的调整。国际组织卷次将单独作为一个系列编撰出版，原来合并出版的国家将独立成书，而之前尚未出版的国家都将增补齐全。新版《列国志》的封面设计、版面设计更加新颖，力求带给读者更好的阅读享受。内容上的调整主要体现在数据的更新、最新情况的增补以及章节设置的变化等方面，目的在于进一步加强该套丛书将基础研究和应用对策研究相结合，将基础研究成果应用于实践的特色。例如，增加了各国有关资源开发、环境治理的内容；特设"社会"一章，介绍各国的国民生活情况、社会管理经验以及存在的社会问题，等等；增设"大事纪年"，方便读者在短时间内熟悉各国的发展线索；增设"索引"，便于读者根据人名、地名、关键词查找所需相关信息。

顺应时代发展的要求，新版《列国志》将以纸质书为基础，全面整合国别国际问题研究资源，构建列国志数据库。这是《列国志》在新时期发展的一个重大突破，由此形成的国别国际问题研究与知识服务平台，必将更好地服务于中央和地方政府部门应对日益繁杂的国际事务的决策需要，促进国别国际问题研究领域的学术交流，拓宽中国民众的国际视野。

新版《列国志》的编撰出版工作得到了各方的支持：国家主管部门高度重视，将其列入"'十二五'国家重点图书出版规划项目"；中国社会科学院将其列为创新工程学术出版资助项目，王伟光院长亲自担任编辑委员会主任，指导相关工作的开展；国内各高校和研究机构鼎力相助，国别国际问题研究领域的知名学者相继加入编辑委员会，提供优质的学术指导。相信在各方的通力合作之下，新版《列国志》必将更上一层楼，以崭新的面貌呈现给读者，在中国改革开放的新征程中更好地发挥其作为"知识向导"、"资政参考"和"文化桥梁"的作用！

新版《列国志》编辑委员会
2013 年 9 月

前　言

　　自 1840 年前后中国被迫开关、步入世界以来，对外国舆地政情的了解即应时而起。还在第一次鸦片战争期间，受林则徐之托，1842 年魏源编辑刊刻了近代中国首部介绍当时世界主要国家舆地政情的大型志书《海国图志》。林、魏之目的是为长期生活在闭关锁国之中、对外部世界知之甚少的国人"睁眼看世界"，提供一部基本的参考资料，尤其是让当时中国的各级统治者知道"天朝上国"之外的天地，学习西方的科学技术，"师夷之长技以制夷"。这部著作，在当时乃至其后相当长一段时间内，产生过巨大影响，对国人了解外部世界起到了积极的作用。

　　自那时起中国认识世界、融入世界的步伐就再也没有停止过。中华人民共和国成立以后，尤其是 1978 年改革开放以来，中国更以主动的自信自强的积极姿态，加速融入世界的步伐。与之相适应，不同时期先后出版过相当数量的不同层次的有关国际问题、列国政情、异域风俗等方面的著作，数量之多，可谓汗牛充栋。它们对时人了解外部世界起到了积极的作用。

　　当今世界，资本与现代科技正以前所未有的速度与广度在国际流动和传播，"全球化"浪潮席卷世界各地，极大地影响着世界历史进程，对中国的发展也产生极其深刻的影响。面临不同以往的"大变局"，中国已经并将继续以更开放的姿态、更快的步伐全面步入世界，迎接时代的挑战。不同的是，我们所面临的已不是林则徐、魏源时代要不要"睁眼看世界"、要不要"开放"的问题，而是在新的历史条件下，在新的世界发展大势下，如何更好地步入世界，如何在融入世界的进程中更好地维护民族国家的主权与独立，积极参与国际事务，为维护世界和平，促进世界与人类共同发展做出贡献。这就要求我们对外部世界有比以往更深切、全面的了解，我们只有更全面、更深入地了解世界，才能在更高的层次上融入世界，也才能在融入世界的进程中不迷失方向，保持自我。

与此时代要求相比，已有的种种有关介绍、论述各国史地政情的著述，无论就规模还是内容来看，已远远不能适应我们了解外部世界的要求。人们期盼有更新、更系统、更权威的著作问世。

中国社会科学院作为国家哲学社会科学的最高研究机构和国际问题综合研究中心，有11个专门研究国际问题和外国问题的研究所，学科门类齐全，研究力量雄厚，有能力也有责任担当这一重任。早在20世纪90年代初，中国社会科学院的领导和中国社会科学出版社就提出编撰"简明国际百科全书"的设想。1993年3月11日，时任中国社会科学院院长的胡绳先生在科研局的一份报告上批示："我想，国际片各所可考虑出一套列国志，体例类似几年前出的《简明中国百科全书》，以一国（美、日、英、法等）或几个国家（北欧各国、印支各国）为一册，请考虑可行否。"

中国社会科学院科研局根据胡绳院长的批示，在调查研究的基础上，于1994年2月28日发出《关于编纂〈简明国际百科全书〉和〈列国志〉立项的通报》。《列国志》和《简明国际百科全书》一起被列为中国社会科学院重点项目。按照当时的计划，首先编写《简明国际百科全书》，待这一项目完成后，再着手编写《列国志》。

1998 年，率先完成《简明国际百科全书》有关卷编写任务的研究所开始了《列国志》的编写工作。随后，其他研究所也陆续启动这一项目。为了保证《列国志》这套大型丛书的高质量，科研局和社会科学文献出版社于 1999 年 1 月 27 日召开国际学科片各研究所及世界历史研究所负责人会议，讨论了这套大型丛书的编写大纲及基本要求。根据会议精神，科研局随后印发了《关于〈列国志〉编写工作有关事项的通知》，陆续为启动项目拨付研究经费。

为了加强对《列国志》项目编撰出版工作的组织协调，根据时任中国社会科学院院长的李铁映同志的提议，2002 年 8 月，成立了由分管国际学科片的陈佳贵副院长为主任的《列国志》编辑委员会。编委会成员包括国际片各研究所、科研局、研究生院及社会科学文献出版社等部门的主要领导及有关同志。科研局和社会科学文献出版社组成《列国志》项目工作组，社会科学文献出版社成立了《列国志》工作室。同年，《列国志》项目被批准为中国社会科学院重大课题，新闻出版总署将《列国志》项目列入国家重点图书出版计划。

在《列国志》编辑委员会的领导下，《列国志》各承担单位尤其是各位学者加快了编撰进度。作为一项大型研究项目和大型丛书，编委会对《列国志》提出的基本要求是：资料翔实、准确、最新，文笔流畅，学术性和可读性兼备。《列国志》之所以强调学术性，是因为这套丛书不是一般的"手册""概览"，而是在尽可能吸收前人成果的基础上，体现专家学者们的研究所得和个人见解。正因为如此，《列国志》在强调基本要求的同时，本着文责自负的原则，没有对各卷的具体内容及学术观点强行统一。应当指出，参加这一浩繁工程的，除了中国社会科学院的专业科研人员以外，还有院外的一些在该领域颇有研究的专家学者。

现在凝聚着数百位专家学者心血，共计 141 卷，涵盖了当今世界 151 个国家和地区以及数十个主要国际组织的《列国志》丛书，将陆续出版与广大读者见面。我们希望这样一套大型丛书，能为各级干部了解、认识当代世界各国及主要国际组织的情况，了解世界发展趋势，把握时代发展脉络，提供有益的帮助；希望它能成为我国外交外事工作者、国际经贸企业及日渐增多的广大出国公民和旅游者走向世界的忠实"向导"，引领其步入更广阔的世界；希望它在帮助中国人民认识世界的同时，也能够架起世界各国人民认识中国的一座"桥梁"，一座中国走向世界、世界走向中国的"桥梁"。

《列国志》编辑委员会
2003 年 6 月

序

于洪君[*]

　　太平洋岛国地处太平洋深处，主要指分布在大洋洲除澳大利亚和新西兰以外的 20 余个国家和地区。太平洋岛国历史悠久，早在公元前 8000 年前就有人类居住。在近代西方入侵之前，太平洋岛国大多处于原始社会时期。随着西方殖民者不断入侵，太平洋岛国相继沦为殖民地。二战结束后，这一区域主要实行托管制，非殖民化运动在各国随即展开。从 1962 年萨摩亚独立至今，该地区已有 14 个国家获得独立，分别是萨摩亚、库克群岛、瑙鲁、汤加、斐济、纽埃、巴布亚新几内亚、所罗门群岛、图瓦卢、基里巴斯、瓦努阿图、马绍尔群岛、密克罗尼西亚联邦和帕劳。

　　太平洋岛国所在区域战略位置重要。西北与东南亚相邻，西连澳大利亚，东靠美洲，向南越过新西兰与南极大陆相望。该区域还连接着太平洋和印度洋，扼守美洲至亚洲的太平洋运输线，占据北半球通往南半球乃至南极的国际海运航线，是东西、南北两大战略通道的交汇处。不仅如此，太平洋岛国和地区还拥有 2000 多万平方公里的海洋专属区，海洋资源与矿产资源丰富，盛产铜、镍、金、铝矾土、铬等金属和稀土，海底蕴藏着丰富的天然气和石油。近年来，该区域已经成为世界各大国和新兴国家战略博弈的竞技场。

　　太平洋岛国也是 21 世纪海上丝绸之路的自然延伸和亚太一体化的重要组成部分。中国同太平洋岛国的传统友谊和文化交往源远流长，早在 19 世纪中期就有华人远涉重洋移居太平洋岛国，参与了这一地区的开发。

　　* 原中国驻乌兹别克斯坦大使、中共中央对外联络部原副部长、全国政协外事委员会委员、中国人民争取和平与裁军协会副会长、聊城大学太平洋岛国研究中心名誉主任。

近年来，中国与太平洋岛国的合作日渐加强，在政治、经济、文化、教育等领域都取得丰硕成果。目前，中国在南太平洋地区拥有最大规模的外交使团。同时，中国在经济上也成为该地区继澳大利亚和美国之后的第三大援助国，并设立了"中国－太平洋岛国论坛"、"中国－太平洋岛国经济技术合作论坛"等对话沟通平台。2014年11月，中国国家主席习近平在斐济与太平洋建交岛国领导人举行集体会晤，一致决定构建相互尊重、共同发展的战略合作伙伴关系，携手共筑命运共同体，为中国与太平洋岛国关系掀开历史新篇章。

由于太平洋岛国地少人稀，且长期远离国际冲突热点，处于世界事务的边缘，因而在相当长一段时期被视为"太平洋最偏僻的地区"。中国的地区国别研究长时期以来主要聚焦于近邻国家，加之资料有限，人才不足，信息沟通偏弱，对太平洋岛国关注度较低，因此国内学界对此区域总体上了解不多，研究成果比较匮乏。而美、英、澳、新等西方学者因涉足较早，涉猎较广，且有充足的资金与先进的手段作支撑，取得了不菲的成果，但这些成果多出于西方国家的全球战略及本国利益的需要，其立场与观点均带有浓厚的西方色彩，难以完全为我所用。

近年来，随着中国融入世界的步伐不断加快，国际地位显著提高，中国在全球的利益分布日趋广泛。与越来越多的国家和地区进行友好交往并扩大互利合作，是日渐崛起的中国进一步参与全球化进程，开展中国特色大国外交的客观要求，也是包括太平洋岛国在内的国际社会对中国的殷切期待。更全面更深入的地区研究，必将为中国进一步发挥国际影响力，大步走向世界舞台中心提供强有力的支持。2011年11月，教育部向各高校下发《关于培育区域和国别以及国际教育研究基地的通知》和《高等学校哲学社会科学"走出去"计划》，希望建设一批既具有专业优势又能产生重要影响的智囊团和思想库。中共中央政治局委员、国务院副总理刘延东也多次提及国别研究立项和"民间智库"问题，鼓励有条件的大学新设国别研究机构。

在这种形势下，聊城大学审时度势，结合国家战略急需、区域经济社会发展需求及自身条件，在历史文化与旅游学院"南太平洋岛国研究所"

的基础上，整合世界史、外国语、国际政治等全校相关学科资源，于2012 年 9 月成立了"聊城大学太平洋岛国研究中心"。中心聘请中国现代国际关系研究院副院长、中央电视台国际问题顾问、博士生导师李绍先研究员等为兼职教授。著名世界史学家、国家级教学名师王玮教授担任中心首席专家。密克罗尼西亚联邦驻华大使苏赛亚等多位太平洋岛国驻华外交官被聘为中心荣誉学术顾问。在有关各方的大力支持下，中心以太平洋岛国历史与社会形态、对外关系、政情政制、经贸旅游等为研究重点，致力于打造太平洋岛国研究领域具有专业优势和重要影响的国家智库，力图为国家和地方与太平洋岛国进行政治、经济、社会、文化等领域的交流与合作，增进中国和太平洋岛国人民之间的了解和友谊提供智力支撑和学术支持，为国内的太平洋岛国研究提供学术交流与互动的平台。

中心建立以来，已取得一系列可喜成绩。目前中心已建成国内最齐全、数量达 3000 余册的太平洋岛国研究资料中心和数据库，并创建国内首个以太平洋岛国研究为主题的学术网站及微信公众号；定期编印《太平洋岛国研究通讯》，并向国家有关部门提交研究报告；在研省部级以上课题 8 项。2014 年，中心成功举办了国内首届"太平洋岛国研究高层论坛"，论坛被评为"山东社科论坛十佳研讨会"，与会学者提交的 20 余篇优秀论文辑为《太平洋岛国的历史与现实》，由山东大学出版社于 2014 年 12 月正式出版。《太平洋学报》2014 年第 11 期刊载了中心研究人员的 12 篇学术论文，澳大利亚《太平洋历史杂志》（*The Journal of Pacific History*）对中心学者及其研究成果进行了介绍。这表明，太平洋岛国研究中心的研究开始引起国内外学术界的关注。

中心成立伊始，负责人陈德正教授就提出了编撰太平洋岛国丛书的设想，并组织了编撰队伍，由吕桂霞教授拟定了编撰体例，李增洪教授、王作成博士等也做了不少编务工作。在丛书编撰过程中，适逢社会科学文献出版社承担的中国社会科学院创新工程学术出版资助项目、"十二五"国家重点图书出版规划项目——新版《列国志》编撰出版工作启动。考虑到《列国志》丛书所拥有的品牌影响力和社会美誉度，研究中心积极申请参与新版《列国志》编撰出版工作。在社会科学文献出版社谢寿光社长、人文分社宋月华社长的大力支持下，中心人员编撰的太平洋岛国诸卷得以列入新版《列国志》丛书，给中心以极大的鼓舞和激励。为了使中心人员编撰的太平洋岛国诸卷更加符合新版《列国志》的编撰要求，人文分社总编辑张晓莉女士在编撰体例调整方面给予了诸多帮助。在此一并致谢。

因其特殊的地缘特征，太平洋岛国战略价值的重要性毋庸置疑，同时，在中国建设21世纪海上丝绸之路的过程中，作为中国大周边外交格局一分子的太平洋岛国的重要性也不言而喻。新版《列国志》太平洋岛国诸卷的出版，不仅可填补国内在太平洋岛国研究领域的空白，同时也为我国涉外机构、高等院校、科研机构及出境旅行人员提供一套学术性、知识性、实用性、普及性兼顾的有关太平洋岛国的图书。一书在手，即可明了对国人而言充满神秘色彩的太平洋诸岛国的历史、民族、宗教、政治、经济以及外交等基本情况。聊城大学太平洋岛国研究中心也将以新版《列国志》太平洋岛国诸卷的出版为契机，将太平洋岛国研究逐步推向深入。

CONTENTS

目　录

CONTENTS
目 录

CONTENTS

目 录

CONTENTS
目录

CONTENTS
目 录

CONTENTS

目 录

第一章

概　览

　　早在 4000 多年前，帕劳群岛就有人类居住。帕劳群岛的早期居民主要是混合了美拉尼西亚人和马来人血统的密克罗尼西亚人。古代帕劳人有着较为发达的母系社会制度和独特的风俗习惯，以渔业和种植业为生。18世纪以后，帕劳先后被西班牙、德国、日本占领，第二次世界大战后又成为美国太平洋岛屿托管地的一部分。西方殖民者的占领极大地改变了帕劳的社会制度和生活方式，促使帕劳转变为一个现代化和"西方化"的国家。不过，在社会生活的诸多领域，帕劳人又保留着一些独有的传统风俗和习惯，帕劳人身上呈现出传统烙印与现代特征共存的现象。1981 年帕劳组建政府，确定国家的名称为帕劳共和国（The Republic of Palau）。1994 年 10 月 1 日，帕劳脱离美国的托管，成为一个独立的国家。

第一节　国土与人口

一　国土面积

　　帕劳全称帕劳共和国，帕劳语为 Beluu er a Belau，位于西太平洋，由 340多个岛屿组成，其中只有 9 个岛屿有常住居民。这 9 个有定居居民的岛屿自东北到西南依次是卡扬埃尔岛（Kayangel Island）、巴伯尔道布岛（Babeldaob Island）①、科罗尔岛（Koror Island）、佩里琉岛（Peleliu Island）、安加尔岛

---

　　① 巴伯尔道布岛亦称帕劳岛（Palau Island）、阿雷西福斯岛（Arrecifos Island）或大岛。

（Angaur Island）、松索罗尔岛（Sonsorol Island）、普罗安纳岛（Pulo Anna Island）、哈托博海伊岛（Hatohobei Island）和海伦礁（Helen Reef）。帕劳国土面积狭小，陆地面积仅为490平方公里，专属经济区面积为61.6万平方公里。[①]

二　地理位置

帕劳位于西太平洋，地理坐标为北纬2°～8°、东经131°～135°。帕劳位于加罗林群岛（Caroline Islands）的西部，也是密克罗尼西亚群岛（Micronesia Islands）西部较大的区域，是太平洋进入东南亚的门户之一。帕劳西部距离菲律宾仅880公里，东与密克罗尼西亚联邦为邻，南部及东南部分别与印度尼西亚、巴布亚新几内亚隔海相望，北部距离关岛（美）约1126公里，距离日本4000公里。帕劳也因其重要的地理位置成为第二次世界大战太平洋战役的主战场之一。

"Palau"在当地土语中意为"群岛"，在夏威夷英语中意为"你真了不起"，又拼作"Belau"（贝劳）或"Pelew"（帛琉）。帕劳全境共有大大小小的岛屿340多个，分布在南北长640公里的海面上。

三　地形与气候

1. 地形

全境呈东北－西南走向，形状如同一个香蕉，南北相距640公里。帕劳由一个主岛群（主要包括巴伯尔道布岛、科罗尔岛、佩里琉岛等）和其附近小岛及较小堡礁构成。在主岛群以北，是恩加鲁安琪尔岛（Ngeruangel Island）和卡扬埃尔岛。主岛群以西是洛克群岛（Rock Islands）。西南方距离主岛群约600公里的西南群岛（South-West Islands），由6个小珊瑚岛组成，较大的有松索罗尔岛、梅里尔岛（Merir Island）、普罗安纳岛与法纳岛（Fanna Island）。帕劳的这些岛屿，除了西南部的安加尔岛[②]和北部的卡扬埃尔岛，其他岛屿

---

① http://palaugov.pw/executive-branch/ministries/finance/budgetandplanning/physical-features/.
② 安加尔岛，又叫昂奥尔岛（Ngeaur），该岛自成一个州，是帕劳16个行政区之一，陆地面积8.4平方公里，位于6°54'N，134°08'E。海拔61米，位于佩里琉岛西南方。该岛的官方语言为安加尔语和英语。

基本位于一个堤礁之内，在西面围起一个面积达 1267 平方公里的潟湖。帕劳群岛的东侧及与菲律宾之间的西部海域是深达数千米的海沟。

帕劳群岛位于菲律宾和太平洋大陆板块之间，是这个岛弧海沟系统（Arc-trench system）的一部分。帕劳位于帕劳 - 九州海脊（Palau-Kyushu ridge）的南部尾端。这个海脊向北经过菲律宾一直延伸到日本北部。同时，东侧海沟在转向帕劳东部远离海脊的地方深度不断加深，远远超过普通海床的深度。这一海沟一直延伸到雅浦岛的南部，被称为雅浦海沟（Yap trench）或帕劳海沟（Palau trench）。[①] 帕劳的东海岸，离岸约 30 公里处，急剧下降到最大深度近 8000 米，这也是"帕劳（雅浦）海沟"最深的地方。"帕劳（雅浦）海沟"大部分区域深度超过 6000 米。帕劳北部和西部周围海域的深度平均为 4000～5000 米。帕劳西岸的海底延伸250 公里逐步下降至 5500 米深的"菲律宾海沟"。

帕劳的岛屿分为四种类型：火山岛、珊瑚岛、环礁以及石灰石低平台。其中大多为火山岛和珊瑚岛，北方诸岛多为火山岛，南方各岛大多是珊瑚岛。帕劳岛屿中较大的有巴伯尔道布岛、科罗尔岛、安加尔岛和佩里琉岛。巴伯尔道布岛、科罗尔岛、马拉卡尔岛和麦英斯岛（Meyuns Island）主要由火山岩和石灰岩构成，占帕劳土地面积的大部分。其他岛屿大都是由隆起的珊瑚礁石灰岩[②]构成，在帕劳群岛中，只有佩里琉岛比较平坦。根据当地的古老传说，帕劳是由一个贪吃爱睡的男孩尤伯（Uab）的身体变来的。[③] 帕

---

① Environmental Assessment Document（Updated February 2015），p. 14，http：//palaugov. pw/disclosure - of - safeguard - documents/.

② 珊瑚礁石灰岩（Coral-reef Limestone），专指以珊瑚礁格架为主要成分组成的石灰岩。

③ 也有人认为，帕劳是由一位有着一半神的血统的女巨人"Chuab"的躯体演变而成的。帕劳的神"Latmikaik"有三个孩子，儿子"Ucherrerak"回到了天堂居住，而她的两个女儿"Chuab"和"Ucherrerak"则被吹到了雅贝昂德（Ngebeanged）。"Chuab"生长非常迅速，很快就长得非常高，以至于给她喂食的人们够不到她的嘴巴。人们只好建造了梯子，给她喂食。但是"Chuab"长得实在是太快了，很快就长得没入云端，人们制造的梯子再也够不到她的嘴巴。后来，人们又向天神"Uchelianged"购买土壤打成桩给"Chuab"喂食，但还是不能赶上"Chuab"的生长速度。人们实在没有办法了，就点火把"Chuab"烧死了，她的躯体就变成了帕劳。当然，也有人相信，半神"Chuab"是主动把自己的躯体献祭给人们的。

劳的另一个名称"Belau",在帕劳语中是神话故事的意思。传说尤伯出生后就会爬,第二天就会行走,而且长得非常快。很快,尤伯就长成了一个巨人,而且一直不断地生长。这个不断生长的巨人食量惊人、脾气暴躁,而且需索无度,村民每天都要向他供应食物。很快,猪圈里的猪消失了,甚至小孩子也被捉走了,因此村民决定除掉尤伯。于是,村民们以举办敬献大餐的仪式把尤伯骗到了村子的中央,并提出作为仪式的一个步骤,需要把尤伯的手脚捆绑起来。然后,村民们趁尤伯不注意,在他的四周点燃了干燥的椰子叶,火势迅速蔓延到尤伯身上,尤伯用力挣扎,最后身体碎裂,他的遗骸变成了帕劳诸岛。据说,他的头部变成了雅切隆州,脖子变成了雅德马乌州,脚变成了佩里琉岛和安加尔岛,他的双腿变成了科罗尔岛,而他硕大的身躯变成了巴伯尔道布岛。据说,尤伯死后,他的母亲非常悲伤,恳求村民用树枝把尤伯的遗体覆盖起来。但是由于他的躯体太过庞大,因此只遮蔽了他身体的一部分。据说这也是巴伯尔道布岛只有一半被森林覆盖,而另一半是平地和高地的原因。

巴伯尔道布岛是帕劳最大的岛屿,被称作"帕劳岛",也称"大岛",面积约396平方公里,占帕劳国土总面积的81%。[1] 该岛南北长43公里,东西宽13公里。[2] 巴伯尔道布岛是密克罗尼西亚群岛中仅次于关岛的第二大岛。岛上多山,海拔242米的恩切尔曲斯峰(Mount Ngerchelchuus)是帕劳最高的山峰,也是全国的最高点。巴伯尔道布岛属于火山岛,岛上覆盖着茂密的森林和广袤的草地,岛上有河流、瀑布、湿地、红树林和美丽的海滩。帕劳16个州中的10个位于巴伯尔道布岛东部,自北向南依次是雅切隆州(Ngarchelong)、雅拉尔德州(Ngaraard)、宜瓦尔州(Ngiwal)、梅莱凯奥克州(Melekeok)、恩切萨尔州(Ngchesar)、艾拉伊州(Airai)、艾梅利克州(Aimeliik)、雅庞州(Ngatpang)、埃雷姆伦维州(Ngaremlengui)和雅德马乌州(Ngardmau)。岛上有众多帕劳古代遗

---

① http://palaugov.pw/executive - branch/ministries/finance/budgetandplanning/physical - features/.

② John Carter ed., *Pacific Islands*, year book, fourteenth edition, published by Pacific Publications (Aust.) Pty. Ltd., 1981, p. 458.

迹和遗址，比较有代表性的有北部雅切隆州的古代帕劳遗址、东部梅莱凯奥克州的人面石和金字塔形状的平台以及南部雅德马乌州的巨石像。

帕劳的新首都恩吉鲁模德（Ngerulmud）位于巴伯尔道布岛东部，岛上建有全长 53 公里的环岛公路。巴伯尔道布岛人口稀少，岛上的 10 个州大约只有居民 3500 人。岛上大部分年轻人因为升学和就业离开家乡，因此岛上各个村庄的人口都比较少。巴伯尔道布岛南端的艾拉伊州还建有帕劳唯一的国际机场——罗曼·特梅图厄尔国际机场（Roman Tmetuchl International Airport）① 和通往科罗尔岛的科罗尔 - 巴伯尔道布大桥。科罗尔—巴伯尔道布大桥是帕劳最重要的桥梁，旧桥建于 1977 年，是一座跨度为 241 米的混凝土悬臂桥梁，是当时悬臂桥梁的世界纪录保持者，大桥于 1996 年垮塌。现在的大桥是日本援建的，由日本鹿岛建筑公司承建，因此又称"日本—帕劳友谊大桥"。新大桥全长 413 米，建设耗时四年，于 2001 年 12 月完工，2002 年 1 月 11 日正式通车，是连接科罗尔与国际机场的交通咽喉。位于巴伯尔道布岛正南方的科罗尔岛，是帕劳原先的首都所在地，也是帕劳人口最多的岛屿。

大自然造就了帕劳美丽而奇特的珊瑚礁景观和优良的潜水场所，帕劳海底珊瑚礁景观被评为世界七大海底奇观之首。洛克群岛更是被誉为"海上花园"，群岛周围有绵延 200 多公里的珊瑚礁。色彩斑斓的软珊瑚区和热带鱼群游弋的硬珊瑚区都是游客流连忘返的潜水胜地。蓝洞、蓝角、乌龙水道、席尔斯隧道等都是经典的潜水地点，帕劳还拥有迤逦近一公里长的彩虹状的白色沙滩和七色的海水，吸引着众多的游客到此旅游度假。

2. 气候

帕劳属热带海洋气候，终年湿热。一年中一般分为旱季（从 11 月至次年 4 月）和雨季（从 5 月至 10 月），但旱季和雨季区分不是很明显。帕劳全年平均气温为 27℃左右，且一年之中气温变化很小（参见表 1 - 1）。

---

① 又译作罗曼·莫图国际机场或帕劳国际机场（Palau International Airport），又名巴伯尔道布/科罗尔机场（Babeldaob/Koror Airport）或艾拉伊机场（Airai Airport），是帕劳共和国的主要机场。2006 年 5 月，帕劳国会通过议案，将机场名称更改为罗曼·特梅图厄尔国际机场，以纪念当地已故的政治家罗曼·特梅图厄尔。

表 1 - 1　帕劳全年平均气温

	一月	二月	三月	四月	五月	六月	七月	八月	九月	十月	十一月	十二月
高(℃)	31	31	32	32	32	31	31	31	31	32	32	32
低(℃)	24	24	24	25	25	24	24	24	24	25	25	24

资料来源："Averages are for Koror / Palau Island"，https：//www.timeanddate.com/weather/palau/koror/climate。

帕劳虽然全年多雨，但大部分时间是"阳光普照"，日平均日照时间在 6 个小时左右，即使在雨季，大多也只是在午后有雷阵雨（参见表 1 - 2）。

降雨主要集中在 5 月到 10 月，尤其是 6 月到 7 月降雨最多、最频繁，平均年降雨量达 3000 毫米以上。2007 ~ 2014 年帕劳年平均降雨量为 144.7 英寸（参见表 1 - 3）。此外，由于帕劳靠近赤道，地转偏向力较小，因此受热带气旋影响较少，但由于处在台风带的边缘，不时也会有强风经过，6 ~ 12 月为台风多发季节。2012 年超强台风宝霞（Typhoon Bopha）和 2013 年台风海燕（Typhoon Haiyan）就曾给帕劳造成了巨大的财产损失，对帕劳的农业造成了巨大影响。

表 1 - 2　帕劳气象资料

	气象资料年份	1 月	2 月	3 月	4 月	5 月	6 月	7 月	8 月	9 月	10 月	11 月	12 月
平均最高气温（℃）	1961 ~ 1990	30.6	30.6	30.9	31.3	31.4	31.0	30.6	30.7	30.9	31.1	31.4	31.1
平均气温（℃）	1961 ~ 1990	27.3	27.2	27.5	27.9	28.0	27.6	27.4	27.5	27.7	27.7	27.9	27.7
平均最低气温（℃）	1961 ~ 1990	23.9	23.9	24.1	24.4	24.5	24.2	24.1	24.3	24.5	24.4	24.4	24.2
日平均日照时间（小时）	1961 ~ 1990	6.4	6.9	7.9	7.8	6.8	5.6	6.0	5.7	6.6	5.8	6.1	5.9

资料来源：香港天文台（Hong Kong Observatory），气象站位置：北纬 7.3°、东经 134.5°，http：//www.weather.gov.hk/wxinfo/climat/world/chi/australia/pacific/palau_ islands_ c.htm。

表 1 - 3　2007~2014 年帕劳降雨量

单位：英寸

年份	2007	2008	2009	2010	2011	2012	2013	2014
总计	127.6	159.0	169.3	106.6	205.8	134.8	114.8	139.5
月平均降雨量	10.6	13.3	14.1	8.9	17.2	11.2	9.6	11.6
一月	12.6	11.4	9.2	6.9	18.6	3.7	7.3	17.3
二月	4.1	9.7	14.7	3.6	14.0	10.8	7.9	7.8
三月	5.3	5.8	8.5	3.4	15.3	9.0	4.1	5.1
四月	5.6	9.1	19.7	6.6	12.3	8.8	7.6	16.4
五月	11.6	18.4	11.9	9.7	20.2	14.5	12.9	7.5
六月	9.5	18.1	15.2	10.4	22.6	16.5	11.7	9.9
七月	17.0	9.0	28.2	10.5	28.2	16.4	11.9	22.5
八月	11.1	14.1	8.2	12.8	20.9	13.7	13.4	10.4
九月	16.4	16.2	13.7	12.0	21.5	13.0	7.5	16.1
十月	10.1	18.3	10.0	10.5	14.4	9.2	10.2	7.5
十一月	13.9	17.4	15.3	10.9	7.0	7.7	13.1	5.9
十二月	10.4	11.5	14.7	9.3	10.8	11.5	7.2	13.1

资料来源：帕劳国家气象服务办公室（National Weather Service Office），http：//palaugov. pw/
executive - branch/ministries/finance/budgetandplanning/climate - statistics/。

四　行政区划

帕劳现有 16 个行政区。1984 年以前，帕劳被划分为 16 个自治镇
（Municipality），后升格为州。帕劳这 16 个州，除了位于巴伯尔道布岛的
10 个州外，科罗尔（Koror）①、安加尔（Angaur）、佩里琉（Peleliu）和
松索罗尔（Sonsorol）② 4 个州也位于主岛群。余下的 2 个州位于南北的堡
礁上，分别是位于最东北端的卡扬埃尔州（Kayangel）和位于最西南端的
哈托博海伊州（Hatohobei，包括哈托博海伊岛和海伦礁）。帕劳首都是恩

---

①　洛克群岛也属于科罗尔州。传统上，洛克群岛的无人岛都划归科罗尔州管治。
②　松索罗尔州主要由松索罗尔岛、法纳岛、梅里尔岛和普罗安纳岛组成。

吉鲁模德，位于梅莱凯奥克州。

科罗尔州是帕劳重要的行政区之一，包括科罗尔岛、马拉卡尔岛、阿拉卡贝桑岛、洛克群岛等岛屿，陆地面积为 65 平方公里。其中，科罗尔岛群①总面积约为 18 平方公里。科罗尔岛面积为 7.8 平方公里，是一个火山岛。第一次世界大战日本占领帕劳期间，科罗尔一直是日本殖民地行政中心，直到 1944 年日本战败撤出帕劳。1994 年 10 月 1 日帕劳独立后，科罗尔被选定为首都。2006 年 10 月 1 日，帕劳首都从科罗尔迁往梅莱凯奥克州的恩吉鲁模德。

五　人口、民族、语言

1. 人口

帕劳是一个人口稀少的小国，据 2012 年人口统计数据，帕劳人口为17501 人，人口密度约为 102 人/平方英里。② 截止到 2016 年 7 月，帕劳人口已超过 2 万人，达到 21347 人。③

历史上，帕劳人口曾达到 4 万人，但是在不断被殖民的过程中，殖民统治和疾病的传播导致帕劳人口锐减。受医疗条件所限，帕劳的婴儿死亡率较高，因此，尽管帕劳在 20 世纪人口出生率维持在 20‰左右，但是帕劳人口增长一直处于较低的状态。其中，1970～1980 年，帕劳人口仅仅增长了约 8%（1970 年帕劳人口约为 11210 人，1980 年为 12116 人）。④20 世纪 80 年代以后，帕劳的人口增长率有所提高，1986 年帕劳人口增长率为 2.3%，20 世纪 80 年代的十年间，帕劳人口增长了近 25%。20 世纪 90 年代大体维持着 80 年代的增长率，人口增长率都超过 2%。但进入 21世纪以来，帕劳人口增长又有所放缓，2005 年，帕劳人口增长率仅为

---

① 科罗尔岛群由科罗尔岛、马拉卡尔岛、阿拉卡贝桑岛及一些珊瑚礁组成。

② 帕劳国家官方网站，"Population Census"，http://palaugov.pw/executive – branch/ministries/finance/budgetandplanning/population – census/。

③ 美国中央情报局网站，https://www.cia.gov/library/publications/the – world – factbook/geos/ps.html。

④ 帕劳国家官方网站，"Population Census"，http://palaugov.pw/executive – branch/ministries/finance/budgetandplanning/population – census/。

0.8%，此后甚至出现了负增长（参见表 1 - 4）。近年来，帕劳人口再度缓慢增长，2016 年人口增长率约为 0.39%。[①]

表 1 - 4　1986~2012 年帕劳人口统计数据

统计年份	1986	1990	1995	2000	2005	2012
总人口（人）	13873	15122	17225	19129	19907	17501
城市人口（人）	9442	10501	12299	13303	15399	14202
农村人口（人）	4431	4621	4926	5826	4508	3299
男性（人）	7398	8139	9213	10450	10699	9217
女性（人）	6475	6983	8012	8679	9208	8284
人口密度（每平方英里）	—	—	—	112	116	102
城市人口密度（每平方英里）	642	642	—	—	—	—
乡村人口密度（每平方英里）	—	—	—	25	31	—
人口平均增长率（%）	2.3	2.2	2.6	2.1	0.8	- 0.4
中值年龄（岁）	22.0	25.6	28.1	30.8	32.3	35.0
抚养比率（%）	67.6	57.0	51.0	41.4	42.5	36.6
0~14 岁人口（人）	4849	4576	4840	4563	4798	3532
15~64 岁人口（人）	8275	9630	11406	13529	13973	12814
65 岁及以上人口（人）	749	916	979	1037	1136	1155
每名女性平均生育孩子（个）	—	2.79	2.48	2.13	0.70	—
总生育率（‰）	—	2.7572	2.8605	1.5350	—	—
平均寿命（岁）	—	69.04	71.82	70.48	—	—
男性平均寿命（岁）	—	63.44	67.03	66.64	—	—
女性平均寿命（岁）	—	74.98	76.90	74.54	—	—
婴儿死亡率（‰）	—	24.02	15.57	18.25	—	—
男婴死亡率（‰）	—	29.18	10.11	21.31	—	—
女婴死亡率（‰）	—	18.55	21.35	15.01	—	—

资料来源：帕劳财政部预算与计划局计划与统计办公室，Population Census，http：// palaugov. pw/executive - branch/ministries/finance/budgetandplanning/population - census/。

[①]　美国中央情报局网站，https：//www. cia. gov/library/publications/the - world - factbook/ geos/ps. html。

从总体情况来看，帕劳人口增长缓慢，出生率和死亡率都比较高，2016 年人口出生率约为 11.2‰。随着医疗条件的改善，人均寿命在不断提高，婴儿死亡率有所下降，但是仍然维持较高的死亡率。[1] 帕劳也是世界上性别比例严重失衡的国家之一，其性别比一直维持在 110 左右（参见表 1-5）。2016 年帕劳人口的性别比有所下降，为 106（男/女），但 25~54 岁成年人口中性别比较高，达到 157（男/女），[2] 男女比例失调仍然是困扰帕劳的主要人口问题。

表 1-5　1980~2012 年帕劳男性与女性人口及性别比

统计年份	人口总量(人)	男性(人)	女性(人)	性别比(男/女)
1980	12116	6279	5837	108
1986	13873	7398	6475	114
1990	15122	8139	6983	117
1995	17225	9213	8012	115
2000	19129	10450	8679	120
2005	19907	10699	9208	116
2012	17501	9217	8284	111

资料来源：根据帕劳人口统计数据整理，Population Census，http：//palaugov. pw/executive - branch/ministries/finance/budgetandplanning/population - census/。

帕劳人口主要集中在几个大的岛屿，许多小岛都无人居住。人口最多、人口密度最大的是科罗尔州，2004 年有 1.4 万人，占帕劳总人口的 70% 左右。其中，科罗尔岛就有居民 1.12 万人，也因其人口拥挤，帕劳政府于 2006 年把首都迁到东北距科罗尔 20 公里的恩吉鲁模德。[3] 此后，科罗尔州人口数量有所下降，据 2015 年帕劳人口统计数据显示，科罗尔

---

[1]　美国中央情报局网站，https：//www. cia. gov/library/publications/the - world - factbook/geos/ps. html。

[2]　Natasha Alexander，*Palau Foreign Policy & Government Guide*，International Business Publications，USA，2001，p. 9.

[3]　http：//en. wikipedia. org/wiki/Koror.

州人口为 1. 14 万人左右。[①]

2. 民族

帕劳是一个多民族国家，其中帕劳人和菲律宾人是构成帕劳人口的两个主要民族，还有少量的其他密克罗尼西亚人、日本人、华人、越南人和其他亚洲人及欧洲人。其中，帕劳人约占帕劳总人口的 72.5%，菲律宾人约占帕劳总人口的 16.3%，其他密克罗尼西亚人约占 2.4%，华人约占 1.6%。[②]

帕劳人是帕劳的主要民族，从人种上看，帕劳人属于密克罗尼西亚人，在体质特征上为一混合人种。帕劳人身材矮小，肤色、毛色较深，头发多呈波纹形、螺旋形，全身多毛，是波利尼西亚人、马来人和美拉尼西亚人三种人种的混合。历史上，帕劳人维持着一种自给自足的传统生活方式，主要从事渔业和热带农业生产，以捕鱼和种植芋头、木薯为生。现代帕劳人已经基本实现了"现代化"和"西方化"，西方的消费主义已经在帕劳的经济和社会生活中占据了主导地位。

19 世纪后，因帕劳曾先后成为西班牙、德国、日本的殖民地，二战后又成为美国的托管地，因此，帕劳居民比较混杂，混血人种也比较多。帕劳的菲律宾人，包括菲律宾移民和他们的后裔，主要讲塔加拉族语（Tagalog）和英语，还有一部分人讲菲律宾语，大多数信仰天主教和基督教新教。20 世纪 40 年代前后，菲律宾人开始来到帕劳，一开始主要是在美国海军服役。在 20 世纪 70 年代，大约有 200 名菲律宾人在帕劳居住和工作，大多从事教学和专业性职务。2008 年有 4495 名菲律宾人在帕劳定居，另有 4434 人在帕劳做季节工人。[③]

日本人与帕劳的接触可以追溯到 19 世纪。据记载，1820 年，一艘日本船只被吹离了航线，船上的 8 名幸存者在帕劳上岸，并在帕劳居住了 5

---

① 2015 Census of Population, Housing and Agriculture Tables（PDF），http：//palaugov. pw/census – of – population – and – housing/.

② 美国中央情报局网站，https：//www. cia. gov/library/publications/the – world – factbook/geos/ps. html。

③ https：//en. wikipedia. org/wiki/Filipinos_ in_ Palau.

年。从 19 世纪中叶开始，日本与帕劳之间的贸易已经发展起来。许多日本商人开始与帕劳女性结婚并定居帕劳。1914 年日本占领帕劳后，移居帕劳的日本人逐渐增多。尤其是 20 世纪二三十年代日本大萧条时期，大批日本人和冲绳人移民帕劳。到 1922 年，已有约 17000 名日本人在帕劳工作、经商。[①] 到 1935 年，在帕劳的日本人已经占到帕劳总人口的 60%。其间，许多日本人娶当地的帕劳女性为妻或找一个帕劳女性做情人，因此，诞生了大量的日本 - 帕劳混血儿。1937 年，日本海军在帕劳扩建基地，雇用了大批日本和朝鲜劳工。二战期间，包括日本士兵在内，在帕劳的日本人远远超过帕劳本地人。如 1940 年，共有 23700 名日本人居住在帕劳，而同期帕劳人仅为 7000 人左右。[②] 日本战败后，日本侨民基本被遣返回国，不过却留下了大量的日裔帕劳人。现在定居帕劳的日本人大多是在帕劳经商的日本商人及其后裔。截止到 2014 年 11 月，居住在帕劳的日本人有 368 人。[③]

中国人旅居帕劳始于德国统治帕劳期间，当时德国从中国的山东（尤其是青岛）和广东（客家人）征召了一些华人到帕劳寻找和开挖锡矿。这些华人大多留在当地并与当地人通婚，并保留了一些中国文化风俗的传统。例如，现在的帕劳华人和华裔还保留着不用钉子的建房传统。目前在帕劳的中国人有 200 人左右，主要来自中国台湾地区。

3. 语言

帕劳人有自己的语言，即帕劳语（Palauan）。但帕劳在历史上长期属于西方国家的殖民地并几经"易手"，导致帕劳的语言结构比较复杂。帕劳当地人主要讲帕劳语和英语，有一些地区讲松索罗尔语（Sonsorolese）、托比语（Tobian）、安加尔语、塔加拉族语、菲律宾语和日语。

帕劳语和英语是帕劳的官方语言，有 13 个州把这两种语言作为官方

---

① Takashi Mita, *Japan's Development Assistance in the Republic of Palau: Community Impacts and Effects*, Bell & Howell Information and Learning Company, 2001, p. 35.

② https://en. wikipedia. org/wiki/Japanese_ settlement_ in_ Palau.

③ 日本外务省网站，http://www. mofa. go. jp/region/asia－paci/palau/data. html。

用语。

（1）帕劳语

帕劳语并不像其他太平洋岛国的语言，要么属于密克罗尼西亚语系，要么属于波利尼西亚语系。从帕劳语的构成来看，它更像是马来亚－波利尼西亚语系（Malayo-Polynesian Languages）中独立的一支。其起源有些混杂，是印度尼西亚语言类型的语言，属于南岛语系（Austronesian Languages）的东部语支，与菲律宾诸岛语言的亲属关系极近，特点是语音少，只有 6 个元音音素和 9 个辅音音素，而且使用音位重音，用拉丁字母和片假名书写。历史上帕劳曾先后被西班牙、德国、日本和美国统治，尤其西班牙传教士在帕劳的传教对帕劳语言和文字的书写产生了很大影响。而 1914～1945 年日本统治帕劳期间，在帕劳强制推行日语授课，因此，日语对帕劳语的书写也产生了重大影响。

（2）英语

第二次世界大战后，帕劳成为美国在太平洋地区的托管地。在美国托管期间，帕劳社会发生了重大变化，其中就包括英语的广泛应用。英语是帕劳的官方语言之一，在政府机关、公司以及比较正式的场合，英语是通用语言。帕劳的学校开设英语课，所以大部分帕劳人都能掌握和使用英语。

帕劳当地居民在家中或较轻松的场合大多使用帕劳语，帕劳学校也教授帕劳语。现代帕劳人一般都能掌握和使用帕劳语和英语。

除了英语和帕劳语外，帕劳还有许多其他的语言。松索罗尔语和英语是松索罗尔州的官方语言，托比语和英语是哈托博海伊州的官方语言，安加尔语、英语和日语是安加尔州的官方语言。[①] 事实上，除了松索罗尔语之外，帕劳各岛的方言几乎没有太大的差别。松索罗尔语类似于楚克语（Chuukese），一般流行于帕劳的西南部岛屿。西南部岛屿民众也借用一些

---

① 安加尔州也是除日本以外唯一一以日语为官方语言的地区。但实际上该地已没有以日语为日常用语的人口居住，日语的官方地位名存实亡。目前，该地区的居民以英语为日常语言。

夏威夷语（Hawaiian）来和外国人沟通。此外，菲律宾语虽不属于帕劳官方语言，却是帕劳第四大语言。

六　国旗、国徽、国歌、国花、国鸟、绰号

1. 国旗

帕劳的国旗由长方形的蓝色旗面和金黄色圆月图案组成，整个旗面长宽之比为 8∶5。[①] 国旗中月亮的直径与国旗的宽度比为 3∶5。浅蓝色象征蓝天和海洋，中间偏左的金黄色圆月象征民族团结和结束外国统治。

2. 国徽

帕劳国徽为圆形。国徽的中间是具有帕劳地方特色的房屋，下端刻有"1981"字样，表明 1981 年帕劳宪法生效，帕劳共和国成立（当时为自治共和国）。外圈圆环内，下方写着"帕劳共和国"，上方标有"政府"字样。帕劳国徽也是帕劳行政机构的徽章标志，因此也被称为"政府徽"。事实上，帕劳的立法、行政和司法机构都有自己的徽章。帕劳的"国会徽"、"总统徽"和"司法徽"皆为类似于帕劳国徽的形状，只不过在外圈圆环的上方分别标有"国会"、"总统办公室"和"司法机构"的字样。另外，"国会徽"和"司法徽"内部还标有"OFFICIAL SEAL"（正式印玺）的字样，而"司法徽"的内部图案以"天平"取代了帕劳特色房屋的图案。

3. 国歌

帕劳的国歌是《我们的帕劳》（英语：*Our Palau*，帕劳语："*Belau loba klisiich er a kelulul*"）。

歌词大意为：

> 帕劳坚强有力地走向未来，
> 时刻坚守着她的古老步伐，
> 一个国家政府，平安稳定，

---

① 帕劳政府官方网站，http://palaugov.pw/about - palau/flag/。

在风雨飘摇之中毅然耸立。

让我们建造起经济保护的围栏，
以我们的勇气、忠心和勤奋，
立足于帕劳，我们的土地，
用我们的生命来誓死捍卫。

让我们的精神携手在一起，
来管理好祖先传下的家园，
关注她的和睦，保持着荣耀，
用我们的博爱和真诚的心。

神保佑我们国家永远的群岛，
我们的幸福源于我们祖先，
赐予我们力量和强大正义，
让我们政府实现永恒主宰。

4. 国花

帕劳的国花是鸡蛋花，夹竹桃科、鸡蛋花属落叶灌木或小乔木，别名缅栀子、蛋黄花、印度素馨、大季花。鸡蛋花花冠呈筒状，5 片花瓣轮叠而生，通常为白色，中心为鲜黄色，夏季开花，花开后的香气清香淡雅；且花落后数天也能保持香味。除了白色外，鸡蛋花还有红色和黄色。人们喜欢将采下来的鸡蛋花串成花环作为佩戴的饰品。

5. 国鸟

帕劳的国鸟是帕劳岛果鸠（学名：Ptilinopus pelewensis），鸽形目鸠鸽科果鸠属。帕劳岛果鸠是小型鸟类，体长约 28 厘米。雄鸟的头部、下喉和胸部为淡灰色。顶冠紫红色，喉部黑白杂色。枕部、后颈和上背为淡灰绿色，身体其余部分翠绿色且具金属光泽，飞羽深色。尾羽的颜色与背部相同，具淡绿色的尖端。下胸部至腹部为橙色和黄色二段宽横带，两胁绿色，尾下覆羽栗色。雌鸟的羽色大致和雄鸟相似，但头顶、颈部和胸部为灰绿色。鸟喙铁灰色，脚爪暗红色。羽毛的颜色和它们栖息的林地树叶的颜色十分相似。

帕劳岛果鸠分布于帕劳群岛，是该国特有物种。通常栖息在热带和亚热带森林里，采用吸吮方式饮水。主要在树顶觅食，偶尔也到地面上来。单独活动，很少集群。主要吃一些油脂丰富的小型水果，通常是囫囵吞下，把果肉消化后排出种子。在森林中的树上营巢。巢呈平盘状，主要由枯枝构成，甚为简陋，4～7月繁殖，每窝产卵2枚，两性共同孵化育雏，孵化期14～16天，雏鸟从亲鸟口中取食亲鸟嗉囊中分泌的"乳汁"。

6. 绰号

（1）"人间天堂"

创刊于1888年的美国《国家地理》杂志，于1999年召集其遍布全世界的记者，历时两年评选出了全球他们最想前往的50个旅游目的地——《人一生要去的50个地方》。其中在评出的美丽、平静、天堂般愉悦的"人间天堂"篇中，帕劳居十个"人间天堂"之首。这里有太平洋最纯净的海洋生态系统，有奇异的蓝绿色的清澈透明的海水，有雪白细腻的沙滩，有千姿百态的软硬珊瑚和种类繁多的热带鱼。帕劳拥有多样的海洋生态系统，包括堡礁、岸礁、海草床、潟湖、海湾、海洋湖泊（山中湖）和红树林，是世界上知名的"海洋生物多样性"区域。这里被CNN评选为2010年度"海岛类型旅游国度第一名"，也是联合国教科文组织授予的自然与文化双遗产地，被国家地理学会评选为"水下世界奇迹第一"，探索频道系列报道称其为世界上最后的"活的伊甸园"。帕劳也是潜水的天堂，一年四季气候温暖，非常适合浮潜运动及深海潜水。帕劳的海底世界被誉为世界七大海底奇观之首，享有全球十大潜水胜地之一的美誉。

（2）"上帝的水族箱"

帕劳有一个美丽的绰号——"上帝的水族箱"。帕劳被环礁包围，海面风平浪静，海水洁净，是热带海洋生物的天堂。帕劳拥有最多的物种数量，在世界其他的海洋生物栖息地，没有发现比帕劳更大的海洋生物密度，尤其是珊瑚、热带鱼及无脊椎动物的密度。帕劳海域的珊瑚品种达700多种，其中有400多种硬珊瑚，300多种软珊瑚，这里还有1300多种热带鱼类，以及大量的大型浮游动物，是真正的"上帝的水族箱"。帕劳拥有极为丰富的海洋资源，海洋生物的种类及密集程度都可以称得上是密克罗尼西亚海域之冠。

（3）"彩虹故乡"

帕劳有"彩虹故乡"的美称。帕劳属典型的热带海洋气候，几乎全年都是雨季，而帕劳独特的地理和气候环境使得这里的雨大多以雷阵雨为主，前一刻阳光灿烂，下一秒却是大雨倾盆，雨后很快又是艳阳高照。因此，大雨过后，时常会有一条长长的彩虹架在蔚蓝的天空，与碧蓝的海水相映衬，成为帕劳一道亮丽的风景。

帕劳"彩虹故乡"的美誉不仅是因为这里雨后时常会出现美丽的彩虹，而且还因为这里有"七色海"。帕劳岛屿大多由火山岩和珊瑚礁构成，海底景观更是造型奇特，由于帕劳海水洁净清澈，因此海底景观几乎可以一览无余。海底黑色的礁石、色彩斑斓的软硬珊瑚、远古沉积的火山灰、白色的沙砾透过清澈见底的海水映射到海面，就形成了多彩的海水，帕劳也就有了独特的"七色海"景观。

第二节 宗教与民俗

一 宗教

帕劳是一个信仰多元的国家。受帕劳历史文化传统和西方殖民过程中宗教传播的影响，绝大多数帕劳人信奉宗教。基督教是帕劳的主要宗教，据2005年人口统计，有80.3%的帕劳人信奉基督教新教和天主教，约有8.7%的帕劳当地人信奉帕劳土著宗教摩德肯基教（Modekngei），还有约8.8%的帕劳人信仰其他宗教。无宗教信仰或未说明宗教信仰的仅为1.1%（参见表1-6）。近年来，帕劳人口信仰宗教的比例略有变化，其中，18 岁以上信仰基督教的人数占帕劳总信教人数的 78.6% 左右，信奉摩德肯基教的人数略有下降，占总信教人数的 6% 左右。[①]

表 1−6　帕劳宗教信仰构成及所占比例

宗教	所占比例		
天主教	49.4%		
基督教新教	30.9%		新教(23.1%)
			基督复临安息日会(5.3%)
			其他新教(2.5%)
摩德肯基教	8.7%		
耶和华见证人	1.1%		
其他宗教	8.8%		
没有或拒绝透露	1.1%		

资料来源：https://www.cia.gov/library/publications/the−world−factbook/geos/ps.html。

1. 基督教

基督教在帕劳的传播始于 19 世纪。尤其是 19 世纪中后期以来，伴随着西班牙对帕劳的殖民开拓，基督教也被西班牙传教士带到了帕劳。在西班牙传教士的努力下，基督教在帕劳得到广泛传播并逐渐被帕劳土著居民接受。德国占领期间曾强制帕劳人信仰基督教。此后，日本占领帕劳期间，基督教在帕劳继续得到传播。尤其是二战后，帕劳成为美国的托管地，受美国的影响，基督教不仅成为帕劳的主要宗教，而且已经融入帕劳人的社会生活与习俗中。例如，帕劳人的姓氏大多采用英文姓氏，帕劳人在给孩子起名时也热衷于使用《圣经》中人物的名字。如帕劳女子短跑运动员露比·乔伊·加布里埃尔（Ruby Joy Gabriel, 1994−）的姓氏"加布里埃尔"（Gabriel）源自希伯来语，意为"上帝的报信者"；帕劳环保人士诺亚·伊德尚（Noah Idechong）的名字"诺亚"（Noah）来自《圣经》中的人名诺亚（Noah）。

[①] 2015 Census of Population, Housing and Agriculture Tables（PDF），http://palaugov.pw/census−of−population−and−housing/.

帕劳的基督教既包括罗马天主教，也包括基督教新教，因此，帕劳既有天主教教堂，也有新教教堂。据 2005 年人口普查统计，帕劳当地居民约有 49.4% 的人信奉罗马天主教，30.9% 的人信奉基督教新教，其中约 23.1% 的帕劳人信仰新教，5.3% 的帕劳人信仰基督复临安息日会（Seventh-day Adventist），2.5% 的人信仰其他基督教新教，如神召会（Assemblies of God）、立本责会（Liebenzeller Mission）和耶稣基督后期圣徒教会（Church of Latter-Day Saints，即摩门教）等宗教。此外，有 1.1% 的帕劳人信仰耶和华见证人（Jehovah's Witness）。

2. 摩德肯基教

摩德肯基教也称雅拉·摩德肯基教（Ngara Modekngei），是帕劳的土著宗教，与巫术、传说和神话糅杂在一起，至今仍有许多帕劳人信奉这一传统宗教。事实上，鬼魂和神灵崇拜一直是帕劳文化和传统的一部分。由于这一宗教历史太过久远，以至于许多人曲解了摩德肯基教所隐含的文化信仰，甚至有人认为它包含巫术和恶魔崇拜的成分。事实上，摩德肯基教是一种"聚合为一体"（coming together as one）的传统宗教或者是一种联合教派（United Sect）。这种宗教可能起源于天主教、新教与古老的帕劳多神崇拜的相互糅合。尽管有一些关于摩德肯基教的记载，但绝大多数记载并非来源于摩德肯基教的信仰者，因为摩德肯基教信徒对这一宗教信仰几乎是三缄其口。关于摩德肯基教的创立，一种说法是创立于 19 世纪，是帕劳人在与西方接触的过程中，把西方基督教与帕劳的传统神灵信仰相结合的产物；另一种说法是创立于 20 世纪初，为了抵制日本人的统治，促进帕劳人的团结而创立的。[①] 但这两种说法都没有得到具体的考证（摩德肯基教没有书面教义文本，靠口头传诵赞美诗的形式进行布道）。泰麦达德（Temedad）是摩德肯基教的创立者。泰麦达德来自雅拉德的哲尔

---

① 一种观点指出，在 1915 年前后，一些帕劳人为了抵制日本人的统治（尤其是其文化殖民），同时为了保护和传承帕劳的传统和习俗，在反对日本统治的非暴力不合作运动中，把天主教、新教与帕劳古老神灵信仰结合起来，创立了促进帕劳人团结的摩德肯基教。不过，据记载，德国人在占领帕劳期间，就曾限制帕劳人信奉摩德肯基教，可见摩德肯基教可能早于 20 世纪就已经在帕劳产生了。

（Chol）村，他宣称自己被帕劳所有神中最高的神选定，并由他带领和教导帕劳人崇拜唯一的最高的神——雅哲姆库克（Ngirchomkuuk）。摩德肯基教的出现和传播，推动帕劳社会逐渐从多神论走向一神论。

在古代帕劳，帕劳人相信有一组按等级排列的神，每一位神都有一个称号。帕劳人把他们崇拜的各种各样的神区分为两组：崇拜神和敬畏神。这些神的意思会通过酋长、长老、先知、巫师来表达，有时候也会通过梦境和预兆来显现。

第一组神是人们崇拜的神，被称为布拉戴克（Bladek）。他们也被看作守护神（guardian angel），因为他们会留意部落的成员，并且在他们需要的时候保护他们。守护神可以通过媒介与人进行交流。这种沟通神与人之间的媒介一般由长老选定，或者由神灵拜访。葬礼上大多需要这种通灵媒介。在葬礼上，人们通过通灵媒介向保护神询问死亡的原因。这种仪式被称为西斯（sis）。当通灵媒介与神灵沟通时，他往往会处于一种恍惚的状态，有时候会以神的口吻说话。神赐予通灵媒介使用巫术的能力。例如，当珍贵的物品被人偷走，找到偷盗者并让其承认罪行的唯一方法就是请求通灵媒介的帮助。通灵媒介将请求神在小偷身上下诅咒。这些做法被称为特马尔（Temall）。① 作为唯一能够与神灵进行沟通的人，通灵媒介能够预测发动战争的最佳时机。通灵媒介往往成为部落或村庄的巫师。他们可以治愈疾病，当然，这种服务往往不是免费的，得到服务的人要为此支付报酬。因此，通灵媒介不仅拥有政治权力和超自然的力量，而且还是一个富人。

第二组神是人们敬畏的神，被称为德莱伯（Deleb），是一些已故先人的鬼魂。这组神之所以令人恐惧，是因为他们是其他部落的已故先人，可能是一些遥远的部落或未知部落的先祖。他们相对于其他部落的人来讲是一些"陌生人"，因此他们可能是有害的。帕劳人往往会警告族人远离这些神灵。而且这些德莱伯往往是过早死亡和本不该死亡的人，因此他们变

---

① Natasha Alexander, *Palau Foreign Policy & Government Guide*, International Business Publications, USA, 2003, p. 32.

成鬼魂后往往会因为他们的死亡而向人们复仇。① 尤其难以预测的是，这些鬼魂可能会捕食特定的人，也可能捕食任何人。如果有人被德莱伯俘获，德莱伯会控制这个人并驱使他变得疯狂，进而操控这个人自杀以达到杀死这个人的目的。帕劳人相信，德莱伯也会报复那些导致他们死亡的人，直至把他们杀死。例如，如果有人曾经请求通灵媒介在某人的身上下诅咒，那么这个被诅咒的人就会非自然死亡，这个非正常死亡者的鬼魂就会一直纠缠让通灵媒介给他下诅咒的人，直到这个人死亡。这些德莱伯也被称作"恶魔的帮凶"（devil's helper）。帕劳人认为德莱伯会控制和依附在某些动物身上，因此这些动物是不能被捕猎或吃掉的。猫、狗、海蛇、鸽子、老鼠等都可能是这类鬼魂依附的对象。

　　古代帕劳人是多神论者，他们崇拜一切他们认为与天、地及他们周边任何事物相联系的神。帕劳各个地方都有自己的神，这些神为了各自地方的利益也在不断竞争甚至发生争斗。例如，传说中的艾拉伊州的神麦德琪贝劳（Medechiibelau），就曾为了给艾拉伊州的人们带来更多的鱼类和贝类等海洋生物而欺骗了艾梅利克州的神屯格尔巴依（Tungelbai），麦德琪贝劳用驱赶鱼类的铁树枝把艾梅利克州的鱼赶到了艾拉伊州的海域，而愤怒的屯格尔巴依连忙抓起贝类和海螺等扔向麦德琪贝劳，由此给艾拉伊州海域带来了丰富的贝类。而麦德琪贝劳还因杀死了科罗尔雅米德（Ngermid）村的天竺鲷鱼（cardinal fish）而与雅米德村的神伊查德卢塔查尔（Iechadrultachel）打了一架，最后二位神的和解使得鲭带鱼（rabbit fish）成为两个海域共有的鱼类。②

　　这种多神崇拜事实上不利于帕劳人之间的团结和认同。后来或是受传入帕劳的基督教新教、天主教等一神论的影响，或是在被殖民的过程中为了保存帕劳的传统和习俗，增强帕劳民族的团结，或是两种因素的结合，当泰麦达德向帕劳人宣称受神的授意教导帕劳人信仰摩德肯基教时，尽管

---

① Natasha Alexander, *Palau Foreign Policy & Government Guide*, International Business Publications, USA, 2003, p. 33.

② http：//www. pacificworlds. com/palau/sea/reef. cfm.

一开始人们还有些犹豫，但是慢慢地人们开始接受并信仰这一一神论宗教。由此，这种把帕劳古老的神灵崇拜与帕劳人的团结结合在一起的宗教成为帕劳人的普遍信仰，绝大多数帕劳人不再信仰他们过去崇拜和敬畏的众神，他们开始相信和信仰摩德肯基教所提出的唯一的最高的神——雅哲姆库克，摩德肯基教教会开始在帕劳建立。然而正当摩德肯基教受到越来越多的帕劳人信仰时，德国于 1899 年取代西班牙占领帕劳，并在帕劳强制推行基督教以取代摩德肯基教或其他宗教信仰。凡是信仰其他宗教而非基督教的人一旦被抓住，轻则受到惩罚，重则被投入监狱或被处死。但是仍然有许多帕劳人信仰摩德肯基教，不过这种信仰转为秘密行动。随着基督教逐渐在帕劳社会占据统治地位，摩德肯基教成为帕劳少数人信仰的宗教。目前，帕劳人口中约有 8.7% 的人信仰摩德肯基教，而且信徒一般比较集中。比如雅庞州的伊波邦村（Ibobang），一个人口不过百人的小村庄，全村人基本上都信仰摩德肯基教。

摩德肯基教不像其他宗教那样有自己的成文的"圣经"，摩德肯基教是通过一系列的传唱赞美诗（keskes）的形式进行传教的。信徒们需要遵守的教规教义要远远超出十条戒律（Ten Commandments），而且与帕劳人的生活息息相关。摩德肯基教信徒不吸烟，不沾染任何酒精饮料和药品，时刻保持灵魂和肉体的纯洁。他们不苛求事物的发展，相信事情会自然而然地发生，相信神灵对他们的庇佑。要求小孩子天黑后必须回家，在圣地不能大声喧哗。这些信条强调家庭的重要性和保持帕劳传统和习俗的重要性。

摩德肯基教信徒每天早上都要去教堂做礼拜，并被要求安静地进入教堂。在仪式上大声喧哗被认为是无礼和亵渎神灵的行为。妇女进入教堂或经过教堂时必须穿着正式的服装，比如裙装、连衣裙。每天早上的礼拜一般比较短，包括个人祈祷和集体祈祷。但是，在传统和宗教节日，仪式要复杂得多，往往要持续几天，并提前数周就要为仪式做准备。无论是否信仰摩德肯基教，任何人不得将酒类和烟草带入伊波邦村。根据古老的帕劳宗教信仰，违背宗教教义将会给村庄带来可怕的暴风雨，除非得到摩德肯基教女神的宽恕，否则暴风雨是不会停息的。因此，参加宗教活动的帕劳人都避免携带教义禁止携带的物品进入仪式区域。此外，如果村庄遇到连阴雨天气，摩德肯基教长老会把水果和其他祭品悬挂在全村的树枝上以祈求摩德肯基教女神宽恕外来者的不当行为。在伊波邦村还有一个习俗，那就是道路祈福。这项特殊的习俗与月亮的运行周期相联系。在每个月的月圆前的几天，村民们一起清扫村子——修剪草坪、清理垃圾、擦洗房屋。到了月圆之夜，村民们都待在自己的房子里，而村子的长老将沿着街道来回走动并念念有词，为村子祈祷。因为人们相信在月圆之夜，摩德肯基教女神能够更好地发现她的子民的不法行为。①

二　节　日

帕劳自 18 世纪以来长期处于西方列强的殖民统治之下，二战后又被美国托管了 50 年，经过长达几个世纪的"西化"，帕劳几乎是太平洋岛国中"西化"最彻底的国家。除了肤色和种族不同外，从生活方式到消费模式，帕劳几乎是当代西方国家的"缩小版"，这种"西化"也表现在帕劳的节日安排上。帕劳的重要节日主要包括三类，一是一些重要的具有政治意义的纪念日，如宪法日、独立日、总统日和联合国日等；二是一些传统节日，如新年、感恩节、圣诞节等；三是为关注某些群体而专门设立的节日，如青年节和老人节等。

1. 总统日

每年的 6 月 1 日是帕劳的总统日。帕劳首位总统豪罗·雷梅利克出生于 1933 年 6 月 1 日，1985 年 6 月 30 日遇刺身亡。1981 年 1 月 1 日，帕劳宪法生效后，帕劳随即在 3 月 2 日组建首届政府，豪罗·雷梅利克当选为帕劳第一位总统。为纪念豪罗·雷梅利克为争取帕劳独立所做出的努力，帕劳设立总统日。此外，帕劳独立后所拥有的唯一的一艘"太平洋巡逻船"也被命名为"雷梅利克总统号"。

2. 宪法日

每年的 7 月 9 日是帕劳的宪法日，为纪念 1980 年 7 月 9 日帕劳第一部宪法被批准而设立。根据 1952 年制定的《托管法》，帕劳居民成为美国

---

① 　https：//en. wikipedia. org/wiki/Modekngei.

太平洋岛屿托管地公民，由美国政府负责托管地的民事行政。从 20 世纪 60 年代末开始，帕劳开启了争取独立的进程。1979 年 1 月 28 日帕劳召开宪法会议（帕劳语 "ConCon"）制定宪法。1979 年 4 月 2 日，帕劳第一部宪法诞生，帕劳宪法也是世界上第一部"无核宪法"（nuclear-free constitution）。帕劳宪法制定后，先后经过三次公投，终于在 1980 年 7 月 9 日第三次宪法公投中获得通过，定国名为帕劳共和国。因为这一宪法出台不易，也为了彰显帕劳宪法的尊严，7 月 9 日被定为帕劳宪法日。

3. 独立日

每年的 10 月 1 日是帕劳的独立日，又称国庆日，为纪念 1994 年 10 月 1 日帕劳脱离美国的托管获得独立而设立。1982 年 8 月，帕劳与美国签订了《自由联系条约》（Compact of Free Association），美国同意帕劳脱离美国的托管建立一个独立的国家。然而这一条约的批准之路却是一波三折，从 1983 年开始经过八次公投，该条约在 1993 年 11 月最终获得批准，帕劳的独立才得以提上议事日程。在 1994 年 5 月 21 日举行的联合国托管理事会第 61 届会议上，帕劳和美国政府的代表共同宣布，帕美《自由联系条约》自同年 10 月 1 日起生效。1994 年 10 月 1 日，帕劳共和国宣布独立。在这一天，帕劳会举行隆重的庆祝仪式纪念独立。

4. 联合国日（United Nations Day）

每年的 10 月 24 日是帕劳的联合国日。1945 年 10 月 24 日，联合国这一维持世界和平与安全，促进经济社会发展的国际组织正式成立。为了纪念《联合国宪章》正式生效和联合国的正式成立，1947 年联合国大会确定每年的 10 月 24 日为联合国日。1994 年 12 月 15 日帕劳加入联合国，成为联合国第 185 个会员国，帕劳政府把 10 月 24 日定为帕劳的法定节假日。

5. 新年

每年的 1 月 1 日是帕劳新年，是帕劳的法定节假日。在这一天，帕劳各地会举办各种各样的庆祝活动，通常人们聚集在一起，享受与家人在一起的快乐或一起享用美食。

6. 万圣节

万圣节不仅是西方国家的传统节日，也是帕劳的公共假日。早在两千多年前，欧洲的天主教会就把 11 月 1 日定为"天下圣徒之日"（All Hallows Day）。据说公元前 500 年前后，居住在爱尔兰、苏格兰等地的凯尔特人（Celts）把这个节日往前移了一天，即 10 月 31 日。那时人们相信，故人的亡魂会在这一天回到故居地在活人身上找寻生灵，借此再生，而且这是人在死后能获得再生的唯一希望，因此，10 月 31 日这一夜是一年中最"闹鬼"的一夜，所以万圣节也叫"鬼节"。活着的人则惧怕死魂来夺生，于是人们就在这一天熄掉炉火、烛光，让死魂无法找寻活人，同时把自己打扮成妖魔鬼怪把死人之魂灵吓走。之后，他们又会把火种烛光重新燃起，开始新的一年的生活。后来，罗马人把庆祝丰收的节日与凯尔特人的仪式结合起来，在"万圣节之夜"的庆祝仪式上戴上可怕的面具，打扮成动物或鬼怪，以赶走在他们四周游荡的妖魔。随着时间的流逝，万圣节的意义逐渐发生了变化，死魂找替身返世的说法渐渐被摒弃和忘却，喜庆的意味成了主流。

西方国家在统治帕劳的过程中也把西方的宗教和传统节日带到了帕劳。在万圣节之夜，帕劳各地的广场上到处都是洋溢着节日气氛的男男女女，戴着各式各样面具的大人和孩子相互奔走和问候。万圣节是帕劳儿童尽情玩乐的好时光，他们穿着五颜六色的服装，戴着稀奇古怪的面具，手里提着"杰克灯"，嬉闹打闹，玩得十分开心。到帕劳旅游的外地游客也与当地人一起狂欢，度过一个不平常的美丽热闹的夜晚。

7. 感恩节

美国在 50 年的托管时间里，不仅改变了帕劳人的生活习惯和消费方式，而且在传统习俗上也促使帕劳"美国化"。帕劳"美国化"的表现之一就是把美国人民独创的古老节日感恩节引进到帕劳，因此，每年 11 月的最后一个星期四也成为帕劳的隆重节日。帕劳的感恩节与美国的感恩节大同小异，不仅有丰盛的家宴，而且帕劳的商家也会在感恩节期间推出各种大促销活动，感恩节既是一个团圆的节日，也是一个购物和狂欢的节日。

8. 圣诞节

帕劳三分之二以上的人口信仰基督教，因此圣诞节（12 月 25 日）是帕劳重要的节日，也是帕劳法定的节假日。圣诞节期间，帕劳的商店也会搞促销活动，大家会在 12 月 24 日平安夜一起吃团圆饭，与西方国家庆祝圣诞节几乎无异，只不过帕劳不会有"白色的圣诞节"，圣诞老人也不能穿厚厚的衣服。

9. 青年节

每年的 3 月 15 日是帕劳的青年节，是帕劳年轻人的节日。帕劳比较重视青年人的学习、就业。帕劳是整个太平洋岛国地区入学率和识字率最高的国家，15 岁以上人口的识字率为 99.5%（2015），[①]帕劳独立后其适龄儿童的毛入学率（Gross enrollment ratio）一直在 100% 以上。[②]帕劳年轻人一般能受到良好的教育，许多帕劳年轻人选择到美国留学、找工作。帕劳年轻人的犯罪率也比较低，年满 18 周岁的帕劳公民都拥有选举权。

10. 老人节

每年的 5 月 5 日是帕劳的老人节。在进入现代社会以前，帕劳是一个典型的农业社会（以渔业和种植业为主），所有的生存和生活技能基本要依靠长辈的口授身传，老年人在帕劳社会的形成和发展中发挥着重要的作用。同时，帕劳社会管理实行酋长制，从村落酋长到大酋长，一般也是由年长的男性担任。直到现在，帕劳各级酋长在帕劳社会尤其是在传统习俗领域，仍然发挥着不可替代的作用。组成联邦政府帕劳酋长委员会的各州的大酋长，其社会地位和影响力不亚于总统。因此，帕劳独立后设定每年的 5 月 5 日为老人节，以示对老年人的尊重。

11. 劳动节

每年 9 月的第一个星期一是帕劳的劳动节。帕劳深受美国的影响，劳动节的设立也仿照美国，把 9 月的第一个星期一定为劳动节，而不是把 5

---

① 美国中央情报局"世界概况"之帕劳，http：//www.webcitation.org/5ncBXKnx7。

② 世界银行，http：//data.worldbank.org/country/palau。

月 1 日定为劳动节。劳动节的习俗也大体仿照美国的做法，劳动节放假一天，也会举行游行、集会等各种庆祝活动，以示对劳动者的尊重。

三　民俗

帕劳既是一个现代化的"西化"国家，也是一个非常注重传统的国家。虽然现代帕劳人的生活方式是密克罗尼西亚地区最美国化的，但是骨子里他们仍然十分尊重传统，精神层面的传统男人会馆（Palauan Bai）、对家族关系的注重、延续传统节庆，在社会中仍扮演着十分重要角色的村落酋长，无不显现出帕劳人对传统的尊重和继承。传统习俗在现代帕劳人的生活中占据着重要的地位。人们在进入许多家庭与公共建筑前仍必须脱鞋，人们仍然秉承着女人不可进入男人会馆的习俗，依然相信利用光明的力量可以赶走幽灵。此外，许多传统仪式被保留下来，从出生礼、婚礼到葬礼，从建造房屋到国家举行政治活动，传统习俗都扮演着重要的角色，尤其是帕劳的"女人钱"（women's money）在帕劳社会中发挥着不可替代的作用。

1. "女人钱"

帕劳的"女人钱"，又称"Udoud ra Belau"，是帕劳的一种奇特的物品，它不仅被广泛用于帕劳的各种传统习俗中，也是帕劳家族的标志和女性身份的象征。帕劳的"女人钱"在历史上曾经扮演着物品交换过程中"货币"的角色，但是在当今的帕劳社会中，"女人钱"已经不再是一种流通货币。尽管"女人钱"的"货币"角色已经退出历史舞台，但是其在帕劳的传统习俗和社会生活中依然扮演着极其重要的角色。凡是与传统习俗有关的活动都需要用到"女人钱"。无论是在婴儿出生、婚丧嫁娶还是在新房落成、国家的政治选举活动中，都能够看到这些被串成串的"女人钱"。

帕劳"女人钱"是一种类似于女性装饰品的东西，通常由一些特殊的贝壳（如玳瑁）、玉石加工而成。这些贝壳、玉石经过打磨加工后串在一起就成了"女人钱"。帕劳的"女人钱"出现于何时，现已无从考证。第一个记录帕劳"女人钱"的人是 18 世纪英国的亨利·威尔逊（Henry

Wilson）船长，当时的帕劳社会以"女人钱"作为流通货币。"女人钱"是帕劳最古老的货币，古代帕劳也曾以贝壳充当交换的一般等价物，后来随着交换的增多，便于携带、更为精致的"女人钱"取代贝壳成为帕劳的流通货币。因为古代帕劳多以由血缘关系结成的村落作为社会生活单位，因此"女人钱"大多带有家族的特点，也多在本部族中流通。不过，"女人钱"可以在不同部族之间流通，至于如何确定"女人钱"的价值需要买卖双方商定。帕劳"女人钱"往往按照用途进行分类，并有额度的大小。例如，婚礼和聘礼要使用适用于这类喜庆活动的专门的"女人钱"，而庆祝婴儿出生和在女子沐浴礼上要使用另一类"女人钱"。事实上，由于"女人钱"的制作材料和制作过程比较复杂，每一个"女人钱"都是不同的，即大小不同、形状不同、颜色不同，价值也不同。

　　"女人钱"在帕劳存在了几个世纪。在1899～1914年德国人统治期间，德国人将德国马克以货币的形式带入帕劳，但是并没有禁止帕劳传统的"女人钱"的流通。随后，日本人统治帕劳期间，不仅以日元取代了德国马克，而且通过削弱和限制当地的酋长制，帕劳的"女人钱"一度停止使用了很长一段时间。在帕劳的历史上，日元成为第一种介入传统交换行为的货币。在日本统治帕劳时期，帕劳当地的酋长一度丧失其统驭帕劳社会的力量，不过，之后帕劳酋长重新掌控了管理帕劳社会传统与习俗的权力，"女人钱"于是再次活跃起来。第二次世界大战之后，美元取代日元成为帕劳的流通货币，"女人钱"不再作为流通货币存在，但是仍然是帕劳传统习俗的重要主角。

　　现在帕劳"女人钱"更多的是一种身份的象征，其价值更多地体现为一种社会价值和文化价值。传承于古代帕劳的母系社会传统，帕劳女性在村落和社会生活中仍然拥有较高的社会地位，而且这一社会地位是通过女性在自己所在的部族、宗族和家族中的地位体现出来的。"女人钱"则是一个家族的重要标志，每个家族拥有的"女人钱"都是独一无二的，而且只有家族中受重视的女人，才有佩戴"女人钱"的权利。在帕劳，未婚的女孩子可以佩戴父母的"女人钱"，已婚的女性通常佩戴丈夫家族的"女人钱"，或是夫家借给她的"女人钱"。帕劳女性平时通常只佩戴单一的"女人钱"，这个单一的"女人钱"往往用一根黑色细绳串起来。但是在重要场合，她们便会佩戴一整串的"女人钱"，称作"Iek"。① 对一个帕劳女人而言，能够戴着一串"女人钱"出席活动，不仅意味着她来自一个有钱的家族或是嫁给了一个有钱人，而且表示她被她的家族重视。

当然，帕劳女性也可以拥有自己的"女人钱"，这些通常是继承自娘家或是丈夫死后遗留的。在帕劳，上了年纪的女性、大家族的女性大多会拥有数量可观的"女人钱"。同为"女人钱"，但是由于它们承载的内容不同，有些"女人钱"会比其他的"女人钱"更有价值，也更值钱。一些非常有价值的"女人钱"往往承载着一个家族的变迁以及特殊的故事，因此往往是家族的象征，而一些底层的帕劳人是不能拥有"女人钱"的。

帕劳人不喜欢展示自己的"女人钱"，传统习俗也禁止人们去看或者触碰其他家族的"女人钱"。同时，帕劳人更不希望别人发现自己拥有多少"女人钱"。由于帕劳人对"女人钱"十分保密，所以，即使帕劳的老年人也只认得某几种"女人钱"，对于现存"女人钱"的数目也不甚了解。当初帕劳原本拥有的"女人钱"数目已不可考，目前流通的数目也没人确切知道。此外，部分"女人钱"也因为一些其他原因而消失，比如遭遇火灾或是持有人突然死亡致使"女人钱"消失，或是"女人钱"的持有者出于某种习俗需要将它们焚烧并撒在屋子四周。由于帕劳人一般不愿意把自己的"女人钱"展示给外人看，因此现在很难去把所有帕劳的"女人钱"一一列成清单，尤其是在引进"新品种"的外来"女人钱"之后。这些外来的"女人钱"大多来自印度尼西亚、泰国、菲律宾等国，是一些类似帕劳"女人钱"的古代饰品。外来的"女人钱"也可能会随着时间的流逝而身价不菲，同时也会渐渐地被帕劳人接受，因为它们至少不是仿冒品，而且极有可能是与帕劳真品"女人钱"来自同一个

---

① 《帕劳"女人钱"为家族标志》，http：//news. cqwb. com. cn/NewsFiles/201109/27/742514_ 2. shtml。

地方。有些家族也热衷于收藏不同的"女人钱"。可洛岛上的阿狄德（Idid）家族便拥有一系列"女人钱"。1966 年，专门研究"女人钱"的摄影师道格拉斯·奥斯本（Douglas Osborne）便曾经给阿狄德家族的这些"女人钱"拍过照。不过，当时拥有这些"女人钱"的家族首领后来也曾经卖掉一些"女人钱"，也与别人交换过不同的"女人钱"，现今这些"女人钱"被称为"阿狄德钱"。①

虽然在现代帕劳社会中许多年轻人并不清楚"女人钱"的种类与名字，但他们都十分明白"女人钱"的重要性与社会价值。如果把一条贵重的黄金项链与一串"女人钱"摆在帕劳女人的面前，大部分帕劳女人会选择"女人钱"。当遇到特别需要钱的特殊情况时，帕劳人会将其所拥有的"女人钱"卖出以换取美元，一个大块并历时弥久的"女人钱"可以卖到 3 万美元。在帕劳，有许多法律诉讼是关于"女人钱"的，由此可见它对帕劳人的重要性。如果一个帕劳人将一块属于整个家族的"女人钱"卖给别人，或者妇女在离婚后拒绝归还夫家的"女人钱"，"女人钱"的主人便可以采取法律行动。

2. 女子沐浴礼

帕劳女子沐浴礼（帕劳语 Omesur）也称为"初生礼"（the First Child-Birth Ceremony），是帕劳女子在生完第一胎之后举行的一个庆典仪式，② 也是帕劳最隆重的传统仪式之一。仪式以新妈妈的沐浴仪式"奥美瑟"（"Omesur"）揭开序幕，因此通常把这一庆典仪式称为"沐浴礼"。据说，这一传统庆典仪式已经在帕劳延续了几个世纪之久。在德国统治帕劳期间，有德国人在 1910 年记录过这一仪式的过程，这也是目前人们所能看到的关于帕劳女子沐浴礼的最早记载。

在过去，沐浴礼有可能会持续 10 个月，新妈妈必须待在娘家，不得与丈夫亲近。现在这一规定已经被废除。现在的沐浴礼要持续 5～10 天的

---

① 《帕劳"女人钱"为家族标志》，http://news.cqwb.com.cn/NewsFiles/201109/27/742514_2.shtml。

② 《帕劳女子神奇的沐浴礼》，http://go.huanqiu.com/zhuantiyongwen/2012－04/2999368.html。

时间，以宗族的等级不同而不同。往往在较高等级的宗族中，这一仪式也更加隆重。通常女性只有在生第一胎后才会举行这项仪式，不过如果女性再婚，或是第一胎是私生子，就有可能在下一胎才举行。

沐浴礼开始之前，新妈妈的家族往往要事先搭建一个沐浴礼专用的小屋。"沐浴"就是用掺了草药的热水不断泼在新妈妈的身上，这种"沐浴"一天会进行多次。每个家族有其不同的草药配方，不过一般都会加入一种名为"罗伯特尔"（"Rebotel"）的蜡苹果和一些有助产后恢复的草药。为了避免新妈妈被热水烫伤，家族成员或者客人事先会用黄姜汁和椰子油（Kesol）涂抹其全身。

沐浴礼由一位被称为"梅祖西"（"Mesurech"）的年长女性负责指导，她具有丰富的草药知识，不过近年来，很多草药知识都渐渐失传了，因为在一族之内，"梅祖西"一次只收一个传承人。现在全帕劳懂草药知识的"梅祖西"已经寥寥可数，她们有时候也会收费来替其他家族做沐浴礼。帕劳在传统上是一个母系社会，因此现在帕劳的很多年长女性都保有各式各样草药秘方，她们有时也会把药卖给其他家族，不过绝不透露配方。当新妈妈生产结束后，"梅祖西"会给产妇一种由四种草药混合的药，并要求产妇必须在淋冷水澡的时候咀嚼并吞下。据说这些草药的味道非常恐怖，吃完后会让人发热、脸红，但疗效非常显著，可以促使产妇子宫收缩，在一周时间内就可以让子宫恢复到原本的大小。整个仪式最后的一次沐浴称作"奥美伽特"（"Omengat"），新妈妈坐在一个桶内，享受草药蒸气浴。挑选蒸气浴的草药除了考量药效之外，还会考量味道，一般选用据说能够净化内部器官的芳香草药，如"艾兰奇"花（Irang flowers）、椰子、姜、柠檬叶以及露兜花（Pandanus flowers）等。帕劳人相信经过沐浴礼的"洗礼"，新妈妈会很快恢复身体，并保持皮肤的光泽与弹性。不过，今天沐浴礼的时间已经大大缩减，其中很多疗效也都降低了。

新妈妈沐浴结束后，会由娘家的亲戚帮忙换装。她们首先会帮新妈妈梳一个漂亮的发髻，发髻要往后梳，用鲜花、玳瑁壳或鸟的尾羽来装饰发髻（饰品视各家族而异）。然后用亮黄色的椰子油涂满新妈妈的身体，新妈妈一般赤裸上身，围上"树皮"裙（过去，在沐浴礼上新妈妈穿的裙子是由两片树皮绑在一起而制成的，树皮会染成娘家家族的代表颜色）。不过，由于染制树皮太过费时，现在大多数沐浴礼上都用棉布来代替树皮。大部分的帕劳女性在传统仪式中都是上身赤裸，自豪地裸露上半身。有时候因为一些宗教的理由，会加穿椰子壳。

新妈妈出场时会一只手高举花束，另一只手托着胸部并手持叶子（用以擦拭眼睛旁的油），另外会有一名女性扶着她的手肘，陪同她走过用椰子叶铺成的走道，到一个所有来宾都看得到她的地方。新妈妈把脚放在一个盛满草药水的盆里。所有亲戚围着她唱歌跳舞，表示祝贺。家族成员会在屋外集结，一起迎接男方亲戚的到来。男方会带着本家族的"女人钱"和婴儿礼物参加沐浴礼。接下来的仪式是男方给新妈妈戴上本家族的"女人钱"，这也意味着他们接纳这对母子进入他们家族。不过，如果男女双方并未结婚就生了小孩，在沐浴礼仪式举行之前或者结束之后，男方家长会带着本家族的"女人钱"询问女方是否愿意正式嫁给男方。如果女方愿意嫁给男方，则会接受男方的"女人钱"并由男方家长为她戴上。当然，女方也可以不接受。因为在帕劳的传统礼教中，举行结婚仪式，男方要支付给女方一笔丰厚的礼金，以便支付所有庆典的相关费用。而如果未来他们要离婚，女方也会被要求将当初所收下的礼金全数归还男方。相对于普通帕劳家庭来说，这都是一笔不小的支出。因此，帕劳社会不乏没有正式结婚的男女，但这并不妨碍他们生育子女。如果女方属于未婚生育，而男方的家属未到场的话，沐浴礼仪式上女方通常会佩戴娘家父母给的"女人钱"。

帕劳人非常重视女子的沐浴礼，这可能跟帕劳早期医疗技术落后、产妇的高死亡率有关。早期帕劳人不懂得自然分娩，产妇生产时由帮助生产的女性用锐利的竹片剖开产妇的腹部取出婴儿，新妈妈经常会在生产过程中因大量出血或感染而死亡。因此，古代帕劳新生儿的生命，往往是用妈妈的死亡换来的。后来，帕劳人了解了自然分娩后，帕劳各地就陆续推广出庆祝初生礼的仪式，在这样的仪式上，除了新妈妈要接受宾客涂抹金黄色草药油外，还会有唱歌、跳舞、包红包、佩戴"女人钱"等多种活动，而且经常一办就是5~10天。①

3. 婚礼

在帕劳语中，结婚被称为"chebechiil"，婚礼被称为"orau"。新婚夫妇（"kaubuch"）可以不举行"婚礼"而"结婚"。在古代帕劳，普通女性在结婚前通常要待在村落的女性"社团"（帕劳语称为"cheldebechel"）内，因此，女性结婚的年龄一般比现在要大一些。帕劳女性结婚分为嫁到自己村落（"bechiil er a beluu"）和嫁到外村（"mengirs"），一般嫁到外村的多一些。

当男女双方同意结婚，他们要告知双方的父母。男方的父亲将带着新郎和婚礼的"礼金"（"bus"）到女方家中，并把礼金交给女方的父亲，"礼金"的价值大约等价于"medalakluk"（一种"女人钱"）。如果女方父亲接受"礼金"，同意双方结婚，男方就可以住在女方家中。在有些情况下，男方可以把他的新婚妻子带回自己家中居住两三个月。但一般情况下，男方要在女方家中居住6个月到一年的时间。男方在女方家居住期间，女方负责准备好婚宴和婚礼的一切事宜。然后，男方才可以把他的妻子带回自己的住所。如果女方的父亲因为一些原因而反对这桩婚姻，比如说男方属于一个不太好的宗族，那么，偶尔女方会跟男方回到男方的住所。当然，这种情况只可能是女方来自一个社会地位比较高的宗族（"meteet"）。如果一个女性来自一个社会地位比较低的宗族，那么即使女方跟随男方回到男方家族，也会被驱赶出去。没有得到女方父亲同意就随同男方居住在男方家族，女方的父亲肯定是很生气的。在这种情况下，女方只能长时间安静地待在男方家中。一般过一段时间后，男方父亲会带着一些象征友好的礼品（"tngakireng"）登门拜访女方的父亲，以抚慰女方父亲的情绪。然后，男方还会送上正式的食物礼品（"oltirakl"），以征得女方父亲对婚姻的认可。

有时候，男方也可以不支付婚礼的"礼金"。这种情况下，女方因为

---

① 廖纯华：《帕劳不老传说：初生礼的由来》，http：//go. huanqiu. com/zhuantiyongwen/ 2012 – 04/2999368_ 3. html。

没有收到"礼金"也可能不举行"婚礼",但不妨碍"结婚"。不过,由于没有支付"礼金"而不举行"婚礼"的情况还是很少见的。当然,如果男方属于社会地位比较高的宗族,"礼金"还是会支付的。婚礼的"礼金"支付给女方后,女方家人就开始为新婚夫妇准备婚礼,并为双方的亲戚筹备婚礼的宴席。不过,婚礼通常会在新婚夫妇生育一个孩子并且关系稳定后才会举行。通常是男女双方共同生活一年到一年半的时间后才会举行婚礼。

婚礼的程序一般是,男方到女方家提出要举办婚礼,同时男方要携带一些特殊的礼品,比如"delibech"(某种类型的"女人钱")。女方同意举办婚礼后,就着手为男方准备一些小规模的宴席。如果男方或者男方家族认为比较合适,就会通知女方举行婚礼的时间(有时候可能是第二天就举行婚礼)。女方得知婚礼的举行日期后,就开始准备婚礼的盛大宴席。婚礼当天,男方几乎所有的亲戚会赶往女方家,并在那里参加婚礼的宴席。不过,偶尔在婚礼举行的当天,女方的一些家庭成员也会携带食物到男方的住所举办婚礼。在婚礼的宴席上,女方家族会送上事先男方送来的"delibech",这时候,男方家族将会拿出价值是"delibech"两倍的称为"kluk"的"女人钱"给女方家族。如果两个家族社会地位比较高,那么女方可能会把"kluk"作为礼物送给男方,作为回报,男方将给予女方家族"delibech"和双倍价值的"kluk"。因此,婚礼会更加盛大,当然花费也更高。如果新郎来自一个社会地位比较高的家族,或者正好得到了一笔额外的财富,除了家族婚宴外,还可能举办一场宴请整个社区的婚宴。这时候,女方家族要准备另外的婚宴宴请村落的村民,这种额外的婚宴被称为"mur"。在"mur"上,女性"社团"的舞蹈者要表演舞蹈。当然,新郎要给予女方家族更多的金钱,新郎也会给每位舞者发喜钱。如果一个男性能够举办一场"mur",在女方看来是一件非常荣耀的事情。

在古代帕劳,还有一种特殊的"强迫婚姻"("omoch"),也就是一位女性强迫一位男性娶她为妻。如果一个男性被一个来自社会地位比较高的家族的女性爱上,将是一件"不幸"的事情。尤其是当这位男性已经结婚,那么这场"爱情"对于男方和他的妻子而言就是一场"灾难"。因为，如果来自贵族家族的女性会给男方一些钱并要求男方与他的妻子离婚，而这时，男方是不能拒绝的，而且男方必须接受与这位贵族女性的婚姻，这一强迫婚姻被称为"omoch"。而且，男方的"前妻"也不能抱怨这一强迫婚姻。如果来自贵族家族的女子比男子的"前妻"年轻许多，男子的"前妻"可以继续留在男方家中。不过，绝大多数情况下，男方的"前妻"必须离开男方家族。如果男方对自己的"前妻"还有感情，而且不想把自己的"前妻"赶走，那么现在的贵族妻子的家族必须拿出一部分金钱作为男子"前妻"的"离婚补偿金"（"olmesumech"），然后男子的"前妻"就会被赶出男方家庭。如果男方对自己的前妻没有感情了，那么他的"前妻"被赶出男方家族时就得不到"离婚补偿金"。① 当然，有时候，男方因为有钱而被贵族女性看中而被迫结婚，随后女方占有了男方的财产后把男方抛弃，也称为"omoch"。

此外，还有一种被称为"不平衡婚姻"的婚姻形式。如果夫妻双方来自不同社会地位的家族，那么这种婚姻就被称为"不平衡婚姻"，但这种婚姻不同于"强迫婚姻"。"不平衡婚姻"的一方尤其是女方如果来自较高社会地位家族，这种婚姻一般是不被女性家族认可的。例如，如果来自科罗尔的一个贵族家族的女性嫁给一个来自佩里琉的社会地位较低的男子，科罗尔人认为这是他们村落的一种耻辱。那么，该女子所在的宗族"社团"成员会全体出动去破坏该女子家的芋头地和其他土地。如果该女子家拿出一定数量的"女人钱"进行"补偿"，那么这种破坏才会停止。据说，这种对土地的破坏在女子家庭"罚款"上交之前，每天都在进行。此外，该女子也会被宗族"社团"开除。因此，尽管该女子可以回自己家，但是她将不能与宗族"社团"的其他女性一起从事公共活动，也不能参加节日庆祝活动。

4. 饮食习俗

帕劳人的传统饮食十分天然简单，芋头、木薯和番薯是帕劳人的传统

---

① Endo Hisashi ed. , *Collective Works of Hijikata Hisakatsu: Society and Life in Palau*, The Sasakawa Peace Foundation, 1993, pp. 177 – 182.

主食，而鱼类等海产品则是他们主要的蛋白质来源。帕劳人也种植马铃薯等蔬菜，椰奶和干椰肉也是他们饮食的一部分。不过，日本和美国相继在帕劳近 80 年的"治理"，使帕劳人的饮食习俗已经发生了巨大的变化，饮食习惯深受日式和美式饮食的影响。受日本饮食习惯的影响，米饭成为现代帕劳人的主食，当然大米需要进口。而帕劳人至今也保留着在新年吃年糕、喝小豆汤的传统，这一传统也来自日本的饮食传统。而受美国速食文化的影响，生活在帕劳城市的上班族，几乎也已经习惯了美式餐饮，鱼罐头、加工肉类已经取代了烹制海鲜食品。现在，米饭和速食食品已经取代了芋头、木薯等传统主食。此外，随着旅游业的发展，为适应游客的饮食需求，帕劳的餐饮业日趋多元化。在科罗尔街头随处可见日式餐馆、中式餐馆、韩式餐厅和美式餐厅，其中不乏中国菜、印度菜、日餐、泰餐和美式快餐，商店里各种肉制品和鱼类罐头可以满足帕劳人对蛋白质的需求。帕劳的水果主要有甘蔗、菠萝和香蕉。帕劳自产蔬菜较少，空心菜是主要的自产蔬菜，大部分蔬菜需要进口。而帕劳人饮食习惯的改变也直接导致了帕劳肥胖症患者的增多，肥胖问题已经成为影响帕劳人健康的重要因素。

不过，在一些传统节日和传统仪式的宴会上，人们还是遵循传统的饮食习俗。在节日和仪式到来之前，人们会提前准备宴会的食品，准备好自己捕捞的新鲜海鲜，客人也会带来他们自己捕捞的鱼类。在帕劳人的传统集市上，也有椰奶、椰干肉、木薯粉、马铃薯、各种海鲜售卖。

木薯，也称树薯，是帕劳人的传统食物之一。木薯是一种直立灌木，长成后有两三米高，且极易成活。一般种植后半年就可以收获，产量很高。木薯的淀粉含量很高，是帕劳人传统的粮食作物之一。不过，木薯块根含氰酸毒素，需要煮熟后食用。木薯块根的粗纤维含量很少，味道甘甜，并含有大量的钙、钾和多种维生素。帕劳人还把木薯加工成木薯粉和木薯干供食用和出口。

帕劳人也有嚼食槟榔的习惯，虽然不像西太平洋加罗林群岛西部的雅浦群岛人那样普遍，但嚼食槟榔已经成为许多帕劳人生活的一部分。帕劳人一般把槟榔与少量石灰粉混合，放入口中慢慢咀嚼，直到口中生津，产生大量红色的唾液，口唇变红。从帕劳人的牙齿即可判定其是否常常咀嚼槟榔，而从衣服与下巴的污点即可判定是新咀嚼的人。嚼食槟榔不仅会带来口腔疾病，而且会引发口腔癌。此外，嚼食槟榔也会产生类似于服用毒品的成瘾性，食用过量则会产生中毒症状，轻则兴奋、眼神呆滞、全身发抖，重则导致幻听、自我膨胀、被迫狂想等急性精神病。尤其是随着嚼食槟榔的低龄化，嚼食槟榔在帕劳已经被视为一种危害青少年的行为。帕劳一些公益组织也在积极开展活动，引导青少年不要嚼食槟榔。

第三节　特色资源

一　名胜古迹

有人说，帕劳是"上帝撒落的珍珠，彩虹尽头处的天堂"，这不仅因为帕劳是"彩虹的故乡"、"上帝的水族箱"，而且帕劳还有着世界上最洁净的海水、白色的沙滩和独一无二的无毒水母湖和"牛奶湖"。大自然造就了帕劳美丽的岛国环境，赋予了帕劳独特的名胜古迹和不可复制的旅游景观。

1. "海上花园"——洛克群岛

洛克群岛（全称 Rock Islands Southern Lagoon，帕劳语为 Chelbacheb）位于帕劳南部，坐落在科罗尔与佩里琉之间，是帕劳最神奇美丽的地方，也是游客们最青睐的旅游景点，距离科罗尔约 30 公里。有"海上花园"之称的洛克群岛，其实是百万年前形成的古老礁脉，长达 200 公里的海岛链由 8 座较大的岛屿和 250 多个石灰岩岛和珊瑚岛礁组成，陆地面积只有47 平方公里。洛克群岛以其丰富的生物种类著称于世。石灰岩岛受海水侵蚀成高耸的伞状，岛上到处都是生机盎然的热带植物，岛上拥有很多隐藏的礁湖及其他湖泊，生活着一系列独特的生物，有长满植物的石灰石和一处突出海面约 207 米的珊瑚石，南面岛屿则有洁净纯白的沙滩。2012年洛克群岛被列入世界遗产名录（World Heritage Site），是联合国教科文组织和世界遗产委员会确认的世间罕见、无法替代的自然财富。

洛克群岛海域水下礁石横生，海藻摇曳，使得海水呈现出深浅不一、碧绿湛蓝交融的生动色彩，环礁沙滩里蕴藏着丰富的水族生态，各种摇曳的藻类、种类繁多的热带鱼群、美丽的珊瑚群，呈献给世人一幅美丽的海底世界图。洛克群岛的软珊瑚区，是世界七大水底奇观之一，被誉为海底"玫瑰花园"（Rose garden）。这里的海水能见度达 200 英尺，水下五颜六色的珊瑚就像盛开的玫瑰花一般，在清澈的海水中各展姿态，造就了帕劳海底精彩斑斓的世界奇观。洛克群岛的硬珊瑚区是一处可见到底但踩不到底的浮潜地点，形态各异的珊瑚间隙穿梭着各种热带鱼类。硬珊瑚区有一朵非常大的玫瑰珊瑚，就像一个巨大的生日蛋糕在海底摇曳。

帕劳著名的潜水点蓝角（Blue Corner）、蓝洞（Blue Hole）、德军水道（German Channel）都位于洛克群岛周边的珊瑚礁海域，而二战沉船遗迹也时刻提醒着人们战争的惨烈。蓝洞、蓝角是全球顶级的潜水点，潜水难度高，是专业潜水人士梦想的地方。这些高难度的潜水区仅对中高级水肺潜水人员开放，并且要求有 50 个以上潜水记录。德军水道是帕劳著名的浮潜点，是第二次世界大战中德军占领帕劳时因运输补给的需要而炸出来的水道，故名"德军水道"。在长满珊瑚礁的海面上可明显看到一条蓝色的长形水道，这条水道也是帕劳巨蝠鲼（又叫蝠鲼、魔鬼鱼）的必经之地，因此这条水道也被称为魔鬼鱼水道。帕劳巨蝠鲼是世界上最大的鲼鱼，成鱼的体长可达 7 米，重 500 千克，是国际自然保护联盟（IUCN）列入的"近危"和"易危"物种之一。巨蝠鲼身体扁平，强大的胸鳍类似翅膀，因其形状吓人而被称为"魔鬼鱼"。潜水点海域也是大型海洋生物海龟、飞旋海豚、银色灰礁鲨、笛鲷、细鳞的天堂。美丽的雅米斯岛（Ngermeaus Island）、世界上独一无二的无毒水母湖（Jellyfish Lake）和著名的海豚湾（Dolphin Bay）也位于洛克群岛的绿色小岛群中。

洛克群岛因 2005 年初播出的美国真人秀《幸存者》第 10 季《幸存者：帕劳群岛》而闻名。现在岛上没有定居的居民，但有迹象表明，在过去数千年里，可能有多个人类种群在这里生活过。一个最令人好奇的证据莫过于这里曾发现所谓的"微型人"遗骸。人们最初认为微型人与印度尼西亚弗洛里斯岛的霍比人有血缘关系，现在则相信微型人就是古代的帕劳人，身材矮小是因为受到岛屿矮态（Island Dwarfism）的影响——体形庞大的动物经过几代的进化会变小。①

2. 水母湖（Jellyfish Lake）

水母湖（帕劳语 Ongeim'l tketau）是帕劳最具特色的景点之一，位于科罗尔和佩里琉之间的艾尔莫克岛（Eil Malk Island），属于科罗尔州，距离科罗尔约22公里，是一个咸水湖。在数万年前，水母湖曾是海洋的一部分，由于地壳运动，周围的海床升高，逐渐将它与外海隔绝，形成了一个内陆咸水湖。由于与外界隔绝，湖中大多数海洋生物逐渐灭绝，只剩下靠少量微生物就可以生存的低等海洋生物——水母。由于环境的变化，这些水母逐渐失去了毒素，帕劳水母湖拥有了世界上独一无二的无毒水母。

帕劳水母湖长约460米，宽160米，湖水平均深度约30米，水域面积5.7公顷。金色水母（Golden jellyfish）是水母湖的主要水母种类，主要靠海藻分泌的营养素维生，散发出淡淡的橘色光芒，因此被称为"金色"水母。湖中亦有成群结队的银面鱼及透明的月亮水母（Moon jellyfish），每天接近中午时分，数以万计的水母会浮到水面上进行光合作用，湖面金光闪闪，耀眼而又壮观。

水母湖虽然早已存在，但由于通往水母湖的道路比较崎岖，而且需要先攀爬过一个珊瑚礁的小山头，路况恶劣，山路两旁还有一些有毒的树木。因此，直到1982年，水母湖才正式被"发现"，并于1985年开始对外开放观光。现在科罗尔州已经建造了一个水上码头，人们仅需花费半个小时左右的时间就可以乘船到达水母湖。湖中的水母大的长达数米，小的仅如水中升腾的气泡，这些几近透明的小生灵成为大自然给予帕劳的巨大馈赠。在这里，游客可以在湖中与水母亲密接触，嬉戏玩耍，水母湖成为帕劳最具特色的旅游景点之一。

1998年，受厄尔尼诺现象等自然因素及其他因素的影响，帕劳水母湖的金色水母几乎一度绝迹（气温上升导致海藻死亡，进而影响到金色

---

① http://baike.baidu.com/view/6108180.htm.

水母的生存）。2000年1月，人们在水母湖中又发现了金色水母，并且数量逐渐开始恢复，到2012年5月基本恢复到先前的数量。月亮水母的数量也有所减少。因此，帕劳水母湖的保护也受到帕劳政府的重视，湖中只允许浮潜，不允许深潜，因为从气瓶中冒出的气泡可能会伤害到水母。目前，水母湖是帕劳唯一向游客开放的海洋湖泊。

3. 牛奶湖

"牛奶湖"是帕劳颇具特色的旅游胜地，位于洛克群岛的安卢克特贝尔岛（Ngeruktabel Island）南端。牛奶湖虽然名为"湖"，但它其实不是一个封闭性的湖泊，而是一个小海湾，是一个由众多小岛环绕的小片海域，也被称作"银河水道"。

"牛奶湖"，顾名思义，因湖水呈乳白色状似牛奶而得名。在古代，"牛奶湖"区域是火山活动频繁的地区，大量的火山灰在火山喷发后沉积湖底，久而久之就在湖底形成了厚厚的一层火山泥。这些绵白的火山泥与牛奶的性状极为相似，透过帕劳透明度极高的海水，湖底沉淀的火山泥使海水蓝绿色中带点乳白色，而当火山泥被搅动时，海水就变成了牛奶色，这也是这一海域被命名为"牛奶湖"的原因。"牛奶湖"水深一般不超过2.5米，大多数水域仅为深1米左右的浅水区，虽然水位会随潮汐涨落有所变化，但这片水域多为内湾，风平浪静，是不可多得的天然游泳池。

帕劳"牛奶湖"的开发得益于日本人的"发现"。"牛奶湖"海底的火山虽然不再喷发，但是仍然形成了一些海底温泉，喜爱泡温泉的日本人来到这里并发现了这种海底"牛奶"。据说这种乳白色的火山灰沉积泥浆富含矿物质，有美容美白的功效。于是各国游客纷至沓来，在这里敷泥、浸泡湖中做天然的SPA，"牛奶湖"逐渐成为帕劳独特的旅游胜地。

4. 长滩（Long Beach）

长滩位于洛克群岛的南部，是帕劳著名的景点，以其彩虹状的白色沙滩长廊闻名遐迩。长滩实际上是欧麦加岛（Omekang Island）南端延伸至欧基山岛（Oji-sang Island）之间的沙滩，退潮时，在这两个相距约2公里的小岛之间，露出一条白沙形成的走廊，所以得名"长滩"。帕劳"长滩"在一天当中会随着潮水的起落时隐时现。涨潮时，它隐身于海底，呈现淡绿色的一条宽带海域；落潮时，它就变成了一条白色的陆上走廊，人们可以步行从一个小岛走到对面的小岛，感受着行走在大海中央，与美丽的贝壳亲密接触的愉悦。在午后赤道骄阳的照耀下，蔚蓝色的宽阔洋面上，一条洁净的白色长廊宛如一条优美的月白色彩虹架在两个绿色的小岛之间，吸引了无数游客驻足，也成为各类广告镜头中时常出现的胜地。

5. 七十群岛（Seventy Islands）

"七十群岛"（当地称"Ngerukewid"）位于帕劳 C 字形大环礁的深凹处，是由数十个岛屿聚集组合而成的。"七十群岛"是帕劳景观的代表，无论从空中还是从水中看，都是帕劳最美丽的地方。"七十群岛"也是帕劳最原始神秘的区域，这里有帕劳最完整而丰富的海洋及陆地生态，早在1956 年就被帕劳政府规划为生态保护区。在群岛周围 1 海里内，禁止船只靠近，违者将受到重罚。目前只有科学家事先申请、在水警陪同下，才可以进入这个区域。游客唯一能够靠近"七十群岛"的方法是搭乘直升机在空中俯瞰，不过，虽然无法近距离接触，却更能窥得"七十群岛"的完整面貌。

6. 大断层（Big Drop Off）

大断层是帕劳著名的浮潜点，也是欣赏帕劳海底奇景的著名景点之一。大断层所在海域是一个地形突变的断层区，海底深度从 1 米一下子突然降到 700 米，是潜水爱好者追逐的热门潜水点之一。同时，由于落差巨大，大断层由浅入深的广阔海域内生活着丰富多样的海洋生物，潜水者不仅会遇到大型的洄游鱼群，也可以观赏到穿梭在海葵中的小丑鱼，不同部位的鱼鳍有着不同色彩的"玻璃炮弹"鱼（也叫"粉尾炮弹"鱼）以及扳机豚、黄金蝴蝶鱼，而体型较大的鲨鱼、海龟、苏眉鱼等深海鱼类也时常出现在潜水者的视线内。苏眉鱼是帕劳的国宝鱼，在帕劳的"男人会馆"和传统工艺品中到处可见苏眉鱼的图案。成年苏眉鱼身长可达 2 米，体重可达 190 千克，因为眼睛上方的两道短小黑色纹路和眉毛颇像而得名，而其成鱼的背部很像拿破仑的帽子，故又有"拿破仑鱼"之称。苏眉鱼是世界上最大的珊瑚鱼类，因遭到过度捕捞，苏眉鱼的数量急剧下降，2004 年，苏眉鱼作为濒危物种被列入《世界自然保护联盟红皮书》，受《濒危野生动植物种国际贸易公约》（CITES）保护。

7. 百年干贝城（Calm City）

百年干贝城是帕劳最奇特的景点之一，会集了上百只世间罕见的巨型贝壳。在水深 5 米的透明海水中，上百只五颜六色的、直径超过 1 米的巨型干贝铺满海底，一张一合，蔚为壮观。这里最著名的是"年龄"超过百岁的帕劳国宝砗磲贝。砗磲贝是一种大型双壳贝，外壳坚硬，形如波浪般，壳的边缘有突起，又称五爪砗磲贝。它们生长缓慢，每年大约只长 10 厘米。它们在生长过程中对光线十分敏感，阳光愈炽烈，展示出来的外壳越美丽，而帕劳炽热的赤道阳光赋予了砗磲贝艳丽迷人的外壳。

8. 海豚湾（Dolphin Bay）

海豚湾也称"太平洋海豚中心"，是由日本索尼公司与帕劳海豚保育中心合作成立的，也是世界上最大的海洋哺乳动物教育和研究中心。海豚湾位于洛克群岛的安卢克特贝尔岛（Ngeruktabel Island）北侧，距离科罗尔 4 公里，从科罗尔搭船只要 10 分钟即可抵达。在这里，人们不仅可以看到活泼可爱的海豚时而跃出、时而鸣叫的嬉戏场面，而且可以在水中与海豚亲密接触。

9. 雅德茂瀑布（Ngardmau Waterfall）

雅德茂瀑布是帕劳最大的瀑布，位于帕劳最大的岛——巴伯尔道布岛上，距离科罗尔约 2.6 公里。巴伯尔道布岛的西岸公路一侧是绵延的红树林及沼泽森林构成的海岸线，另一侧则是陡峭的高山，雅德茂瀑布就位于海拔 242 米的恩切尔曲斯峰。恩切尔曲斯峰是全帕劳的最高点，穿过恩切尔曲斯峰大片的雨林，溯溪而上就可以到达雅德茂瀑布，步行约 1 个小时。

雅德茂瀑布从悬崖上落下，恰似垂下一副美丽的水帘，瀑布溅起的水花经赤道炽热阳光的照射，在瀑布上方出现一道道彩虹，美艳无比。瀑布下方汇集成潭，水流沿着迪翁格拉迪溪床而下，将溪床切割出一个个水池，犹如天然的浴缸，溪水清澈见底，是游客们戏水的好地方。

10. 帕劳国家博物馆（Belau National Museum）

帕劳国家博物馆位于科罗尔市中心，始建于 1955 年，是密克罗尼西亚地区历史最悠久的博物馆。博物馆一开始设在日本殖民统治时期的气象局大楼内，后来在中国台湾的资助下，帕劳在科罗尔市中心重新建立了博物馆（2005 年 9 月新建，博物馆内专门设有"台湾原住民文化展示区"）。博物馆是一座两层的白色小楼，大门装饰有故事木雕，入口处有纪念牌，门口外边放置着当地传统的独木舟和废弃的二战遗留武器。馆内藏品达 1000 多件，包括帕劳串珠、贝壳钱币、服饰、家居器具、武器、工具和装饰品。[①] 展品的主题是"帕劳的历史与文化"，因此展品主要是关于人类学、艺术、历史和自然方面的文物，这些文物绝大部分是属于帕劳当地的文物，少部分来自密克罗尼西亚地区和其他太平洋地区的国家或岛屿。大多是以海洋文化、岛国生活和神话传说为主，题材丰富，造型精美，风格独特，完整保存了帕劳文化，记录了帕劳及密克罗尼西亚地区的发展痕迹。这些历史瑰宝和文化艺术品为人们展示了一个古代富有的帕劳形象，反映了古代帕劳人的社会生活状况。

博物馆内还珍藏了数以万件幻灯片、照片、图画与录音影像，记录了帕劳从远古时期到现代的风貌，并展示了帕劳跟西班牙、德国、日本、美国这些帕劳曾经的殖民者之间纠缠不清的各种关系（统治与被统治、援助与被援助）。此外，博物馆内还陈列着帕劳传统的独木舟和传统仪式模型以及旧时代学校的成绩表等，展现帕劳过去的生活场景。除了这些展品之外，帕劳国家博物馆还有约 3 万件文物没有公开展出，这些文物被保存在图书馆内。[②] 博物馆一楼有出售帕劳当地精美的手工艺品的特产商店和书店。博物馆出入口处也有商店，售卖明信片、纪念邮票、砗磲等纪念品。

---

① Natasha Alexander, *Palau Foreign Policy & Government Guide*, International Business Publications, USA, 2003, p. 87.

② 日本大宝石出版社编著《帕劳岛》（走遍全球海岛系列），张咏志译，中国旅游出版社，2014，第 19 页。

11. 爱普森博物馆（Etpison Museum）

爱普森博物馆位于科罗尔市中心，建于 1999 年，是为了纪念帕劳第四任总统尼若凯尔·爱普森（Ngiratkel Etpison）而建立的博物馆。尼若凯尔·爱普森不仅是帕劳著名的政治人物，也是帕劳重要的企业——尼科集团（包括尼科海洋和尼科大厦）的创立者。

博物馆为一座二层的建筑，外观为神殿的样子，内部有展示厅和画廊。在展示厅内，有早期帕劳人使用的陶器和石器、男人会馆的模型以及表现古代帕劳人生活的模型。博物馆收藏有雅浦石币和帕劳货币以及一些珍贵贝壳。馆内还藏有亨利·威尔逊船长的航海日志。此外，馆内还收藏了一些帕劳的出土文物和珍贵物品，如用龟甲贝壳制成的"土耳其瓷盘"、大理石盆、帕劳"女人钱"、石币及其他出土的石器。这些珍贵的文物和器皿，展现了帕劳独特的历史和文化。

12. 男人会馆

男人会馆是古代帕劳男人聚会议事的地方，也是帕劳传统建筑的代表，保留了帕劳当地传统的亚拜伊三角状屋顶建筑风格。古代帕劳是一个典型的母系氏族社会，直到 1900 年前后帕劳仍然保持着母系社会体系，男人在社会上地位较低，男人会馆是帕劳男人聊天聚会的场所，也是他们的精神领地。女人不允许进入男人会馆，传说如果女人进到男人会馆就会变成门口的石头。后来，男人会馆逐渐成为帕劳男性氏族成员开会的"议事厅"，尤其部落长老开会议事的地方，以及接待其他州贵宾的地方，成为帕劳各州之间社交的场所。

帕劳男人会馆始建于何时，尚不得而知，但在与欧洲人接触后，会馆逐渐增多。在过去，帕劳每个村落都会有一所男人会馆，大多数建筑比较简易，但也有长达 25 米、宽 6 米、高 12 米的大型男人会馆。男人会馆大致分为议事厅和居所两种，有酋长议事的男人会馆和会员俱乐部。前者装饰非常精细，禁止女性入内。后者是帕劳男孩"成长"的地方，男孩子可以在里面学习划船、捕鱼、打猎和木工等技术。各地的男人会馆在建筑样式及装饰上有所不同，但大都装饰精美，内部和外墙上绘制的图案大都与帕劳人的生活、传统、家族以及战争和自然现象有关。大海、太阳、刺青的男性和女性、鱼类、动物以及象征幸福和财富的"财富鸟",都是男人会馆图饰的重要题材。

1900 年以后,随着帕劳人口的减少和受内乱、风暴等影响,大多数男人会馆遭到毁坏。1912 年,帕劳遭遇了一次强台风,各地的男人会馆大多被摧毁。现在仅存的四所男人会馆分别位于艾拉伊州、科罗尔州、艾梅利克州和梅莱凯奥克州,这些男人会馆的建筑样式和外饰也有所不同。其中,艾拉伊州的男人会馆是迄今保留下来的最古老的会馆,建于 1890 年。艾梅利克州男人会馆外饰上的最大特点是巨大的女性图案,会馆周围还立着一些巨大的石头,是男性和女性的生殖器象征,也象征着多产和丰收,是古代帕劳人留下的崇拜遗迹。

科罗尔市的男人会馆位于帕劳国家博物馆门前,是帕劳著名的旅游景点之一。科罗尔市的男人会馆建于 1969 年,耗时 8 个月,使用传统的材料和工具建成。1979 年 10 月毁于火灾,现在看到的男人会馆是 1990 年重新建造而成的。该会馆是一座三角状长形建筑,由巨大结实的厚木构筑而成,独特的三角钉子,将木头大梁丝毫不差地组成骨架,顶部覆盖椰子叶。屋子的支柱及屋内的墙壁上色彩鲜艳的图像,帕劳历史及部落传奇皆由此传延,会馆中所绘的每一个图案皆有它独特的意义,比如描绘女人的图案,展示出女人在古代帕劳的统治地位;而苏眉鱼则是他们的国宝,更多的图案与船有关,这是帕劳人赖以生存的工具。屋子的外墙上也绘有描述帕劳传说的绘画和雕刻。馆内的礼品店中,有故事木板、手工艺品和帕劳的相关文献等。不过,遵照帕劳的传统,女性禁止入内。

13. 斯通独石遗迹（Kezu）

斯通独石遗迹是一些类似于金字塔形的阶梯状的"馒头山"（日本统治期间把这些遗迹称为"台阶"或"馒头山"）。斯通独石遗迹遍布帕劳各地,在巴伯尔道布岛、帕劳岛、安格利奇比桑岛和马拉卡尔岛等岛上都能看到这种"馒头山",现在被确认的斯通独石遗迹有 30 多座。大多数斯通独石状如金字塔,也有一些斯通独石前方后圆,还有一些类似于城壁的样子。斯通独石大多高 4~5 米,中央的部分凹下,存有积水。斯通独石没有任何雕刻图案和文字，有的在周围摆放有人面石像。最大的一座斯通独石遗迹位于巴伯尔道布岛艾梅利克州，是一座七层的金字塔造型的山峰，底部边长约为 100 米、高 30 米。主峰上残留着祭坛所使用的石头，主峰的侧面还有一些小型的类似于圆形的坟墓遗址，附近共有七个地方被确认为遗迹，形成大规模的遗迹群。

据推测，斯通独石遗迹可能与佛教相关，有可能是漂流到帕劳的印度尼西亚佛教徒所建。斯通独石遗迹的造型与印度尼西亚爪哇岛婆罗浮屠佛教遗迹形状非常相似。而根据考古发现，在帕劳斯通独石遗迹处也曾发现了佛珠和石棺等物品。不过，到底是谁，在什么时间建造了这些斯通独石，至今还不得而知。

14. "独石柱" 遗迹

"独石柱" 遗迹位于帕劳北部的雅切隆州的巴德尔昭（Badrulchau），是一组 "随意" 排列的巨大石柱，石柱上刻有神秘的人面雕像。这些酷似罗马遗迹的 "独石柱" 建于何时，由什么人所建现在还不得而知。根据当地的传说，石头因附着神灵和精灵而有所不同，神灵把人变为石头，这些刻有人像的独石柱就是由人变来的。石头崇拜和生殖崇拜可能是古代帕劳人的原始崇拜的一种。事实上，除了雅切隆州的 "独石柱"，在巴伯尔道布岛东部的梅莱凯奥克州和科罗尔州也有人面雕像的石刻。帕劳各地的人面雕像石刻式样各异，有的刻有女人，也有的刻有钱币。有的人面雕像的大眼睛酷似猫头鹰，也有形似双手捧着男性生殖器的石刻。有些男人会馆的周围还立着象征男女生殖器的巨大石块。

15. 日军沉船遗迹（Ship Break）

帕劳是第二次世界大战中太平洋战争的主战场之一，美、日双方曾经在帕劳激烈交锋，主要的战场集中在佩里琉岛和洛克群岛。现在帕劳各岛到处可见二战的痕迹，各种炮弹、大炮、机枪和海底的沉船，以及日军指挥部遗址和各种军事工事的 "断瓦残垣" 总能让人联想到二战时太平洋战争的惨烈景象。

安卢克特贝尔岛西侧群岛海域是日军沉船较为集中的区域，二战期间，大批的日本补给船因遭到美军轰炸而躲进山中湖，被炸沉在这片海域。在帕劳清澈见底的海水中，这些黑黢黢的巨大船体，仍然散发着让人惧畏的气息。沉船成为狮子鱼和河豚的家园，船侧长满了灵芝状的珊瑚，可爱的热带鱼群悠游其间，和沉船腐朽幽暗的景象形成奇妙而有趣的对比。尽管帕劳人反对并尽量阻止人们去参观这些二战的遗迹（因为他们认为摄像或者拍照会带走阵亡者的灵魂），但毫无疑问对于探寻战争遗迹的游客来讲，帕劳无疑是一个很好的去处。

帕劳处处都是值得人们驻足的景点，除了上述著名历史古迹和景点之外，帕劳的七色海、山中湖、鲨鱼城、鲸鱼湾以及被誉为"海上森林"的红树林也是令游人流连忘返的地方，就连帕劳的总统府也成为帕劳独特的风景。帕劳总统府是帕劳最有异域色彩的建筑，因其外形酷似美国的白宫又被称作小白宫，修建在距离科罗尔市约 40 公里的一个丘陵山坡上，白色的建筑在蔚蓝的大海和终年葱郁的森林的掩映下，显得格外醒目。帕劳总统府不像其他国家的总统府那样戒备森严，游人可以在外边随意参观拍照，但未经允许不能随便进入。行走在帕劳美丽的山水间，随处可见独具特色的南岛文化和反映帕劳历史、传统的遗迹，而帕劳的"女人钱"、石头钱、木雕故事板、初生礼、巨石遗迹等更是充满了神秘色彩。

二　著名城市

帕劳的城市主要包括科罗尔、马拉卡尔、麦英斯以及首都恩吉鲁模德。但事实上，只有科罗尔才称得上是都市。

1. 科罗尔

科罗尔（也称 Oreor）位于科罗尔岛，是科罗尔州的首府，也是帕劳的前首都。科罗尔是帕劳最大的城市，也是帕劳最大的港口。地理坐标为东经 134°30′、北纬 7°20′，属于东九区，比中国北京时间早 1 个小时，陆地面积仅为 7.8 平方公里。

帕劳总人口仅 2 万多人，科罗尔就容纳了帕劳约七成的人口，因此，科罗尔有着帕劳唯一的繁华街道，早晚都会交通堵塞。科罗尔贯穿东西的主大街是科罗尔的商业街，街道两旁有学校、宾馆、百货商店、礼品店和餐厅，也有专线车和出租车，游人可以租车代步，或者悠闲的步行也是不错的选择。但是科罗尔有禁止夜里外出的禁令，入夜后最好不要一个人行走，女性不要单独外出。科罗尔有大量的外籍人口，大多来自菲律宾，也有一些经商的日本人、中国人和韩国人。科罗尔交通便利，有桥梁连接巴伯尔道布岛和国际机场以及附近城镇，是帕劳的政治、文化、经济中心和交通枢纽。科罗尔的商业区是帕劳民众生活的中心，市政中心、邮局、警察局、帕劳国家通信中心、银行以及航空公司的办事处都位于商业区附近。商业区的西边是尼科广场，东边则是 WCTC 购物中心。此外，帕劳社区学院、帕劳高中和帕劳国家体育场等文化教育设施也位于商业区附近。

考古发现，4000 多年前科罗尔就有人居住。科罗尔的繁荣始于 18 世纪末期，伴随着帕劳与英国贸易的发展，科罗尔在 19 世纪成为帕劳繁荣的贸易中心。亨利·威尔逊船长和里布王子成为推动英国和帕劳贸易的重要人物。为纪念这段历史，帕劳社区学院的校园里竖立着里布王子的石像，而大英博物馆也收藏着里布王子带给英国的礼物——用儒艮骨头制作的手镯和龟甲盘子等。日本占领帕劳后，把科罗尔设为殖民统治的行政中心，并在岛上修建道路、发电设备及自来水供水系统等基础设施。到1935 年，科罗尔的居民达到 3 万多人，其中日本人就有 25000 人之多。[①]第二次世界大战期间，科罗尔也是美国和日本激战的主战场之一，科罗尔的大部分建筑遭到严重破坏。二战结束后，科罗尔在美国托管时期逐渐发展为以旅游业为主的市镇。科罗尔市内不仅有帕劳国家博物馆和男人会馆等著名景点，也聚集了与帕劳旅游业相关的主要服务业资源，经济主要由旅游业支撑。不过，因为科罗尔既非工业城市，也不是农业聚集区，因此，城市的一切粮食、生活用品等均需进口。

2. 马拉卡尔

马拉卡尔（帕劳语称"Ngemelachel"）实际上是科罗尔州的一个小

---

① 日本大宝石出版社编著《帕劳岛》（走遍全球海岛系列），张咏志译，中国旅游出版社，2014，第 18 页。

岛，地理坐标为东经 134°45′、北纬 7°33′，属于东九区，比中国北京时间早 1 个小时。马拉卡尔是帕劳最大的港口——科罗尔港所在地，建有帕劳海关。此外，马拉卡尔也有众多小船使用的船坞、海鲜市场以及潜水和观光旅游公司。因此，马拉卡尔被称作帕劳海洋商务的心脏，是帕劳的海洋商务娱乐中心。马拉卡尔有绵长的白沙滩海岸，建有潜水中心和垂钓中心等设施，岛上有休闲度假的长岛公园和艾斯波克斯公园（Icebox Park）以及马拉卡尔酒店和帕劳皇家度假村等旅游度假酒店。

帕劳的海洋水产试验场（PMDC）和珊瑚保护基金会也位于马拉卡尔岛。帕劳的海洋水产试验场成功地繁育和养殖了濒临灭绝的砗磲（Tridacna gigas），维系了其种类的繁衍。巨蚌是双贝类生物，长度可达1.2 米，重 200 千克以上，帕劳海域共有 9 种巨蚌。目前，海洋水产试验场已经成为帕劳的海洋牧场，不仅养殖 6 种巨蚌和虾蛄贝等珍稀的贝类，而且也向海外市场出口，为水族馆提供大型珍稀贝类。20 世纪 90 年代中期，为了保护帕劳海域的珊瑚礁和海洋生态环境，帕劳在日本的援助下成立了珊瑚保护基金会，并在帕劳海洋水产试验场进行珊瑚的养殖、繁殖工作。帕劳拯救珊瑚的 NPO 团体进行了 "My Coral – Coral Rainforest Project" 规划，主要致力于在帕劳的大海里养殖珊瑚群体，使之成为珊瑚林。珊瑚保护基金会的工作人员先把从珊瑚母体割下的小段珊瑚放到试验场的水槽中进行培养，一个星期后把生长稳定的珊瑚装入笼子里放到大海中进行养殖，一个月后再把已经适应环境的珊瑚从笼子中取出来。通过这种方式养殖的珊瑚，生长的稳定率可达到 97%。目前，帕劳海洋水产试验场一个月就可以培养 5 ~ 7 厘米的珊瑚 4000 多株，[①] 极大地促进了帕劳海域珊瑚的繁衍和保护。

3. 麦英斯

麦英斯是帕劳第二大人口稠密的城市，人口 1000 人左右。麦英斯位于安格利奇比桑岛，地理坐标为东经 134°27′、北纬 7°19′，属于东九区，

---

① 日本大宝石出版社编著《帕劳岛》（走遍全球海岛系列），张咏志译，中国旅游出版社，2014，第 41 页。

比中国北京时间早 1 个小时，隶属科罗尔州。① 安格利奇比桑岛是一个小岛，在 2006 年帕劳迁都梅莱凯奥克州之前，是帕劳总统府所在地。安格利奇比桑岛除了麦英斯外，还有两个小镇：安格利奇比桑和伊昌（Echang）。安格利奇比桑岛的居民大多来自帕劳西南群岛的松索罗尔岛和梅里尔岛以及托比岛，由于受到暴风雨的侵袭而移居安格利奇比桑岛。因此，麦英斯的居民还保留着被科罗尔人称为"地道的乡土口音"的帕劳南方方言。麦英斯有帕劳最大的医院帕劳国家医院并建有小学。日本占领帕劳期间，曾在麦英斯修建了水上飞机跑道，现在这段延伸向大海的长 70 米、宽 25 米的水泥斜坡路被帕劳人称为"水上机场"，是帕劳人节假日聚会和举行活动的广场。安格利奇比桑岛与科罗尔岛之间有长堤相连，交通便利。岛上建有学校和住宅区，帕劳著名的大酒店——帕劳太平洋度假酒店也位于该岛。

4. 恩吉鲁模德

恩吉鲁模德位于巴伯尔道布岛的东海岸，地理坐标为东经 134°37′、北纬 7°30′，属于东九区，比中国北京时间早 1 个小时，隶属梅莱凯奥克州，于 2006 年取代科罗尔成为帕劳的新首都，距离科罗尔约 20 公里，距离梅莱凯奥克村约 2 公里。

科罗尔作为帕劳最大的城市，因其在日本占领帕劳期间就是统治机构所在地，所以在帕劳独立进程中，科罗尔被指定为帕劳的临时首都。但是，1979 年的帕劳宪法明确规定要求帕劳议会（Palau National Congress）在帕劳宪法生效后十年内在巴伯尔道布岛选定一个地方作为帕劳的永久首都。于是，新首都选址计划从 1986 年开始实施，并且与曾经设计建设密克罗尼西亚联邦国会大厦的夏威夷建筑股份有限公司（Architects Hawaii Ltd.，AHL）签订合约，由该公司承建帕劳国会大厦。但是由于帕劳工程师缺乏，建筑材料几乎完全依赖进口，因此工程进展非常缓慢。事实上，直到进入 21 世纪，帕劳得到了中国台湾约 2000 万美元的贷款后，首都建设才真正提上日程。此后，帕劳国会大厦、法院和行政大楼都开始动工建

---

① https：//en. wikipedia. org/wiki/Ngerekebesang_ Island.

设，总花费超过 4500 万美元。[①] 2006 年 10 月 7 日，工程完工后，帕劳正式把首都迁到恩吉鲁模德，帕劳政府机构也随即从科罗尔搬到恩吉鲁模德。

2011 年 12 月，恩吉鲁模德邮政局建成，这也是除了科罗尔之外帕劳第二个邮政局。但是由于入不敷出，为了削减开支，2013 年 4 月恩吉鲁模德邮政局被永久关闭。不过，恩吉鲁模德是帕劳唯一一个单独拥有邮政编码的地区（邮编为 96939），帕劳其他地区仍然沿用美国邮政系统的邮政编码 96940。2014 年 7 月，恩吉鲁模德承接了太平洋岛国论坛第 45 届会议，不过大部分议程是在科罗尔举行的。

[①] Ngerulmud, https：//en. wikipedia. org/wiki/Ngerulmud.

第二章

历　史

　　早在 4000 多年前，帕劳就有人居住。在公元前 1000 年前后，帕劳开始进入母系氏族公社时期，此后母系社会成为古代帕劳典型的社会形态，这一状态一直持续到欧洲人"发现"并占领帕劳为止。自 16 世纪中叶西班牙探险家"发现"帕劳后，帕劳先后沦为西班牙、德国和日本的殖民地。第二次世界大战后，联合国又将帕劳交由美国托管，直到 1994 年 10 月 1 日，帕劳共和国才宣告独立。

第一节　古代简史

一　早期居民

　　早在 4000 多年前，帕劳群岛就有人类居住。对于帕劳人何时定居在帕劳群岛有两种说法，一种说法是公元前 2500 年，另一种说法是公元前 1000 年前后。根据对帕劳洞穴墓葬的碳测定，证明早在至少 3000 年或者 4500 年之前在帕劳生活着一种与世隔绝的矮小的岛民，他们的生活时期在公元前 2500 年至公元 1100 年前后，但是关于他们为何在岛国灭失还无据可考。[①]

---

① Lee R. Berger, Steven E. Churchill, Bonita De Klerk1, Rhonda L. Quinn (March 2008). "Small-Bodied Humans from Palau, Micronesia". PLoS ONE 3 (3): e1780. doi: 10.1371/ journal. pone. 0001780. PMC 2268239. PMID 18347737. 转引自 *History of Palau*, https:// en. wikipedia. org/wiki/History_ of_ Palau。

帕劳

根据帕劳人的口头传说和神话故事，帕劳人认为他们是神的后代，只不过不同的村落的人认为他们的祖先是不同的神。如佩里琉的伊瑞博岛（Ngeriab Island）的居民认为他们是女神楚博（Chuab）的后代，而伊若斯（Ngeraus）的村民则认为他们是米拉德神（Milad）的后代。同样，如今伊瑞门隆（Ngeremengelong）的居民认为自己是里奥德神（Lild）的后代，而雅庞和梅莱凯奥克州的一些村落居民则认为他们的祖先来自天堂，是沿着一条穿过海洋与天堂相连的大路来到帕劳的。① 帕劳的传说中也有一些关于其他岛民迁徙、移居和漂流到帕劳的故事。从帕劳的语言来看，帕劳语属于南岛语系的外支，与其他南岛语系国家的语言存在很大差异。有迹象表明，早期的帕劳人可能来自波利尼西亚和亚洲——现在印度尼西亚的巽他群岛（Sunda Islands）。早期帕劳人通过航行不断扩大他们的居住地，并按照定居时间的先后顺序确定他们家族在当地的等级和权威。而且，定居时间的先后往往也就决定了他们拥有土地的数量和规模。帕劳人还具有南岛语系社会的另一显著特征，即"陌生人国王"（strange king）现象——由于陌生人或漂流至帕劳的人拥有不同于或高于帕劳人的技能或能力（mana），因此他们往往会受到帕劳人的推崇，帕劳人乐于接纳这些陌生人或漂流者成为当地社会的成员。根据帕劳的口述史，帕劳北部等级最高的家族很可能是葡萄牙海员的后裔。

帕劳诸岛位于赤道洋流附近，洋流是从东南亚地区的苏拉威西岛（Sulawesi，印度尼西亚中部）、哈马黑拉岛（Halmahera，印度尼西亚东北部）和棉兰老岛（Mindanao，菲律宾东南部）向帕劳群岛漂流。因此，帕劳诸岛的海滩上经常会有从这些地方漂来的小船和"陌生人"。帕劳人习惯于看到这些漂流者并形成了一个传统，由当地最高等级的家族为这些漂流者提供食宿，并收留、接纳他们成为家族的一员。因此，尽管帕劳土著居民被认为属于密克罗尼西亚人种，但从帕劳土

<hr />

① Endo Hisashi ed., *Collective Works of Hijikata Hisakatsu: Society and Life in Palau*, The Sasakawa Peace Foundation, 1993, pp. 1 - 9.

著居民各家族的起源传说来看，帕劳土著居民可能是混杂了美拉尼西亚人、密克罗尼西亚人、波利尼西亚人以及马来人和菲律宾人的混合人种。[①] 因此帕劳土著居民在严谨的定义上，并非属于密克罗尼西亚人。而且从体貌体征上看，帕劳土著居民也有着明显的混合人种的体征，他们的身材一般比较矮小，肤色和毛发相对于其他密克罗尼西亚人而言比较深，毛发也比较浓密，有着马来人、波利尼西亚人和美拉尼西亚人的体征。

二 古代社会

帕劳群岛早期被称为"黑色群岛"（Black Islands）。根据帕劳的居住区域进行划分，早期的帕劳人可以分为居住在山上的山民（Ked People，Ked 在帕劳语中是指没有森林覆盖的小山）、丛林居民、洛克群岛居民和洛克"绘画"居民（Rock "Painting" People）。[②] 在近些年的研究中，依据对帕劳出土文物的碳测定，表明早在公元前 1000 年前后，居住在洛克群岛的帕劳早期居民就已经进入母系氏族社会时期，并发展出相当复杂的母系社会体系。一般认为，帕劳的母系氏族制度沿袭的是从爪哇迁移来的族群的制度。传统上，土地、货币、头衔都由母系传承。只有具有最高地位的女性首领（High Ranking Women）才有权挑选大酋长（High Chiefs）。

帕劳大部分村落由四个大的宗族组成，不过也有一些村落由两个或三个宗族构成，还有一些大的村落由五个或六个大的宗族组成（参见表2-1）。村落的社会管理体系由酋长、长老体系、男性和女性社团、祭司等组成。

---

① Endo Hisashi ed. , *Collective Works of Hijikata Hisakatsu: Society and Life in Palau*, The Sasakawa Peace Foundation, 1993, p. 1.

② 洛克"绘画"居民可能来自洛克群岛，他们曾经居住在乌龙岛西边的沙滩海岸地区，并在山顶的洞穴石壁上留下了巨幅红色绘画，但现在这些"绘画"居民是否存在已无从考证。参见 Endo Hisashi ed. , *Collective Works of Hijikata Hisakatsu: Society and Life in Palau*, The Sasakawa Peace Foundation, 1993, p. 56。

表 2 - 1　帕劳独立村落的社会组织结构

非同一宗族（非血缘关系）			同一宗族（血缘关系）	
村落	第二部分	第四宗族	家族	房屋
				房屋
			第七家族	房屋
				房屋
				房屋
		第二宗族	家族	房屋
				房屋
			家族	房屋
				房屋
			第二家族	房屋
				房屋
	第一部分	第三宗族	家族	房屋
				房屋
				房屋
			第四家族	房屋
				房屋
		第一宗族	家族	房屋
				房屋
			第三家族	房屋
				房屋
				房屋
			第一家族	房屋
				房屋
				房屋

注：（1）房屋（house）并非指家庭，更确切地说是一个地方（place），每一处房屋都有自己特定的名称，分属一个村落的不同的酋长或年长者所有。

（2）第七家族："七酋长模式"是帕劳村落的组成模式。帕劳家族一般以定居时间长短划分高低等级，也与他们的家族历史有关，并非1、2、3排列，"七酋长模式"也是研究者给予的一种称呼。

资料来源：Endo Hisashi ed.，*Collective Works of Hijikata Hisakatsu：Society and Life in Palau*，The Sasakawa Peace Foundation，1993，p. 86。

　　"七酋长模式"是帕劳非常有特色的村落组成模式，帕劳人认为这种由七个酋长或者长者组成的村落可以保障村落处于一种正常的状态。这种传统与帕劳的传说有关，现在帕劳语中有一句谚语："七个老人的村落"（帕劳语：teuid el rubak er a beluu）。当然，并非所有的村落都有七个酋长，有的村落可能有十个酋长，也可能有更多或更少的酋长。如帕劳伊可可拉村（Ngkeklau）就由七个家族组成，分属四个大的宗族。每个家族有一个酋长，并有自己固定的房屋居所（参见表2-2）。

表 2-2　帕劳伊可可拉村的政治社会组织：七个酋长模式

	酋长（Dui er a rubak）	房屋（Blai）		宗族（Kebliil）
1	Kloulubak	Tereked	1	Bilalos
2	Chadelbairangeldei	Ngeldei	2	Ilukl
3	Chelidchegong	Lemokem	3	Ucheliou
4	Ilamur	Lluut	4	Odarrchei
5	Tkoel	Cheluib	(1)	
6	Rurucherar	Ngerchieb	(2)	
7	Redui	Dnfer	(3)	

资料来源：Endo Hisashi ed., *Collective Works of Hijikata Hisakatsu: Society and Life in Palau*, The Sasakawa Peace Foundation, 1993, p. 92。

帕劳的土地一般分为归全氏族共同拥有的"公地"（chutem buai）和归家族所有的"家族土地"（chutem a kebliil）。公地主要由村落"委员会"（女王和大酋长是最主要的成员）负责管理。所有该氏族的成员无须事先征得"委员会"的批准，都有权进入公地并获取公地的产出。公地由女性族长掌管并传给第一个女儿，但土地由氏族成员共同拥有。而由宅基地、芋头种植园、林地等组成的家族土地则分别由家族的男性首领和女性首领按照土地的类型分别分配给男性成员或女性成员，如女性的主要工作是从事芋头种植，因此，芋头种植园是由家族的女性首领分配给女性家族成员。帕劳人习惯于把外来人接纳为家族成员，他们也有权获得土地。帕劳人还会通过婚姻、赠予等其他方式把土地分给亲属或亲戚。因此，帕劳土地的价值不仅意味着是帕劳人食物的来源，它也是能否得到帕劳家族和村落认可以及保留家族迁徙历程的重要载体——通过土地可以相互承认彼此的关系，界定他们对土地的权利。

帕劳

据记载，洛克群岛的居民早在公元前 1000 年前后就开始进行农业生产。根据对帕劳出土的文物和保留下来的艺术品进行考察，可以发现早期的帕劳人大约经历了三个阶段：陶器时代、石器时代和木器时代。[①] 而到了木器时代，帕劳人已经可以建造木结构的议会厅（Bai）、大的房屋、厨房和制作各种木制的器具如油壶，帕劳人具备了组成大型村落的条件。据考证，帕劳大型村落出现在公元 700～900 年。

关于帕劳人与其他早期的太平洋岛屿的联系非常有限，尽管有证据表明雅浦岛居民制造"石币"（stone money）的原料——石灰岩来自帕劳的洛克群岛，而且太平洋地区的这种石灰岩只在洛克群岛有发现。雅浦岛是位于太平洋西部加罗林群岛中的一个岛屿，也是密克罗尼西亚联邦最西部的一个州，主岛距离帕劳 300 公里左右。雅浦岛也被称为"石币之岛"（the island of stone money）。石币除了当作交易媒介外，在当地还是身份地位的象征，拥有大的石币，在雅浦的身份地位就高。雅浦岛居民一直使用一种石币。石币呈扁圆形，中间有孔，跟中国古代的铜钱形状相似，但体积要大得多。即使较小的石币，直径也有几十厘米，最大的则有 3.5 米。因此，石币一般是露天存放。这些巍然屹立的庞然大物，只随交易过程而变更主人，从不挪动位置。这种雕刻雅浦"石币"的巨大石料是如何从帕劳长途"运输"到雅浦岛的，现在还不得而知。

在欧洲人"到访"帕劳之前，帕劳约有 4 万名居民，他们的社会是一种具有高度等级制的社会。大量的岛礁和丰富的植被使得帕劳人可以过一种自给自足的生活，而这种自给自足的社会生活方式也是导致帕劳人与其他太平洋岛屿联系很少的原因之一。在岛上发现的墓葬遗址显示，帕劳应该是整个太平洋地区最早形成丧葬仪式的地方。不过，帕劳的传统社会习俗保留下来的已经很少，只是在帕劳不同部族的习俗中仍然可以找到一些古代社会的影子。

[①] Endo Hisashi ed. , *Collective Works of Hijikata Hisakatsu: Society and Life in Palau*, The Sasakawa Peace Foundation, 1993, p. 20.

第二节　近代简史

从 16 世纪开始，伴随着欧洲资本主义的兴起，欧洲探险家和航海家开始为欧洲殖民统治开疆拓土。在欧洲人狂热的开拓殖民地的过程中，帕劳被欧洲人"发现"并逐渐沦为欧洲列强的殖民地，并几经易手。先是西班牙宣布占有帕劳，接着帕劳被转卖给德国，第一次世界大战期间，日本又趁机占领了帕劳。

一　欧洲人"发现"帕劳

帕劳隶属西加罗林群岛，是位于加罗林群岛最西端的小岛群。在欧洲人到来之前，帕劳人一直过着自给自足的生活。直到 16 世纪中叶，帕劳才被欧洲人"发现"。16 世纪 20 年代初，在欧洲人探险航海的热潮中，葡萄牙航海家迪奥戈·罗查（Diogo da Rocha）和戈麦斯·塞凯拉（Gomes de Sequeira）在航海的过程中曾"看到"了加罗林群岛，但他们只是远远地眺望了一番。1522 年，西班牙特立尼达（Trinidad）使团在航行的过程中，在大约北纬 5°线附近"发现"了帕劳的松索罗尔岛，并把其命名为"圣胡安岛"（San Juan），但是这些西班牙船员并没有登上这些岛屿。①

最先登上加罗林群岛的是西班牙探险家托里比奥·萨拉萨尔（Toribio Alonso de Salazar），他在 1526 年的航行中到达了加罗林群岛。随后，另一位西班牙探险家阿尔瓦罗·萨维德拉（Alvaro de Saavedra）于 1528 年 1 月 1 日宣称该群岛部分岛屿为西班牙所属，并以当时西班牙国王卡洛斯一世之名命名。此后，西班牙人在"发现"菲律宾、夏威夷岛等太平洋岛屿的过程中"发现"了帕劳。1543 年，西班牙探险家路易·洛佩斯·维拉罗伯斯（Ruy López de Villalobos，1500–1544）首次"发现"帕劳。不过，一开始西班牙对于"发现"这些太平洋岛屿保密，也没有提出对帕

---

① History of Palau, https：//en. wikipedia. org/wiki/History_ of_ Palau.

劳拥有所有权。直到 1565 年西班牙征服菲律宾后，帕劳群岛被划归为菲律宾舰长（Captaincy General of the Philippines）的领地。西班牙于 1574年在马尼拉建立东印度公司后，帕劳成为西班牙东印度公司的一部分。1888 年的一幅地图上就曾清晰地显示，帕劳属于西班牙东印度公司的管辖范围。[①] 1686 年，又一位西班牙人弗朗西斯科·拉塞诺来到加罗林群岛，把群岛南面的许多岛屿划入西班牙的版图，并以当时西班牙国王查理二世的名字命名该群岛，即加罗林群岛。不过，一直到 17 世纪末西班牙仅仅是在帕劳进行传教活动，西班牙对帕劳的殖民开发始于 18世纪。

欧洲人从地理方位上认识和了解帕劳，得益于捷克传教士保罗·克莱因（Paul Klein）。1696 年 12 月 28 日，保罗·克莱因在菲律宾萨马岛（Samar）探访了几位遭遇海难漂流到萨马岛的帕劳人，并根据他们关于帕劳的描述，绘制了一幅帕劳地图。1697 年 6 月，保罗·克莱因把他的发现写成一封信连同他绘制的帕劳地图送回了欧洲。这封信和地图几乎立刻激起了痴迷探险的欧洲人对帕劳的热情。1700 年、1708 年和 1709 年耶稣会信徒（Jesuit）先后三次从菲律宾出发前往帕劳，不过，这些"发现"之旅均以失败告终。1710 年 11 月 30 日，耶稣会探险队终于在弗朗西斯科·帕迪利亚（Francisco Padilla）的带领下登上了帕劳岛屿。然而由于遭遇暴风雨的袭击，大船被摧毁，传教士雅克·都贝隆（Jacques Du Beron）和约瑟夫·考缔（Joseph Cortyl）在松索罗尔岛登岸。据说后来这两个人被帕劳土著人杀死吃掉。[②] 此后直至 18 世纪末欧洲人才开始"重新"涉足帕劳。

1783 年，英国船长亨利·威尔逊和他的"安蒂洛普号"（Antelope）航船在航行至帕劳的乌龙岛（Ulong Island）附近触礁并在乌龙岛搁浅。威尔逊船长和他的船员在得到科罗尔岛大酋长伊贝杜尔（Ibedul）的帮助下，历时三个月重新建造了一艘帆船。威尔逊船长和他的船员还曾帮助大酋长与

① Palau，https：//en. wikipedia. org/wiki/Palau.

② History of Palau，https：//en. wikipedia. org/wiki/History_ of_ Palau.

其敌人进行战斗。后来，威尔逊船长把大酋长的儿子里布带到了伦敦。可惜的是，里布在抵达伦敦 6 个月后死于天花，但他的到来还是激起了许多英国人对帕劳这个太平洋岛国的兴趣。威尔逊船长返回帕劳告知了大酋长里布的死讯，并与帕劳建立了经常性的联系。"安蒂洛普号"首航帕劳的证明文件见于乔治·基茨（George Keats）的《帛琉群岛记》（*An Account of the Pelew Islands*）。乔治·基茨通过对威尔逊船长及"安蒂洛普号"船员的采访，记录了"安蒂洛普号"在太平洋航行的见闻和遭遇。该书很快成为欧洲人争相阅读的书目，并使得英国与帕劳之间的贸易迅速增长。此后，英国成为帕劳的主要的欧洲贸易伙伴，并持续超过一个世纪之久。

　　欧洲早期的探险家在发现帕劳的过程中赋予了帕劳不同的称谓，如"圣胡安"、"洛帕劳斯"（Los Palaos）、"新菲律宾"（New Philippines）、"贝里勒群岛"（Pelew Islands）、"暗礁群岛"，[①] 而西班牙人则把帕劳群岛统一称为"加罗林群岛"。后来，在德国统治帕劳时期，参考马来语的"pulau"（岛屿之意）语意最终把现在帕劳诸岛定名为它目前的名称"Palau"（帕劳）。不过，帕劳人在 1994 年独立以前自称"Belau"（贝劳），独立后统称"Palau"（帕劳）。中国古代把帕劳称为"帛琉"（Belau），直到现在台湾地区依然把帕劳称为"帛琉"。

二　欧洲列强统治时期

　　虽然西班牙人早在 16 世纪中叶就"发现"了帕劳，但是并没有直接把帕劳据为西班牙的殖民地。反倒是英国，于 1790 年宣布占有帕劳。此后的一个世纪，欧洲与帕劳的贸易一直由英国人主导。此后，英国、西班牙和德国在椰干贸易上的冲突不断激化，最终导致三国间的政治冲突，并相继宣称拥有帕劳。1885 年，三国将争议提请教皇利奥十三世（Pope Leo XIII）进行裁决。在教皇利奥十三世的调停下，西班牙在赤道以北所有密克罗尼西亚岛屿的政治主导权得到承认，其中就包括位于加罗林群岛的帕劳诸岛，但是西班牙需要对德国和英国做出补偿。于是，1885 年西班牙

---

　　① 徐明远：《南太平洋岛国和地区》，世界知识出版社，2003，第 12 页。

宣布占有帕劳。西班牙人占领帕劳后，开始在帕劳进行殖民开拓，英国主导的欧洲与帕劳的贸易关系趋于衰弱。但是西班牙在帕劳的殖民统治仅仅维持了十年左右的时间。随着美国实力的增长，美国与西班牙在太平洋地区也展开了争夺。1898年，西班牙在美西战争中战败，不得不把关岛转让给美国。随后，西班牙从太平洋全部撤退，并把它在太平洋所有的剩余岛屿卖给了德国。于是，从1899年一直到第一次世界大战，帕劳成为德国的殖民地。

从1790年英国宣布占有帕劳，到1914年第一次世界大战中日本从德国手中抢走帕劳，欧洲列强对帕劳进行了一个多世纪的殖民统治。欧洲人统治帕劳期间，不仅在帕劳发展热带作物种植和矿产开采，而且也把基督教和欧洲文明传播到帕劳。在西班牙统治帕劳期间，西班牙传教士首次把基督教传到帕劳，基督教逐渐成为帕劳的主要宗教，西班牙人还把字母文字传到了帕劳。德国统治帕劳期间，在帕劳建立了可可种植园，并强迫帕劳人从事椰子树的种植及其他工作，帕劳椰干的产量不断增加。此外，德国人开始在帕劳的安加尔岛开采磷酸盐矿向欧洲出口。德国人的开采，尤其是后来日本人在安加尔岛的疯狂开采，致使安加尔岛的磷酸盐资源在短短的几十年里被开采殆尽，1955年安加尔岛磷酸盐资源枯竭，只留下了环境遭到严重破坏的岩石滩和岛礁。现在，在安加尔岛上还有德国统治时期留下的磷矿石收集场地和干燥炉等历史遗迹。

第三节　现代简史

1914年，日本借第一次世界大战之机从德国手中夺得了帕劳。一战结束后，帕劳成为国际联盟授权下的日本委任统治地，日本开始全面统治帕劳。第二次世界大战期间，帕劳又卷入了太平洋战争，经济和社会发展遭到严重破坏。

一　日本占领时期

日本在明治维新后资本主义经济得到了迅猛发展，国力日渐强盛，迅速成长为亚洲强国。日本走上强国之路，同时也走上扩张之路。日本在1894 年的中日甲午战争和 1904～1905 年的日俄战争中分别击败了昔日强盛的两个大国——大清帝国（1644～1911）与沙皇俄国（1721～1917），因而跻身于世界资本主义列强的行列，此后日本开始在东南亚、太平洋等地区与西方列强展开抢夺殖民地的斗争。1914 年第一次世界大战爆发后，日本很快就对德宣战，意图趁欧洲列强厮杀于欧洲大陆而无暇东顾之机，向中国等亚洲地区展开侵略攻势。1914 年 8 月 23 日，日本对德宣战时声言要"消灭德国在远东的一切力量"，实则意在攫得中国胶州半岛及德国在太平洋上霸占的一些岛屿。1914 年一战爆发后，日本军队很快就占领了马绍尔群岛、加罗林群岛和马里亚纳群岛，随后日本占领了帕劳。整个一战期间，帕劳一直处于日军的占领之下。

一战结束后，国联授权日本对帕劳进行统治，因此，从 1920 年开始帕劳成为国联授权下的日本委任统治地。1922 年，日本在科罗尔成立了日本殖民政府——南海政府（Nanyocho），管理包括帕劳在内的密克罗尼西亚诸岛，科罗尔成为日本殖民政府的行政中心。在帕劳成为日本的委任统治地之后，日本开始向帕劳大规模移民，不长时间，就有超过 2 万名日本人来到帕劳。[1] 来到帕劳的日本人大多居住在科罗尔，据统计，1922 年，包括南海政府员工在内共有 17000 名日本人在科罗尔工作、经商。[2]

日本占领帕劳期间，帕劳的矿藏和各种资源都被开采，日本还在帕劳发展种植园农业和进行商业捕鱼活动，帕劳的甘蔗种植、采矿、渔业和热带农业都得到了发展。帕劳渔业和其他工业的发展，也促进了科罗尔服务业的繁荣。科罗尔出现了大批零售商店、餐馆、咖啡馆，一些大的餐馆能够为一百多人提供住宿餐饮服务。日本殖民当局把管理中心设在科罗尔，并在科罗尔铺设公路，兴修电力、自来水和下水道等基础设施，把科罗尔打造成一个现代都市。科罗尔成为日本殖民统治时期的行政、商业和娱乐

[1]　Natasha Alexander and Karl Cherepanya eds., *Palau Foreign Policy & Government Guide*, International Business Publications, USA, 2003, p. 18.

[2]　Takashi Mita, *Japan's Development Assistance in the Republic of Palau: Community Impacts and Effects*, Bell & Howell Information and Learning Company, 2001, p. 35.

中心。经济的发展也改善了帕劳居民的生活条件，渔具、水壶、凉鞋、火柴和煤油灯等日常用品开始进入帕劳人的家庭。为了促进贸易的发展，日本南海政府还开通了科罗尔与雅浦岛、塞班岛的商业航线。从 1939 年开始，帕劳与横滨之间的日常航空线路开通。

日本南海政府还仿照日本国内的教育体制在帕劳推行免费的义务教育。从 1915 年开始，日本在帕劳建立了 5 所公立学校，为帕劳儿童提供三年制的强制义务教育，称为基础教育（Honka）。此后，又建立了两年制的高级教育（Hoshuka）。学校开设日语、算数、伦理、农业、工艺、音乐、绘画和体育等课程。日语课占到总课时的一半，是一种强制学习。此外，学校还强迫学生每天早上必须面向日本、面向日本天皇居所鞠躬，以培养效忠于日本的"公民"。1915～1935 年，分别有 6609 名儿童和 4637 名青少年从基础教育和高级教育学校毕业。[1]

在日本统治时期，日本人把物质文化和资本主义生产方式介绍到了帕劳，由此也从总体上改变了帕劳的生活方式。为促使帕劳转变为"现代化"国家，日本在帕劳实施了严酷的管理。比如，为改善帕劳的卫生状况，日本殖民当局对于乱倒垃圾不讲卫生的帕劳人实施杀一儆百的措施，为此曾公开枪杀 2 名不讲卫生的帕劳人。据说，现在帕劳人每天起来清扫院子、擦桌子的习惯就是从日本统治帕劳期间养成的。

此外，日本统治时期，还将现代的父系纽带关系传到帕劳，并重新指定了帕劳的村落首领，力图改变帕劳的传统社会生活方式。同时，日本殖民政府还强行没收并重新分配帕劳部族的土地，把大部分的氏族公地划归日本殖民政府使用，并把部分氏族公地分配给个人，造成了帕劳独立后的土地所有权之争。

二　太平洋战争的爆发与帕劳的卷入

进入 20 世纪 30 年代以后，日本军国主义势力不断增强，尽管国联

---

[1]　Takashi Mita, *Japan's Development Assistance in the Republic of Palau：Community Impacts and Effects*, Bell & Howell Information and Learning Company, 2001, p. 42.

规定禁止日本在帕劳修建军事基地，但日本仍不断把军队输送到帕劳。到 20 世纪 30 年代末，日本阻断了帕劳与其他国家的联系，并把帕劳建成日军的军事基地。到二战开始时，大约有 12000 名日本军人驻扎在帕劳，而当时帕劳的人口仅为 8000 人左右。① 二战中，帕劳作为日本在太平洋上的重要军事基地，承受了二战惨烈的战火，成为太平洋战争中最主要的战场之一，美日在帕劳展开了激烈的争夺，有好几场大规模的战役发生在帕劳境内。1944 年 9 月 15 日开始并持续了三个月之久的佩里琉战役（the Battle of Peleliu）就是二战中太平洋战场最惨烈的战役之一。

为支援同盟国重返菲律宾群岛，以及提供基地对日本本土实施战略轰炸行动，美国军队在 1944 年 6 月至 11 月对马里亚纳群岛及帕劳展开攻势，目的是攻占日军在中太平洋的军事基地。经过激烈的战斗后，美军继攻占塞班岛、关岛和天宁岛后，随即对日本在帕劳的军事基地展开攻击，以保障美军攻击在菲律宾日军时的侧翼安全。1944 年 9 月，美国海军陆战队和美国陆军在帕劳的佩里琉岛及安加尔岛实施登陆，在佩里琉岛经过激烈的战斗后，该岛在 1944 年 11 月终于被美军占领。

二战期间日本在佩里琉这个 2 英里宽、6 英里长的小珊瑚岛上，部署了 3 万兵力，由号称百战百胜的日军第 14 师团精锐部队驻防，并在岛上修建了强大的防御工事。这是二战时期美国与日本在太平洋战场上爆发的最为血腥激烈的一场战役，战争的双方——美军的第一陆战师、第八十一步兵师和日军的常设师团第 14 师团都是两国最精锐的部队之一。这场战役也是太平洋战争中美日双方伤亡率最高的一场攻防战——日军守岛部队阵亡 9838 人，被俘 446 人，只有不到 200 人生还（含 1947 年缴械的日军士兵）。而美军参战的 4.2 万人中有 1684 人阵亡，7160 人受伤，因此，佩里琉战役也成为二战历史上最受争议的战役之一。在战争开始后的六天内美军第一陆战师就损失了 56% 的兵力，近 3000 人伤亡，这也是美军陆

① 　John Carter ed., *Pacific Islands*, year book, fourteenth edition, published by Pacific Publications (Aust.) Pty. Ltd., 1981, p. 458.

战队历史上损失最惨烈的一次战役。① 也正是由于第一陆战师在佩里琉战役中严重受创，战后一直待命整编，直到 1945 年 4 月 1 日冲绳战役的时候才重新回到战场。

第四节　独立简史

二战中，美军取得了太平洋战场的胜利，在日本于 1945 年 8 月宣布无条件投降时，美军已经占领了帕劳。二战结束后，1947 年，联合国将帕劳交由美国托管，与马绍尔群岛、北马里亚纳群岛和密克罗尼西亚联邦构成太平洋岛屿托管地的四个政治实体。从 20 世纪 60 年代末开始，帕劳开始了它追求独立的历程，直到 1994 年，帕劳才取得完全独立。因此，帕劳的现当代历史就是一部争取独立的历史。

一　美国"治理"下的帕劳

1944 年美军取得了佩里琉战役的胜利，随后攻占帕劳，此后帕劳就一直处于美军的占领之下。二战结束后，时任美国总统杜鲁门不顾国内要求裁减军队的呼声，于 1946 年向联合国表示美国计划把帕劳置于联合国托管地的地位，由美国负责托管。同时，美国海军部继续保持对帕劳的控制。在杜鲁门的建议下，联合国在 1947 年通过了太平洋岛屿托管地协议，该协议得到了联合国托管理事会和安理会的认可，帕劳与马绍尔群岛、北马里亚纳群岛和密克罗尼西亚联邦构成太平洋岛屿托管地（Trust Territory of the Pacific Islands）的四个政治实体。随后，美国国防部（Department of Defense）全面接管了帕劳的事务。

1951 年，美国国务院（Department of State）指出，托管地的管理应该由军事管理转向民事管理，因为联合国决议要求这些托管地应该发展成为本土自治或独立国家。最终，除了马绍尔群岛的夸贾林环礁外，托

---

① Natasha Alexander and Karl Cherepanya eds.，*Palau Foreign Policy & Government Guide*，International Business Publications，USA，2003，p. 18.

管地的行政管理权都转交给美国内务部（Department of the Interior），夸贾林环礁继续作为美国军队的导弹试验基地。美国托管当局的态度是太平洋岛屿托管地和美国在1898年美西战争中取得的关岛、波多黎各一样都是美国整体的一部分。当然，其中也有一些争论，例如这些岛屿最终正式成为美国的一部分，还是美国的附加领土，抑或是走向独立？1959年，当联合国代表团到访这些岛屿时，对美国托管当局在托管地的"懒政"行为提出了批评，因为美国忽视了岛屿人民的发展意愿。

随着日渐增多的批评，1961年，肯尼迪总统开始派遣和平队（Peace Corps）志愿者到帕劳帮助岛上居民进行发展，并提供大量的资金援助岛屿建设学校、医院、道路等基础设施。尽管美国做出了这些新的努力，但是《美国新闻与世界报道杂志》（*U. S. News and World Report*）在一篇报道中指出，这些遥远的密克罗尼西亚岛屿仍然是被美国忽视的地区。自从美国从日本手中接管这些岛屿后，对这些岛屿的发展漠不关心，也没有固定的目标。[①] 不过，美国对帕劳的"治理"极大地影响了帕劳的社会发展。如果说日本对帕劳的统治开启了帕劳"西化"的进程，而随后美国对帕劳的托管，更使得帕劳成为密克罗尼西亚群岛中几乎最为"西化"的国家。

二　独立意识的产生

20世纪60年代，伴随着世界民族独立运动的风起云涌，美国太平洋岛屿托管地的独立意识也在萌芽。1961年，密克罗尼西亚委员会（Council of Micronesia）成立，成为后来成立密克罗尼西亚议会（Congress of Micronesia）迈出的第一步。同年9月末到10月初，密克罗尼西亚委员会在帕劳科罗尔举行会议，会上首次探讨了这些托管地的领土边界问题，会议提出的问题及建议极大地影响了这些托管地的未来政治发展。在密克罗尼西亚委员会和托管地政治领导人的推动下，美国托

---

① Natasha Alexander and Karl Cherepanya eds. , *Palau Foreign Policy & Government Guide*, International Business Publications, USA, 2003, p. 19.

帕劳

管当局于 1964 年 9 月同意通过选举成立托管地立法机构。1964 年底，托管地两院制的密克罗尼西亚议会成立，议会"大厦"设在塞班岛。①1965 年 7 月 12 日，密克罗尼西亚议会在塞班岛举行了第一次两院联席会议，12 名经选举产生的议员出席了会议，另有 33 名密克罗尼西亚人列席了会议。②议会的代表由来自密克罗尼西亚托管地的帕劳、雅浦岛、楚克岛（又译作特鲁克岛）、波纳佩岛、塞班岛和马绍尔群岛六个区域的选民普选产生。一开始，密克罗尼西亚议会能够享有的立法权非常有限，它的立法权受到美国政府的严格限制，很多时候它仅仅是美国托管地行政当局③的一个咨询机构。但是，议会的成立为托管地岛屿提供了一个论坛，使得岛屿的领导人可以在这个论坛上讨论岛屿的未来政治地位问题。

20 世纪 60 年代，托管地的意愿是选择建立一个一体化的、独立的、自由联合的联邦，一个类似于波多黎各那样的联邦共和国。然而，美国更希望把这些岛屿并入美国，使其成为美国的永久领土。在双方多次谈判后，美国最后承诺在托管地民众做出选择之前，美国不会对这些岛屿进行合并或做出其他领土计划。然而，当托管地岛屿越来越走向紧密的联合时，民众的独立运动也开始风起云涌，并导致了岛屿内部的分裂。这就导致了托管地岛屿一方面不可能组成一个统一自由联邦，另一方面基于自身实力的弱小也无力完全独立。于是，在 1969 年，密克罗尼西亚议会议长拉扎鲁斯·沙利依与美国政府代表弗雷德·泽德（Fred Zeder）通过谈判，共同为托管地岛屿设计了一种与美国"自由联系"的身份和地位，即美国与太平洋岛屿托管地之间的《自由联系条约》。"自由联系"是一种半独立的状态，托管地岛屿可以不断增强自治能力，并取得美国的资金支持，但是必须临时与美国联系在一起并依附于美国。作为回报，托管地岛屿将允许美国获得一些临时的权力，尤其是驻军等军事权力。尽管"自由联系"这种新型的政治身份意味着密克罗尼西亚这些岛屿只能拥有

---

① Francis X Hezel, *Strangers in Their Own Land*, University of Hawaii Press, 1995, p. 305.
② Francis X Hezel, *Strangers in Their Own Land*, University of Hawaii Press, 1995, p. 305.
③ 托管地行政当局由美国总统任命的高级专员（the American High Commissioner）领导。

部分主权，或曰主权受到限制，尤其是不能拥有外交权和防务权。但是，对于密克罗尼西亚托管地岛屿的民众而言，至少达到了最终的总体目标，即当这些岛屿强大到足以自立时，这些岛屿将取得完全的独立和主权。

20 世纪 60 年代后期，尤其是 70 年代早期，分离的呼声不断高涨。在密克罗尼西亚议会中，争论很快发展到关于建立何种类型的密克罗尼西亚政府的问题，而且更进一步精确到关于财政、税收以及首都的选址问题。楚克岛无疑应该是最理想的首都所在地，因为它基本上位于密克罗尼西亚群岛的中心。

然而，从塞班人的立场来看，他们认为塞班岛无疑应该是最理想的首都。随着争论的不断升级，塞班很快便从密克罗尼西亚脱离出来。1972 年初，塞班与美国就独立问题进行谈判，美国对此非常欢迎。因为塞班有着密克罗尼西亚群岛中最好的机场和基础设施，是太平洋区域除了关岛之外最符合美国五角大楼利益的地方。马绍尔群岛追随塞班，很快通过与美国进行的独立谈判也从密克罗尼西亚分离出来。1978 年，帕劳也脱离了密克罗尼西亚。这样，通过与美国进行独立谈判达成的协议，整个太平洋岛屿托管地分成了四个独立的政治实体——帕劳、塞班（北马里亚纳群岛）、马绍尔群岛和密克罗尼西亚联邦（由剩余的密克罗尼西亚岛屿组成）。

塞班从 1973 年开始同美国举行单独谈判，1975 年经全民投票决定加入美国，成为美国的一个联邦——北马里亚纳群岛自由联邦（Commonwealth of the North Marianas），其联邦地位的某些方面于 1976 年得到确认，正式的联邦地位在 1986 年美国政府解除对北马里亚纳的托管地地位后生效。几乎同时，马绍尔群岛人制定了自己的宪法，建立了自治政府，并于 1983 年与美国签订了《自由联系条约》（1986 年生效），建立了一个独立的国家——马绍尔群岛共和国（Republic of the Marshall Islands）。但是，根据条约规定，马绍尔群岛的防务和安全仍由美国掌管，美国给予马绍尔群岛 15 年的经济援助。1986 年，密克罗尼西亚联邦也与美国签订了《自由联系条约》，成为一个独立的国家。然而，对于帕劳来说，其民族自决的道路却显得更长、更痛苦。

三 "一波三折"的独立进程

帕劳从 1969 年开始就未来政治地位同美国谈判。在塞班和马绍尔群岛争取独立的同时，1977 年 5 月，美国卡特政府同意于 1981 年中止与帕劳的托管协议。1979 年 1 月 28 日，帕劳召开制宪会议，并于 4 月 2 日制定了帕劳的第一部宪法——帕劳共和国宪法（Constitution of the Republic of Palau）。这部帕劳宪法也是世界上第一部"无核宪法"。这部宪法的"无核条款"有违美国的利益，因此帕劳宪法的批准之路一波三折，经过了三次公投才得以批准生效。帕劳宪法于 1980 年 7 月 9 日获得批准，并于 1981 年 1 月 1 日生效。

帕劳在 1981 年通过普选组成了首届政府，豪罗·雷梅利克（Haruo Ignacio Remeliik）成为第一任总统，并正式定国名为帕劳共和国。此后，1982 年 8 月帕劳与美国签订了《自由联系条约》。根据条约规定，结束托管后，帕劳有权治理内政外交，防务和安全仍由美国负责。帕美《自由联系条约》和美国与其他密克罗尼西亚岛屿签署的条约有很大的不同，主要表现在帕劳独立后其防务和安全仍然由美国负责 50 年，而美国在其他独立的密克罗尼西亚岛屿只保留 15 年的军事权。帕美《自由联系条约》不顾帕劳的无核宪法条款，要求帕劳同意美国在帕劳及其周边运输、储存和继续保留核设备和核原料。如前所述，基于对战争的恐惧和担心的帕劳人自然不会赞同该条约的这些条款。因此，该条约的批准之路更是几经波折。1983 年，帕劳就该条约举行了全民公投，结果只有 62% 的选民同意批准该条约，因为没有达到 3/4 的多数同意，该条约未能获得批准。此后，帕劳又就该条约举行了六次全民公投，但均因未达到 75% 的法定多数而未能获得批准。1992 年，帕劳第二次制宪会议修改了帕劳宪法，同意以简单多数通过该条约，该条约才得以在 1993 年 11 月举行的帕劳第八次全民公投中以 68% 的赞同率获得批准。

帕美《自由联系条约》之所以能够获得批准，包括帕劳对宪法的修改，直接原因是来自美国的压力以及由此引发的帕劳社会危机。首先是帕劳宪法危机，帕劳 1979 年宪法出台后因其"无核"条款与美国的利益相左，在美国的压力和干预下，宪法公投几经反复，历经三次全民投票才最终获得批准。宪法危机和美国的压力给刚刚成立的帕劳首届政府带来了巨大的压力，直接导致了 1981 年帕劳政府雇员罢工及政府危机。在美国的压力下，1982 年豪罗·雷梅利克政府与美国签订了《自由联系条约》，但政府危机仍未解除，后果之一就是 1985 年帕劳第一任总统豪罗·雷梅利克被暗杀（此案件一直没有结案）。1985 年 10 月 25 日拉扎鲁斯·沙利依（Lazarus Eitaro Salii）继任帕劳总统后，于 1986 年 1 月 10 日与美国代表弗雷德·泽德正式在帕美《自由联系条约》上签字，美国国会于 1986 年 4 月 9 日核准了该条约，美国随即于当年 11 月宣布该条约生效，但帕劳经全民公投却迟迟未能批准该条约。迫于美国政府的压力，1986 年拉扎鲁斯·沙利依总统曾强制政府停止工作，集体休假，在此期间还发生了各种凶杀和房屋爆炸事件。继而 1987 年，拉扎鲁斯·沙利依又主持修改帕劳宪法，允许以简单多数通过帕美《自由联系条约》。但是 1988 年 8 月，帕劳最高法院认为宪法的修改违反程序标准，因而裁定修宪无效，帕劳最高法院认定《自由联系条约》与帕劳的"无核宪法"相抵触，美国的防务承诺也与"无核宪法"相矛盾。美国政府的压力及修改宪法事件导致了拉扎鲁斯·沙利依的自杀，1988 年 8 月 20 日拉扎鲁斯·沙利依在"贿赂指控"期间自杀身亡。

20 世纪 80 年代末，美国布什总统上台后，调整了对帕劳的策略。1989 年布什政府同意给予帕劳经济援助以帮助其偿还外债并为其发展提供资金。而在 1990 年的帕劳全民公投中，帕美《自由联系条约》虽然仍然没有达到 3/4 的法定票数，但是获得了 72% 的选民支持。[①] 这也为后来该条约的批准埋下了伏笔。为顺利批准《自由联系条约》，1992 年帕劳政府又进行修宪，同意以简单多数批准该条约，同时取消了帕劳宪法中的无核条款。1993 年 11 月 9 日，帕劳就帕美《自由联系条约》进行第八次公

① Natasha Alexander and Karl Cherepanya eds. , *Palau Foreign Policy & Government Guide*, International Business Publications, USA, 2003, p. 23.

投，获得了 68% 的支持率，① 帕美《自由联系条约》获得批准，帕劳的独立终于被提上了日程。在 1994 年 5 月 21 日举行的联合国托管理事会第 61 届会议上，帕劳和美国政府的代表宣布，《自由联系条约》自同年 10 月 1 日起生效。1994 年 10 月 1 日，帕劳共和国宣布独立。10 月 1 日也被定为帕劳的国庆日。1994 年 11 月 10 日，联合国安理会通过第 956 号决议，宣布结束对帕劳这一最后托管地的托管。1994 年 12 月 15 日，帕劳成为联合国第 185 个成员国。

四　独立后的发展

帕劳独立后，政治制度逐渐完善，经济和社会生产生活也得到了比较好的发展。帕劳独立后，三权分立的政治体制运行平稳，几乎没有出现大的政治冲突或政治危机事件。帕劳宪法的修改可以说是帕劳独立后比较大的政治事件。继 1992 年帕劳对其宪法进行修改后，2004 年和 2008 年帕劳又两度修改宪法。现任政府成立于 2013 年，由在 2012 年大选中获胜的汤米·雷蒙杰索领导组阁。

帕劳独立后，社会经济得到了进一步的发展，旅游业、渔业、种植业和建筑业成为帕劳主要的产业。旅游业是帕劳的支柱产业，帕劳独立后，每年接待的商业和旅游入境人数都在 5 万人以上，2004 年以后年入境人数超过 8 万人。据帕劳移民局和帕劳规划局统计，2015 年帕劳的旅游入境人数已经达到 160370 人。② 这对于帕劳这个人口仅 2 万余人的小岛国来说，无疑是一个庞大的数字。帕劳也成为太平洋地区人均收入最高的岛国。不过，帕劳依靠旅游业增加经济收益的同时，也面临如何平衡资源开发与环境保护的问题。相对而言，帕劳是一个资源匮乏、市场狭小的岛国，国家发展主要依靠外来援助。帕劳独立初期，社会、经济发展主要依靠美国的经济援助。从 20 世纪 90 年代末开始，日本对帕劳的经济援助逐

---

① Natasha Alexander and Karl Cherepanya eds., *Palau Foreign Policy & Government Guide*, International Business Publications, USA, 2003, p. 23.

② 帕劳移民局网站，http://palaugov.pw/executive - branch/ministries/finance/budgetandplanning/immigration - tourism - statistics/#Monthly。

渐占据主导地位，成为帕劳国家社会发展的主要推动力量。澳大利亚和中国台湾地区也为帕劳经济、社会的发展提供了大量的援助。帕劳政府是主要的雇主，大约雇用了 30.6% 的帕劳劳动力，也付出了本地区最高的工资成本（每年 3000 万美元）。[①] 帕劳也一度成为国际"洗钱"的一个据点。1998 年帕劳参议院通过决议设定帕劳为"离岸"金融中心，此后大量非法资金涌入帕劳，严重损害了帕劳的国际声誉。为此，帕劳政府在2001 年通过了一项银行监管条例和反洗钱法案。目前，帕劳经济依然严重依赖美国、日本和澳大利亚等国的经济援助，不过其经济的多元化也逐渐开始发展，除旅游业外，帕劳还在积极吸引外资发展水产养殖业、特色作物种植业、影视业和轻型制造业。

帕劳独立后，社会现代化进程也在不断推进，如今的帕劳社会几乎已经成为一个"西化"的国家。帕劳人的生活也几乎已经商业化，从饮食、日常用品到机械产品和燃料都依赖进口。在现代化和"西化"的进程中，帕劳社会也经历了迅速的变化。帕劳的年轻人不再满足于自给自足的生活模式，而是迅速向都市移民，越来越多的年轻人涌向城市或国外寻找工作和求学。帕劳农村越来越成为"留守"老人和孩子的生活场所。近年来的一些社会经济调查显示，农村居民仅靠售卖农产品已经越来越难以支付诸如电话、水、电视等基础服务的费用。帕劳人羞于从事一些"卑微"的工作更加剧了帕劳人经济上的困顿，因此，帕劳人变得更加现实，因为他们已经付不起雇用大量的非帕劳人替他们从事"卑微"工作的费用。

第五节　著名历史人物

一　罗曼·特梅图厄尔

罗曼·特梅图厄尔（Roman Tmetuchl, 1926 - 1999），帕劳本土政治

---

① Sharon Sakuma, "Republic of Palau: Business Opportunities Report" (PDF). Prepared For the United States Department of the Interior Office of Insular Affairs, September 2004. Updated By Pearl Ueranant, July 2007, p. 8. 美国内务部网站，https://www.doi.gov/oia。

家、商人。第二次世界大战期间，罗曼·特梅图厄尔曾为日本宪兵队工作。1965 年美国太平洋岛屿托管地密克罗尼西亚议会成立后，罗曼·特梅图厄尔当选为议员。此后，罗曼·特梅图厄尔开始经商，并很快积累了3500 万美元的财富。从 1969 年开始，帕劳与美国就帕劳的未来政治地位展开谈判。此后，罗曼·特梅图厄尔被推选为首席谈判代表与美国代表就帕美《自由联系条约》展开谈判。1980 年，罗曼·特梅图厄尔参加了帕劳首届总统大选，以 25.7% 的得票率不敌豪罗·雷梅利克。此后，罗曼·特梅图厄尔被选为参议员，并于 1984 年和 1988 年两度参加帕劳总统大选，但均未能当选。罗曼·特梅图厄尔一生致力于帕劳政治和社会发展，"特梅图厄尔 – 托里比翁"家族是帕劳重要的政治家族之一。为纪念其为国家发展做出的贡献以及为帕劳国际机场建设提供的援助，2006 年 4月，5 位参议员联名提议将帕劳国际机场更名为"罗曼·特梅图厄尔国际机场"，同年 5 月，该提议获得通过。

二 豪罗·雷梅利克

豪罗·雷梅利克（Haruo Ignacio Remeliik，1933 – 1985），帕劳首位总统。1933 年 6 月 1 日出生于帕劳佩里琉州，是日本人与帕劳人混血儿。1980 年 11 月 4 日，帕劳举行首次总统选举，豪罗·雷梅利克获得 31.2%的选票，当选为帕劳第一任总统。1981 年 3 月 2 日正式就任总统一职，组建了帕劳首届政府。1982 年 8 月，在美国的压力下，豪罗·雷梅利克与美国签订了《自由联系条约》。但是由于这一条约的相关内容与帕劳宪法的"无核条款"相抵触，从而遭到了许多帕劳民众的反对。因此，在1983 年和 1984 年的全民公投中，该条约因为未能达到 75% 的多数同意而没能获得批准。来自美国的压力和国内民众的不满，加剧了帕劳政局的动荡。1985 年 6 月 30 日，豪罗·雷梅利克在自己家附近被暗杀身亡，6 个月后，警察逮捕了两名与暗杀有关的人员，但随后两人被释放，至今没有找到暗杀豪罗·雷梅利克的凶手。帕劳为了纪念其对帕劳独立做出的贡献，把 6 月 1 日定为帕劳总统日，帕劳唯一的一艘"太平洋级"巡逻船也被命名为"雷梅利克总统号"。

三 拉扎鲁斯·沙利依

拉扎鲁斯·沙利依（Lazarus Eitaro Salii，1936–1988），帕劳政治家，帕劳第三任总统。1936 年 11 月 17 日出生于帕劳安加尔州。1965 年被推选为密克罗尼西亚议会议长，1969 年与美国政府代表弗雷德·泽德谈判并共同设计制定了美国与太平洋岛屿托管地之间的《自由联系条约》，为后来马绍尔群岛、密克罗尼西亚联邦和帕劳与美国签署《自由联系条约》提供了蓝本。1978 年，拉扎鲁斯·沙利依参与了帕劳宪法的制定，并于1980 年参加了帕劳第一次大选，但未能获胜。1981～1984 年，拉扎鲁斯·沙利依先后担任帕劳驻外大使和科罗尔州参议员。1985 年 6 月豪罗·雷梅利克总统被暗杀后，拉扎鲁斯·沙利依于当年 10 月当选为帕劳第三任总统。1986 年，拉扎鲁斯·沙利依与美国代表弗雷德·泽德正式在帕美《自由联系条约》上签字，但帕劳经全民公投未能批准该条约。迫于美国政府的压力，拉扎鲁斯·沙利依主持修改帕劳宪法，允许以简单多数通过帕美《自由联系条约》，但随后被最高法院裁定修宪无效。美国政府的压力及修改宪法事件导致了拉扎鲁斯·沙利依的死亡。1988 年 8 月 20 日其在"贿赂指控"期间自杀身亡，后经调查发现，这是一件因政治贿赂被暗杀而非自杀事件。

四 托马斯·雷蒙杰索

托马斯·雷蒙杰索（Thomas Remengesau，Sr.，1931– ），帕劳政治家。托马斯·雷蒙杰索的政治生涯充满了传奇色彩，在美国托管帕劳时期曾担任地方行政长官，在帕劳独立后曾担任帕劳副总统，并两次临危受命代理总统职务，其子汤米·雷蒙杰索（Tommy Remengesau）则两度担任帕劳总统。1985 年 6 月 30 日豪罗·雷梅利克总统被暗杀后，托马斯·雷蒙杰索于 1985 年 6 月 30 日至 7 月 2 日代理总统一职，于 1985 年 7 月 2 日至 1986 年 8 月 20 日任帕劳第二任副总统。1988 年 8 月 20 日，帕劳第三任总统拉扎鲁斯·沙利依自杀后，托马斯·雷蒙杰索又代理总统至 1989 年 1 月 1 日。

五　中村邦夫

中村邦夫（Kuniwo Nakamura，也译作中村国雄，1943～），帕劳政治家，帕劳第三任副总统，第五任总统。中村邦夫是日裔帕劳人，其父来自日本，母亲是帕劳酋长的女儿。中村邦夫毕业于美国夏威夷大学，在帕劳未脱离密克罗尼西亚前，于1975年首次当选为密克罗尼西亚议会众议员，年仅28岁，成为密克罗尼西亚议会最年轻的议员。1981年和1985年任帕劳国民议会议员。1989年任帕劳第三任副总统，并先后兼帕美未来关系委员会主席、政治教育委员会主席、行政部长和司法部长。1992年11月4日当选为第五任总统。1994年10月帕劳独立，中村邦夫成为帕劳独立后的第一任总统，1997年1月蝉联总统。2000年没有参加总统选举，转而支持时任副总统汤米·雷蒙杰索竞选总统。

六　汤米·雷蒙杰索

汤米·雷蒙杰索（Thomas Remengesau, Jr.，也译作小汤米·埃斯昂·雷门格绍，1956～　　），帕劳政治家，现任帕劳总统。毕业于美国密歇根州大峡谷州立大学（Grand Valley State University），28岁就作为年轻人和草根阶层的代表当选为帕劳国会最年轻的参议员（1983～1988）。曾任美国联邦地区法院（塞班）法律研究员，帕劳卫生局行政官员及规划员、帕劳首届议会新闻官，第二、第三届议会参议员，议会赋税委员会主席。1992年当选帕劳第四任副总统，并任行政部长，还被中村邦夫总统委任为几个重要委员会主席。2000年当选为帕劳第六任总统，2004年获得连任。2012年又当选为新一任总统，2013年1月17日宣誓就职，这是他第三次担任总统。在2016年11月举行的总统大选中，汤米·雷蒙杰索获得连任。汤米·雷蒙杰索当政期间一直致力于推动帕劳旅游业的发展，在外交政策方面积极推动帕劳在联合国的存在和作用的发挥。在他的努力下，这个太平洋小岛国因为在环境保护问题上的积极作为引起了国际社会的关注，比如"密克罗尼西亚挑战"以及与南太平洋国家共同发起的"全球变暖及对南太平洋地区的影响"等提案，使帕劳在这些问题上发挥了一种"领导者"的作用。

第三章

政治与防务

第一节　概　　况

自 16 世纪中叶开始与西方社会接触以来，帕劳先后被英国、西班牙占有，随后被西班牙卖给德国，一战期间沦为日本的殖民地，二战后成为美国太平洋岛屿托管地。因此，帕劳的政治体制深受西方社会，尤其是日本和美国政治体制的影响。从 20 世纪 60 年代末开始，帕劳就未来的政治地位问题与美国展开谈判。1977 年，美国政府同意于 1981 年终止对帕劳的托管，并与帕劳建立"自由联系"关系。1979 年 4 月 2 日，帕劳制定了第一部宪法，宪法于 1980 年 7 月 9 日获得批准并于 1981 年 1 月 1 日生效。1980 年 11 月帕劳举行首次大选，豪罗·雷梅利克当选为帕劳第一任总统。1981 年 3 月 2 日，帕劳仿照美国的三权分立模式组建了第一届政府，正式定国名为帕劳共和国。然而，由于帕美《自由联系条约》的有关内容与帕劳宪法的"无核条款"相抵触，因此历经八次公投和修改了宪法的"无核条款"之后，1993 年该条约才得以批准。1994 年 10 月 1 日，帕劳独立。

帕劳独立后，政局稳定。目前，衡量一个国家政治稳定与发展程度，一般采用三个指标，即政治稳定指数（Political Stability Index）、政治风险指数（Political Risk Index）和政治自由评级（Freedom Rankings）。

政治稳定指数是衡量一个国家总体的政治稳定水平的指标，主要考察政府治理、人权及民主的发展程度等。政治稳定指数的计算主要依据一个国家政治权力和平过渡的记录、政府能力及其政策的执行力和应对政治风险的能力，计算标准以 0～10 分计分，得分为 0 标志着政治稳定水平最低，10 分标志着政治稳定水平最高。帕劳的政治稳定指数为 8.5 分，在太平洋岛国中属于政治比较稳定的国家（参见表 3－1）。

表 3－1　太平洋岛国政治稳定指数

国　　家	政治稳定指数（1～10）（分）
斐　济	5
基里巴斯	9
马绍尔群岛	8.5
密克罗尼西亚联邦	8
瑙　鲁	9
巴布亚新几内亚	6
帕　劳	8.5
萨摩亚	8.5
所罗门群岛	6.5～7
汤　加	8
图瓦卢	9
瓦努阿图	8.5～9

资料来源：Denise Youngblood Coleman Ph. D. ed., *2015 Country Review*：*Palau Review 2015*, Country Watch, Inc., Houston, texas, PDF, pp. 25－31, http：//www. countrywatch. com/。

政治风险指数也是衡量一国政治稳定和政治发展水平的重要指标，尤其对于政府、企业和投资者考量一国的政治稳定性有着重要参考价值。政治风险指数计算有多种方式，基于的标准也不同，但基本上包括以下内容：政治稳定、政治代表、民主问责制、言论自由、安全和犯罪、风险的冲突、人类发展、法律和监管透明度、经济风险、外国投资风险以及政权的清廉与腐败的可能性。政治风险指数以 0～10 标准分数计算，0 分标志着政治风险最高，10 分标志着政治风险最低。2014 年政治风险指数最高的国家是荷兰、新西兰、奥地利、卢森堡和澳大利亚，均为 9.5 分。① 2014 年帕劳政治风险指数为 8 分，在整个太平洋岛国中属于政治风险比较低的国家（参见表 3 - 2）。

表 3 - 2　太平洋岛国政治风险指数

国　　家	政治风险指数（1～10）（分）
斐　　济	5
基里巴斯	8
马绍尔群岛	7
密克罗尼西亚联邦	8
瑙　　鲁	8
巴布亚新几内亚	5
帕　　劳	8
萨　摩　亚	7.5
所罗门群岛	6.5
汤　　加	7.5
图　瓦　卢	8.5
瓦努阿图	8

资料来源：Denise Youngblood Coleman Ph. D. , ed. , *2015 Country Review：Palau Review 2015*, Country Watch, Inc. , Houston, texas, PDF, pp. 15 - 20, http：//www. countrywatch. com/。

　　政治自由评级是国际非政府组织自由之家（Freedom House）对主权国家的自由水平进行的评级。政治自由评级主要考察内容为公民的政治权利（PR）和公民自由度（CL），是对一个国家自由水平的总体评价。评级标准分 1～7 七个等级，1 代表自由度最高，7 代表自由度最低。帕劳和大部分太平洋岛国一样，都属于高度自由的国家（参见表 3 - 3）。

---

① Denise Youngblood Coleman Ph. D. ed. , *2015 Country Review：Palau Review 2015*, Country Watch, Inc. , Houston, texas, PDF, pp. 15 - 20, http：//www. countrywatch. com/.

表 3 - 3　太平洋岛国政治自由评级（1 ~ 7）

国　　家	政治权利	公民自由度	自由程度
斐　济	6	4	部分自由
基里巴斯	1	1	自由
马绍尔群岛	1	1	自由
密克罗尼西亚联邦	1	1	自由
瑙　鲁	1	1	自由
巴布亚新几内亚	4	3	部分自由
帕　劳	1	1	自由
萨　摩　亚	2	2	自由
所罗门群岛	4	3	部分自由
汤　加	5	3	部分自由
图　瓦　卢	1	1	自由
瓦努阿图	2	2	自由

资料来源：Denise Youngblood Coleman Ph. D.，ed.，*2015 Country Review*：*Palau Review 2015*，Country Watch，Inc.，Houston，Texas，PDF，pp. 35 - 41，http：//www. countrywatch. com/。

2012 年 11 月 6 日，帕劳举行大选，汤米·雷蒙杰索当选为新一任总统，并于 2013 年 1 月 17 日宣誓就职。在 2016 年 11 月举行的新一轮总统选举中，汤米·雷蒙杰索获得连任。

一　总统共和制

帕劳独立后，其政治体制采用美国式的总统共和制，总统既是帕劳的政府首脑，也是帕劳的国家元首。帕劳遵循美国式的三权分立原则组建国家机构，政府由立法机构、行政机构和司法机构组成。不过，帕劳的政权组成实行"权力同等"（co-equal）原则。

总统领导的内阁是帕劳最高行政机关，由总统、副总统、若干部长和酋长委员会（the Council of Chiefs）组成。帕劳保留了历史上遗留下来的传统的酋长制，酋长在国家和各个州的政治、社会事务中仍然发挥着重要作用。由各个州的部落酋长组成的酋长委员会向总统提供传统法律和习俗方面的咨询和建议。总统和副总统均由选举产生，任期都是四年。

帕劳国会（Palau National Congress，Olbiil Era Kelulau）是帕劳的立法机构，也仿效美国采用两院制。参议院（Senate）议员按人口比例由参议员选区（Senatorial District）选出。众议院（House of Delegates）有 16 名议员，由 16 个行政区各选出 1 名议员组成。参众两院议员任期均为 4 年。

帕劳司法机构沿用美国的司法制度，但是又与帕劳的传统结合在一起。帕劳的司法机构由最高法院（Super Court）、诉讼法院（Court of Common Pleas）和土地法院（Land Court）组成。法官经国会批准后由总统任命，终身任职。

帕劳目前没有政党。尽管帕劳法律没有禁止组建政党，但实际上帕劳实施的是一种无党派民主。历史上帕劳曾经产生过两个政党——帕劳党（Ta Belau Party）和帕劳国家党（Palau National Party），但都是为选举而成立的政党，现在事实上已不存在。

二　联邦制

帕劳实行联邦制，全国划分为 16 个行政区。根据帕劳宪法，帕劳各州都可以自行立宪。帕劳的 16 个州享有较高的自治权，在遵守帕劳宪法的基础上可以制定自己的宪法、选举各自州的立法机关和州政府首脑。根据各自的州宪法，各州成立由地方议员、州长、部落酋长（traditional chiefs）、长老和地位比较高的主要部族成员共同组成的地方政府。各州都有自己的州旗，在审议通过帕劳重要的法律和议案的众议院议会大厅的帕劳国旗两侧分别悬挂各州的州旗。

帕劳的社会和政治结构有着极强的被植入性，尤其受美国社会和政治结构的影响。然而，帕劳传统的主要权威仍然在帕劳社会和政治生活中发挥着重要的作用，这不仅反映在帕劳的宪法规定中，也反映在帕劳的公共生活中。例如，帕劳的最高酋长伊贝杜尔（Ibedul）[①]，在帕劳社会和政治生活中至少享有与总统一样的声望。而部落酋长在帕劳社会的管理中也仍然扮演着重要的角色。帕劳的酋长委员会是部落酋长参与国家治理的主要

---

① 　帕劳的最高酋长，也是科罗尔大酋长，称为"伊贝杜尔"。

机构，发挥着咨询、顾问委员会的作用。酋长委员会拥有很高的地位，与各州的选举官员共同处理各种地方和地区事务。这种方式可以确保帕劳的传统的方式在民主政府中保留和延续。

三 政府机构

2012年11月大选后，汤米·雷蒙杰索于2013年1月17日宣誓就职，这是他第三次当选总统并组阁。该届内阁政府有9名成员：总统汤米·雷蒙杰索，副总统兼司法部长安东尼奥·贝尔斯（Antonio Bells），国务部长比利·夸尔泰（Billy Kuartei），教育部长辛顿·索拉布（Sinton Soalablai），社区与文化事务部长巴克莱·泰孟吉尔（Baklai Temengil），财政部长埃尔布歇尔·萨登（Elbuchel Sadang），自然资源、环境与旅游部长 F. 乌米奇·僧加布（F. Umiich Sengebau），卫生部长格雷戈里奥·尼格尔芒（Gregorio Ngirmang），建设与工商部长查尔斯·欧比昌（Charles Obichang）。帕劳第八届议会于2012年大选产生，由9名参议员和16名众议员组成。参议院议长为约翰尼·瑞考莱（Johnny Reklai），众议院议长为奥古斯丁·梅萨贝鲁（Augustine Mesebeluu）。在2016年11月举行的新一轮总统选举中，汤米·雷蒙杰索获得连任，雷纳尔多·奥卢奇（Raynold Oilouch）当选为副总统。同时选出了由13名参议员和16名众议员组成的帕劳第九届议会。现任最高法院大法官为亚瑟·恩吉拉克尔松（Arthur Ngiraklsong），1992年就职，任期终身。

帕劳历任总统、副总统参见表3-4、表3-5。

表 3-4 帕劳历任总统

任期	姓名	生卒年份	执政时间	党派	备注
1	豪罗·雷梅利克	1933~1985	1981.3.2~1985.6.30	无党派	任上去世
	托马斯·雷蒙杰索	1931~	1985.6.30~1985.7.2	无党派	代总统
2	阿方索·奥伊特龙（Alfonso Oiterong）	1924~	1985.7.2~1985.10.25	无党派	
3	拉扎鲁斯·沙利依	1936~1988	1985.10.25~1988.8.20	无党派	任上去世
	托马斯·雷蒙杰索	1931~	1988.8.20~1989.1.1	无党派	代总统

续表

任期	姓名	生卒年份	执政时间	党派	备注
4	尼若凯尔·爱普森 （Ngiratkel Etpison）	1925～1997	1989.1.1～1993.1.1	无党派	
5	中村邦夫	1943～	1993.1.1～2001.1.1	无党派	
6	汤米·雷蒙杰索	1956～	2001.1.1～2009.1.15	无党派	
7	约翰逊·托里比翁 （Johnson Toribiong）	1946～	2009.1.15～2013.1.17	无党派	
8	汤米·雷蒙杰索	1956～	2013.1.17～	无党派	

表3-5 帕劳历任副总统

任期	姓名	生卒年份	在任时间	党派	备注
1	阿方索·奥伊特龙	1924～	1981.3.2～1985.6.30 *	无党派	
2	托马斯·雷蒙杰索	1931～	1985.7.2～1988.8.20	无党派	
3	中村邦夫	1943～	1988.8.20～1993.1.1	无党派	
4	汤米·雷蒙杰索	1956～	1993.1.1～2001.1.19	无党派	
5	桑德拉·皮耶兰托齐 （Sandra Pierantozzi）	1953～	2001.1.19～2005.1.1	无党派	首位女 副总统
6	伊利亚斯·卡姆塞克· 陈（Elias Camsek Chin）	1949～	2005.1.1～2009.1.15	无党派	
7	吉赖·马瑞尔（Kerai Mariur）	1951～	2009.1.15～2013.1.17	无党派	
8	安东尼奥·贝尔斯	1960～	2013.1.17～2017.1.19	无党派	
9	雷纳尔多·奥卢奇	—	2017.1.19～	无党派	

注：1985年7月2日后阿方索任总统，1985年6月30日～1985年7月2日托马斯任代总统。

第二节 宪法与选举制度

一 宪法

1979年1月28日～4月2日，帕劳制宪会议（Palau Constitutional Convention）制定并通过了帕劳宪法。宪法经三次全民公投于1980年7月

9 日正式获得批准，并于 1981 年 1 月 1 日生效。1992 年帕劳第二次制宪会议针对该宪法提出一系列修正案。此后，又分别于 1996 年、2004 年、2008 年对宪法进行修正，并就相关宪法修正案举行公投，进一步完善了宪法。帕劳宪法由前言和十五章组成，正文涵盖领土、主权、公民权利、传统权利、政府责任、选举、行政、立法、司法、地方政府、财政及宪法修正案等关乎国家政治、社会的基本制度和原则规定，是帕劳的最高法律。根据宪法规定，帕劳的政治制度依据宪法而设立，帕劳公民权利、传统文化和传统习俗受宪法保护。帕劳宪法在一定意义上是模仿美国宪法制定的，甚至有的地方是逐字逐句地照搬美国宪法条文。不过，帕劳宪法也彰显了帕劳的特色。

其一，帕劳宪法非常重视对帕劳传统文化和传统习俗的保护。在宪法的前言中，针对传统文化和传统知识规定了特殊权利保护，即"我们重申应当保存和维护我们的遗产，我们的国民特性，以及我们对全人类的和平、自由和公正的尊重"。与传统和习俗相关的权利在宪法第五章"传统权利"中也得到进一步的肯认。此外，1992 年帕劳第二次制宪会议对宪法的修正进一步强调了对帕劳传统的保护与继承。如第 2－272 号修正案提议"国家政府应协助传统领导人对帕劳的遗产、文化、语言、习俗和传统进行保存、保护和发扬"。

其二，帕劳宪法非常注重对财产权等私人权利的保护。宪法中包含诸多承认和保障财产权的条款。例如，宪法第四章"基本权利"第 6 条规定："除非法律明确规定，政府不得任意剥夺任何人的生命、自由，在非为公共目的和经合理公正补偿的情况下禁止剥夺私人财产。"关于私权保护的规定同样见于宪法第四章"基本权利"第 7 条、第六章"政府的责任"、第八章第 14 条"执行"，以及第八章第 7 条"一般条款"等。

但是帕劳宪法也存在一些不能"与时俱进"的问题，如宪法中没有关于直接与版权和工业产权相关的条款，这与现代社会的发展存在一定的"脱节"。此外，尽管帕劳宪法规定公民有自由结社的权利，但并没有特别提及组织工会的权利，也没有提及集体谈判的权利。目前，帕劳还不是国际劳工组织（International Labour Organization）的成员。帕劳国内也没有类似于工会的组织，事实上，帕劳公民没有罢工的权利。

1. "无核宪法"的出台与三次宪法公投

经过与美国政府近十年的谈判，1977年美国政府终于同意于1981年1月1日解除对帕劳的托管，帕劳的独立开始提上日程。1979年1月28日，帕劳召开制宪会议。1979年4月2日，帕劳第一部宪法——《帕劳共和国宪法》出台。帕劳1979年宪法是世界上第一部"无核宪法"。1979年宪法的第十三章第六条规定："在没有得到帕劳四分之三以上公民同意的情况下，一切可能用于战争的有害物质如核武器、化学武器、气体武器或生化武器，以及核能工厂及其废弃物，均不得在帕劳境内进行试验、储存或处理。"帕劳制定这部"无核宪法"的初衷是不想帕劳再成为某些势力对抗的战场。第二次世界大战带给帕劳人的创伤让帕劳人记忆犹新，他们害怕战争在帕劳再次发生，也正因为如此，"无核宪法"得到了帕劳国民的支持和赞同。

然而，帕劳宪法的批准之路却是一波三折。其中主要的原因在于帕劳的这部"无核宪法"与美国的利益相冲突。美国认为帕劳宪法的"无核条款"有违美国的利益，与美国的军事利益相冲突——1946～1958年美国曾把太平洋岛屿托管地马绍尔群岛的珊瑚岛（主要是在埃尼威托克环礁和比基尼环礁）用作核试验场地，因此也不希望帕劳被排除在外。所以，帕劳宪法出台后，美国国务院立刻做出反应，指出帕劳宪法的"禁核"条款将会产生严重的问题，因此要求帕劳对宪法进行修改。在美国的压力下，帕劳立法机构通过投票表决，宣布这部宪法无效，并取消了对宪法的公投。帕劳民众为了反抗立法机构的决议，一些基层的制宪会议成员、教师、学生和部落酋长等组织成立了人民委员会，要求保留宪法原初文件，并要求联合国监督帕劳的全民公投。最终在1979年7月9日举行的宪法公投中，这部"无核宪法"以92%的支持率得以批准。但是，当时美国太平洋岛屿托管地的大法官仍然支持帕劳立法机构，并任命了九个成员来修改宪法，力图删除"无核"条款。帕劳国内一些亲西方的商人和美国支持的立者者，也在美国的资金支持下发起政治运动，要求对宪法进行修改。不过，在1979年10月的全民公投中，70%的选民投票反对这一修改后的宪法。在这种情况下，1980 年 7 月 9 日帕劳就 1979 年宪法进行了第三次公投，最终获得了 78% 的支持率，帕劳宪法正式获得批准，并于 1981 年 1 月 1 日生效。

2. 1992 年宪法公投

尽管帕劳宪法于 1980 年 7 月 9 日获得批准，但是围绕"无核条款"的争论仍然存在。尤其是 1982 年 8 月帕劳与美国草签了《自由联系条约》后，这一争论持续发酵，最终导致了"无核条款"被废除。

因为 1979 年帕劳宪法与此后帕劳与美国签订的《自由联系条约》中关于美国在帕劳的军事权利"相抵触"——美国可以在帕劳及其周边运输、储存和继续保留核设备和核原料，致使《自由联系条约》经过数次公投仍然没有获得批准。在美国的压力和支持下，拉扎鲁斯·沙利依在 1987 年主持修改帕劳宪法，允许以简单多数通过帕美《自由联系条约》。但是随后帕劳最高法院裁定修宪无效，并认定《自由联系条约》与帕劳的"无核宪法"相抵触，美国的防务承诺也与"无核宪法"相矛盾。美国政府的压力及修改宪法事件直接导致了拉扎鲁斯·沙利依总统的自杀。到 1992 年，帕劳就《自由联系条约》已经进行了七次公投，但均因未超过 75% 的赞同率而未能获得批准。帕劳宪法中关于 75% 的法定多数同意条款已经严重阻碍了帕劳的独立进程。在国内和国际双重压力下，1992 年帕劳政府再次进行修宪，同意以 50% 的过半多数取代原来的 75% 的绝对多数批准帕美《自由联系条约》，同时取消了帕劳宪法中的"无核"条款。[1] 1992 年 11 月 4 日，帕劳举行宪法公投，最终 62.4% 的选民同意批准宪法修正案。次年，帕劳就《自由联系条约》进行了第八次公投，帕美《自由联系条约》最终以 68% 的支持率获得批准。[2]

3. 1996 年宪法公投

1996 年，帕劳立法机构提出了两条宪法修正案：一是可以在任意时

① Natasha Alexander and Karl Cherepanya eds., *Palau Foreign Policy & Government Guide*, International Business Publications, USA, 2003, p. 23.
② Natasha Alexander and Karl Cherepanya eds., *Palau Foreign Policy & Government Guide*, International Business Publications, USA, 2003, p. 23.

间就宪法修正案进行公投，以取代过去只能在大选时进行宪法修正案的公投；二是召开宪法会议修改宪法。在 11 月 5 日举行的宪法公投中，这两条修正案分别以 53.8% 和 51.8% 的反对率被否决。①

4. 2004 年宪法公投

2004 年的宪法修改是对帕劳宪法调整比较大的一次，宪法修正案包括六项内容：召开宪法会议；允许双重国籍；允许总统和副总统选举合并进行②；限制议员的任期为三个四年任期；将两院制议会改为一院制议会；调整议会人员的工资。2004 年 11 月 2 日，帕劳就六项宪法修正案进行了公投。最终，除了改两院制议会为一院制议会没有获得通过外，其他五项获得批准。此外，立法机构还同意将议会议员的人数由 37 人减少到25 人（众议员 16 人，代表各州；参议员 9 人，由参议员选区选出）。③

5. 2008 年宪法公投

2008 年 11 月 4 日，帕劳就拥有双重国籍的帕劳人不可以当选总统、副总统和国会议员，分别举行总统和副总统选举，以及学术自由、海外帕劳公民以邮寄方式进行投票、只有异性婚姻是合法婚姻等 23 项宪法修正案进行了公投，结果只有"允许被收养者加入帕劳国籍"条款未能获得通过。2008 年的宪法修改否决了 2004 年宪法修正案关于总统和副总统合并进行投票的条款，恢复了总统和副总统分别选举的传统。因此，2004年大选成为帕劳唯一的一次总统和副总统合并进行选举的大选。

二 选举制度

帕劳有着比较完善的选举制度和选举程序。宪法规定，凡是年满 18周岁的帕劳公民都有选举权。帕劳公民无论性别，只要符合宪法规定，都

---

① "Palauan Constitutional Referendum, 1996", https://en.wikipedia.org/wiki/Palauan_constitutional_referendum, _1996.

② 帕劳宪法规定，总统和副总统分别选举，分两次举行投票选出。2004 年的宪法修正案提出总统和副总统选举合并进行。

③ Graham Hassall, "Palau", in Stephen Levine ed., *Pacific Ways*: *Government and Politics in the Pacific Islands*, Victoria University Press, 2009, p. 173.

有权在大选和全民公投中投票。

帕劳实行总统制，因此从严格意义上讲总统选举是帕劳的"大选"。但是，大选年除了进行总统选举，还同时举行副总统选举和议会选举。因此，事实上帕劳的"大选"由三场选举组成，由公民分别投票选出总统、副总统和议会的议员。大选每四年举行一次。自 1980 年至今，帕劳已经举行了 11 次总统和副总统选举，10 次议会选举。帕劳于 1980 年、1984 年、1985 年①、1988 年、1992 年、1996 年、2000 年、2004 年、2008 年、2012 年和 2016 年举行了总统和副总统选举。

帕劳宪法规定，帕劳公民凡年满 35 周岁，在帕劳居住满 5 年以上，可以参与竞选总统和副总统。年满 25 周岁的帕劳公民可以参与竞选参议院议员和众议院议员。总统和副总统选举分两轮举行，首轮选举一般于大选年的 9 月举行，获得选票最多的两名候选人进入第二轮也就是最后的竞选。第二轮选举一般于 11 月举行，两名候选人中获得票数多者获胜。在 2016 年大选中，汤米·雷蒙杰索获得连任，雷纳尔多·奥卢奇当选为副总统，同时选出了由 13 名参议员和 16 名众议员组成的帕劳第 9 届议会。

三 政党

尽管帕劳法律没有禁止组建政党，但实际上帕劳实施的是一种无党派民主。帕劳目前没有政党，虽然历史上帕劳曾经产生过两个政党，但基本上是为选举而设立的政党，现在事实上已不存在。

1. 帕劳党

帕劳党成立于 1987 年，是为支持时任总统拉扎鲁斯·沙利依而成立的政党。1985 年，拉扎鲁斯·沙利依当选为帕劳第三任总统，并于 1986 年 1 月与美国正式签署了帕美《自由联系条约》。而到 1987 年 7 月帕劳已

---

① 由于 1984 年当选的豪罗·雷梅利克总统于 1985 年 6 月 30 日被暗杀，因此帕劳在 1985 年 8 月 28 日提前举行总统大选，拉扎鲁斯·沙利依当选为新一任总统，托马斯·雷蒙杰索当选为副总统。

经连续就该条约进行了五次全民公投，但均因未达到宪法规定的 75% 的多数票而未能获得通过。在美国政府的压力下，拉扎鲁斯·沙利依主持修改帕劳宪法，主张帕美《自由联系条约》只需获得简单多数支持即可通过。然而，修宪遭到了一些议员和民众的反对，为支持修宪及确保修宪公投的通过，拉扎鲁斯·沙利依领导成立了帕劳党。1987 年 8 月，在就该宪法修正案的全民公投中，宪法修正案以 73.3% 的多数支持获得通过。然而，斗争仍在继续，1988 年 8 月，帕劳最高法院以修宪公投未达到 75% 的绝对多数，裁定修宪无效。1988 年 8 月 20 日拉扎鲁斯·沙利依自杀身亡，帕劳党事实上也就不存在了。

2. 帕劳国家党

帕劳国家党成立于 1996 年帕劳大选期间，是为赢得帕劳大选而成立的政党。波利卡普·巴西利乌斯（Polycarp Basilius）是该党的领袖。不过，帕劳国家党除了作为反对意识形态运动的竞选工具出现在 1996 年的大选中，几乎没有在帕劳政治中发挥多大作用。在 1996 年 11 月举行的帕劳总统决胜选举和议会大选中，共有 3 名总统候选人、36 名参议员候选人和 35 名众议员候选人参加了角逐，最终中村邦夫当选为总统。后来，波利卡普·巴西利乌斯曾参加 2004 年帕劳总统大选，但没能当选。帕劳国家党现在事实上已不存在。

第三节　行政、立法与司法机构

1979 年《帕劳共和国宪法》及其修正案确立了帕劳的政治制度——宪政体制下的总统共和制。帕劳的政治结构有着极强的被植入性，尤其受美国政治结构的影响。帕劳遵循美国式的三权分立原则组建国家机构，中央政府由立法机构、行政机构和司法机构组成。帕劳的政权组成实行"权力同等"原则：立法机构为两院制的议会，负责制定、修改与颁布国家宪法和法律；总统为国家元首和政府首脑；法院是独立于立法和行政机构的司法机构。

同时，帕劳全国划分为 16 个行政区，即 16 个州。帕劳宪法规定，国家中央政府协助各州组织州政府，州政府的结构和组织应当在遵循民主原则和帕劳传统的基础上设立，并不得与宪法相抵触。帕劳的 16 个州享有较高的自治权，在遵守帕劳宪法的基础上可以制定自己的州宪法、选举各自州的立法机关和州政府首脑。

一 行政机构

1. 总统

帕劳总统既是政府首脑，也是国家元首，任期四年，由年满 18 周岁的帕劳公民普选产生。总统领导的内阁是国家的最高行政机关，内阁经参议院同意后由总统任命产生。总统办公室是总统的咨询和办事机构，由副总统、办公室主任、办公室副主任、检查专员、总统特别顾问、政府补助金协调员及国家环境规划顾问等成员组成。

2. 内阁

内阁由总统、副总统、8 名部长和酋长委员会组成。副总统兼任一个部的部长。帕劳的 8 个政府部门包括：司法部，教育部，财政部，卫生部，国务部，社会与文化部，自然资源、环境与旅游部，公共基础设施、工业和贸易部。

3. 酋长委员会

帕劳保留了历史上遗留下来的传统酋长制，帕劳的传统权威仍然在帕劳社会和政治生活中发挥着重要的作用，这不仅反映在帕劳的宪法规定中，也反映在帕劳的公共生活中。酋长委员会就是帕劳传统酋长制与现代政治相结合的产物。酋长委员会由各个州的大酋长组成，向总统提供传统法律和习俗方面的咨询和建议。

帕劳宪法规定，酋长委员会由帕劳各州选举产生，每个州选举一名成员，共 16 名成员（基本上是各州的大酋长）。酋长委员会就帕劳传统法律和习俗向帕劳总统提供咨议。尽管帕劳是一个母系社会，酋长也由女族长任命，但酋长委员会没有女性成员。如果没有可任命的成员，由女性作为酋长代表也是可以的。酋长委员会仿照法院式建制，由两名最高酋长——来自科罗尔的大酋长伊贝杜尔和来自梅莱凯奥克的大酋长瑞克雷

（Reklai）担任酋长委员会的领导。

酋长委员会的地位有点特殊，酋长们从他们各自的州政府获得一份很少的薪水，委员会从总统的年度预算中获得拨款（2004 年由于预算紧缩，没有分配给酋长委员会），酋长委员会的会议通常是保密的。实际上，委员们只要乐意就可以随时会面，就他们关注的问题提出咨询建议。委员会可以就社会广泛关注的问题提出咨询建议。有时候政府官员要出席酋长委员会的会议，就委员会关注的问题做出解释。委员会关注的问题非常广泛，从"入侵杂草"、"国家边界的划定"到"条约公路（巴伯尔道布岛环岛公路）的影响"都可能成为酋长委员会讨论的问题。近年来委员会还关注为艺术节准备传统战斗独木舟问题、环境问题、水资源问题、犯罪问题、年轻人问题、社会问题和健康卫生问题等。酋长委员会还就宪法修改发表看法，并支持宪法大会的召开。酋长委员会还就公共生活中的腐败问题发表意见，并支持"特别检察官"（Special Prosecutor）办公室的行动。在实际政治生活中，酋长的权威远高于宪法所赋予酋长的权力。例如，政府部门在某地实施一项大的投资之前，要事先征得当地酋长的同意。

4. 地方政府

根据各自的州宪法，各州成立由地方议员、州长、酋长、长老（年长者）和等级比较高的主要部族成员共同组成的地方政府。州长由各州选民选举产生，一般也是任期四年，可以连任，但一般不允许超过三届。在服从于国会制定的法律的基础上，州政府可以在本州征税。酋长在帕劳社会等级的安排上，也仍然扮演着重要的角色。帕劳 16 个州的宪法中也明确规定了各州酋长的地位和角色。如科罗尔州政府机构中就有类似于帕劳酋长委员会的酋长议会（House of Traditional Leaders，帕劳语 Rubekul ma Remechesil Oreor），酋长议会由科罗尔 10 名大酋长（包括最高酋长伊贝杜尔）和 7 名小村落的酋长组成（这些酋长由相应村落的女性首领任命）。[①] 酋长议会是科罗尔传统法律和习俗领域的最高权威，也就相关传

---

① 科罗尔州政府网站，http://www.kororstategov.com/hotl.html。

统法律问题向科罗尔州政府提供咨询建议。帕劳的各级酋长参与地方治理，发挥着咨询、顾问的作用。酋长拥有很高的地位，与各州的选举官员一道处理各种地方和地区事务。这种方式可以确保帕劳的传统方式在民主政府中保留和延续。

二 立法机构

帕劳宪法规定，帕劳国会为帕劳的立法机构，采用两院制。2004 年宪法修正案曾提出改两院制议会为一院制议会，但未能获得批准。

上院为参议院，按人口比例由参议员选区选出。由于帕劳宪法没有明确规定参议院的人数，因此，参议院的议员人数随着人口的变动和选区的划分而不断调整，帕劳首届参议院由 18 名议员组成，后有所减少，2000 年大选共选出了 9 名参议员，2008 年选出 13 名参议员，2012 年选出 9 名参议员。下院为众议院，是帕劳最重要的国家权力机关，由 16 名众议员组成，由帕劳 16 个行政区各选出一名议员组成，这些议员大多数是酋长，不过都是由各州选民投票选举产生的。参众两院议员任期均为四年。

此外，根据各州的州宪法，各州设立相应的立法机构——州议会，负责本州的立法工作。如科罗尔州议会由 17 名议员组成，其中由科罗尔 12 个村落各选举一名议员，其余 5 名议员由选民选举产生，任期四年。议会由议长负责领导工作，另设 10 个常设委员会负责各项专门立法工作，包括委员会主席在内的常设委员会成员由议长任命，并经议会批准。

三 司法机构

帕劳司法机构沿用美国的司法制度，但是又与帕劳的传统结合在一起。帕劳的司法机构由最高法院、诉讼法院和土地法院组成。最高法院领导下的法院系统，独立于立法和行政机构。

最高法院由 1 名首席大法官（Chief Justice）和不少于 3 名（不超过 6 名）大法官（Associate Justice）组成。最高法院可以受理涉及大使、外国政府、外国公民及州际关系的案件，其他案件在最高法院只适用上诉审。现任首席大法官是亚瑟·恩吉拉克尔松（Arthur Ngiraklsong）。法官经国会批准后由总统任命，终身任职，直至 65 岁退休。

帕劳的土地法院主要受理关于土地归属和使用权的诉讼。帕劳的土地主要分为两类：一类是归村落所有的公地，另一类是归家族所有的家族土地。在日本占领期间，帕劳的土地被登记造册，绝大部分的土地被划归为日本殖民政府的"公地"。二战后，在归还这些"公地"的过程中，出现了诸多纠纷。一方面是土地登记册的丢失，另一方面是现代法律系统与帕劳传统法之间的矛盾，导致土地归属问题矛盾重重。再加上随着土地价值的不断上升，帕劳各个州的政府对土地的占有与帕劳私人之间的矛盾也不断上升，民告官事件也时有发生。目前，各州大部分的土地归州政府所有。

第四节　防务与安全

帕劳是世界上为数不多的没有军队的主权国家。根据 1993 年 11 月通过的帕美《自由联系条约》，帕劳防务由美国负责 50 年（1994～2044），帕劳只负责内部地方治安事务。因此，帕劳没有常规军队，只有警察机构。20 世纪 80 年代到 90 年代，帕劳的各个州都曾拥有各自的警察机构，但现在帕劳的警察机构都由司法部下设的公共安全局（Bureau of Public Safety）统一领导。帕劳司法部还设有刑事调查/毒品管制司（Division of Criminal Investigation/Drug Enforcement）、巡逻司（Division of Patrol）、消防和救援司（Division of Fire & Rescue）、惩罚教养司（Division of Corrections）、海洋执法司（Division of Marine Law Enforcement）、鱼类和野生动物保护司（Division of Fish & Wildlife Protection）等部门，具体负责帕劳国内的治安事务。

其中，为了保护帕劳的海洋渔业资源、打击非法捕捞行为，帕劳还专门组建了负责海事巡逻的警察"部队"。不过，帕劳的海事巡逻"部队"

仅有 30 名海警，配有轻型武器、小型侦察机和一艘"太平洋巡逻船"——"雷梅利克总统号"。该巡逻船由澳大利亚制造，是"太平洋巡逻船项目"① （the Pacific Patrol Boat Program）的产物。该船满载排水量 162 吨，长 31.5 米，宽 8.1 米，吃水深度 1.8 米，速度 20 海里/小时。依据帕美《自由联系条约》，该巡逻船由美国支付购买，于 1996 年 5 月交付使用，主要用于海事监控和渔业管理。

依据帕美《自由联系条约》，美国的军队被许可进入帕劳诸岛屿，但美国并没有在帕劳部署军队。依据该条约，帕劳公民可以到美军服役，通常他们会被派往关岛等空军基地服役。近年来帕劳每年达到法定服兵役年龄的人口中，男性约 210 人，女性约 220 人。② 2010 年，帕劳人口中符合服兵役的 16~49 周岁的男性公民有 5272 人，女性公民为 3969 人。③ 目前，大概有 500 名帕劳人在美军中服役。④ 基于对帕劳渔业保护的考虑，帕劳政府曾向美国提出要求美军驻扎帕劳，为帕劳海域的渔业资源提供保护，但美国目前没有在帕劳驻军，仅有少数的海军工程人员驻扎在帕劳。

帕劳社会安定，是太平洋岛国中社会治理比较好的国家。帕劳对犯罪的惩处力度比较强，犯罪率很低。大部分犯罪行为属于品行不端、违反《法律秩序与交通规则》或违反法庭秩序等轻型犯罪，刑事重罪案件较少。不过，近年来刑事重罪案件有所上升。据帕劳司法部公共安全局环境和回应协调办公室（Office of Environment and Response Coordination）统计，2014 年有 371 件刑事重罪案件，是 2013 年的近 5 倍，仅次于 2012 年的 473 件（参见表 3 - 6）。

① 1982 年《联合国海洋法公约》通过后，为增强南太平洋岛国保护渔业资源的能力，在 1983 年召开的南太平洋岛国论坛会议上，澳大利亚正式宣布实施"太平洋巡逻船项目"。从 1985 年起，该项目共为南太平洋 12 个岛国建造了 22 艘太平洋巡逻船，用于海事监控和渔业保护，帕劳的巡逻船由美国支付购买。
② CIA 中情局世界概况 The World Factbook, Palau, http://www.webcitation.org/5ncBXKnx7。
③ CIA 中情局世界概况 The World Factbook, Palau, http://www.webcitation.org/5ncBXKnx7。
④ http://www.state.gov/r/pa/ei/bgn/1840.htm。

表 3 - 6　帕劳犯罪种类及数据统计 (2007 ~ 2014)

单位：件

犯罪类型　　　年份	2007	2008	2009	2010	2011	2012	2013	2014
刑事重罪	162	255	19	44	29	473	78	371
通奸和性侵	9	5	1			1		7
虐待儿童	—	—	—			—	—	3
违法行为和不当行为	—	1	—	—	—	12	15	91
行为不端	153	249	18	44	29	460	63	270
品行不端	2373	266	217	829	692	762	1479	913
攻击行为	83	—	—	149	85	308	347	20
违反《法律秩序与交通规则》、违反法庭秩序	2290	266	217	680	607	454	1132	893

资料来源：帕劳司法部公共安全局，"Crime and Offenses"，http：//palaugov. pw/executive - branch/ministries/finance/budgetandplanning/crime - and - offenses/。

　　帕劳对青少年犯罪的惩处力度比较大，帕劳政府规定承担刑事责任的最小年龄是 10 岁。如果是轻微犯罪，10 ~ 14 岁的青少年可以不承担法律责任。但是，如果 10 ~ 14 岁的青少年犯了谋杀和强奸罪，将要承担刑事责任。帕劳界定的青年年龄阶段为 15 ~ 34 岁。帕劳法律没有规定法定的结婚年龄，事实上，由于举办婚礼需要一大笔费用，许多帕劳年轻人不举行婚礼，但可以同居并养育子女。此外，过去帕劳法律规定男性同性性行为不合法，但承认女性同性性行为的合法性。不过，2014 年以后，帕劳已经在法律上实现同性性行为去罪化。

　　此外，帕劳对违禁品（枪械、毒品等）的控制非常严格，尤其是对贩卖毒品罪处罚极为严苛。携带任何数量的非法硬毒品（hard drugs），如海洛因和可卡因，将会被强制性判决 25 年的监禁。帕劳对非法持有枪支的惩处力度也很大，一般会判处 15 年有期徒刑。海关限制超量的烟酒（一个人限一包烟、一瓶酒）、生物制品和辣椒酱、牛肉干及稀奇古怪的食品入境。帕劳对饮酒及饮酒的年龄有严格的规定，在公共场所不允许饮酒，帕劳的合法饮酒年龄是 21 岁。帕劳对历史文物的保护非常严格，弄乱或取走历史文物（包括从沉船上取走一些物品）都是非法的。帕劳海关也严禁游客携带管制物品和武器入境，任何携带管制物品的游客都将被诉诸法庭。

第四章

经　济

　　帕劳是世界上最小的岛国之一，属于中等偏高收入国家，2015 年人均国民总收入（GNI）为 12180 美元。[①] 帕劳国土面积狭小，但拥有广袤的海域。帕劳的自然资源主要包括渔业资源（海产品）、森林资源以及矿产资源（尤其是黄金和深海矿产）。帕劳农业资源匮乏，粮食不能自给。帕劳几乎没有工业，从食品到日用品几乎完全依赖进口，经济严重依赖外国的援助。过去，帕劳渔业是帕劳外汇的主要来源，但随着近海渔业资源的枯竭和环境保护政策的实施，渔业在国内生产总值中所占的比重越来越小。近年来，帕劳大力发展旅游业和相关服务业，旅游业已经成为帕劳的支柱产业，旅游业及相关服务业收入占到国内生产总值的 80% 以上。帕劳旖旎绚丽的海岛风光、原始生态系统和独具特色的历史文化遗迹，成为世界各国游客尤其是东南亚游客的首选之地。帕劳气候适宜、交通便利，每个月都有数以万计的外国游客涌入帕劳。近年来，帕劳为缓解旅游业带来的压力，也在尝试发展一些轻型工业、特色种植业和热带水产养殖业，以改变对旅游业的依赖。

第一节　概况

一　殖民地时期的经济

　　帕劳在历史上曾经先后沦为西班牙、德国和日本的殖民地。西班牙对

---

　　① 世界银行，http://data.worldbank.org/country/palau。

帕劳的殖民开拓主要是椰干等贸易的拓展，德国占领期间在帕劳进行可可和椰子树的种植及椰干的加工，并开始开采安加尔岛的磷酸盐矿向欧洲出口。但是，由于德国人在帕劳经营的时间比较短，对帕劳当地经济的发展促进不是很大。日本占领帕劳后，开始在帕劳进行经济殖民。在30多年的殖民占领期间，帕劳的渔业、种植业、采矿业和海外贸易都有较大发展。

成立于1921年的南海发展公司（Nanyo Kohatsu Gaisha）是较早在帕劳建立的日本公司，公司一开始主要从事制糖业，后来又把经营范围扩展到酿酒业、磷酸盐矿开采、渔业和木薯加工业。为了支撑这些工业的发展，大量的日本人移民帕劳。一半左右的日本移民是南海发展公司的雇员及其家属。同时，早在德国占领期间就开始在帕劳从事商业活动的日本南海贸易公司（Nanyo Boeki Gaisha），也不断扩展其商业范围。在日本统治帕劳期间，南海贸易公司几乎独占了密克罗尼西亚地区的商业贸易，并把其经营范围扩展到渔业、可可种植业、交通业和其他商业领域。

日本占领帕劳后，开始觊觎帕劳丰富的渔业资源。1927年，日本开始着手调研帕劳的金枪鱼资源，指出帕劳可以成为日本的渔业基地。1931年，日本成立了南海渔业联合公司（Nanyo Suisan Kigyo Kumiai）并在马拉卡尔岛建立了渔业基地。1931年，日本第一艘金枪鱼捕捞船前往帕劳海域进行捕捞。1932年，从冲绳出发的日本渔船也开始前往帕劳海域捕捞金枪鱼。到1934年，已有76艘冲绳渔船获得了在帕劳海域捕鱼的资格。为扩大在帕劳海域的金枪鱼捕捞量，1933年，日本渔业联合公司在帕劳设立分公司，从事渔业捕捞和加工。为扩大金枪鱼的捕捞量，1934年日本政府又在科罗尔成立了独立的渔业公司——南海渔业公司（Nanko Fishery Corporation）。到1937年，金枪鱼产业已经成为日本南海殖民政府的第二大产业，仅次于北马里亚纳群岛的糖业。其中，日本40%的金枪鱼来自帕劳海域。① 尽管二战后，日本失去了对帕劳的占领权，但是帕劳

① Takashi Mita, *Japan's Development Assistance in the Republic of Palau: Community Impacts and Effects*, Bell & Howell Information and Learning Company, 2001, pp. 37 – 39.

海域仍然是日本积极争取的远洋渔场。

1922年，日本南海政府还从德国人手中购买了德国开采公司的资产，继续对安加尔岛磷酸盐矿进行开采。日本统治期间，大约从安加尔岛磷酸盐矿攫取了450万吨磷矿石。[①] 日本在帕劳的疯狂开采，导致帕劳磷酸盐矿的枯竭。1932年，日本又成立了半政府性质的南海殖民公司（Nanyo Takushoku Gaisha），主要在帕劳从事采矿业和农业生产。日本在帕劳的经济殖民，一方面促进了帕劳经济的发展，把帕劳从落后的经济生产状态引入现代化发展的轨道。但另一方面，日本在帕劳的经济殖民，也严重破坏了帕劳传统的自给自足的自然经济，改变了帕劳的社会生产和生活方式，也导致帕劳自然资源的破坏和矿产资源的枯竭。

二 第二次世界大战以来的经济发展

第二次世界大战期间，帕劳是美日太平洋战争的主战场之一。战后的帕劳几乎是一片瓦砾堆，经济受到极大影响，日本在帕劳的公司转为日本军队的服务机构，日本殖民期间建立的基础设施也遭到了严重的破坏。二战后，帕劳成为美国太平洋岛屿托管地的一部分，经济发展缓慢。从1947年直到1994年独立，帕劳一直处于美国的托管之下，其经济发展主要依赖美国的支持。帕劳独立后，经济得到了缓慢增长，但其经济发展仍然严重依赖外部的经济援助，尤其是美国、日本、中国台湾地区和澳大利亚的经济援助。近年来，帕劳政府大力发展旅游业，并积极推动经济的多元化发展，渔业、海洋水产养殖业、特色种植业、影视拍摄及轻型制造业等都有所发展。

1. 经济发展水平

帕劳是世界上最小的经济体之一，国内生产总值在2亿美元左右，2014年帕劳GDP为2.509亿美元，2015年GDP为2.874亿美元。[②] 旅游

---

① 日本大宝石出版社编著《帕劳岛》（走遍全球海岛系列），张咏志译，中国旅游出版社，2014，第76页。

② 世界银行，http://data.worldbank.org/country/palau。

业是帕劳的主要经济支柱，农业、工业在国内生产总值中占的比重很小，经济发展严重依赖美国、日本等大国的经济援助。帕劳是太平洋岛国中经济比较发达的国家，也是太平洋岛国中人均收入最高的国家，2015年人均GDP为15531美元。[①] 不过，帕劳社会发展不平衡性也比较明显，目前仍有24.9%的帕劳人处于国家贫困线以下。[②] 尽管如此，帕劳全国几乎没有乞丐，没有饥饿，帕劳人的安定团结全球第一。

帕劳是一个经济严重依赖世界市场的弱小经济体，食品及生活用品严重依赖进口，因此经济发展受外部因素的影响较大，尤其是深受美国、日本、中国台湾等国家和地区经济发展状况的影响。如果这些国家和地区的经济出现波动，将会直接影响到帕劳经济的发展。例如，1997~1998年东南亚金融危机及2001年"9·11事件"都对帕劳产生了巨大的影响，不仅来自这些国家和地区的经济援助下降，而且影响到帕劳旅游业的发展。因为这些国家和地区也是帕劳主要的客源地。而2013年由于受到世界旅游业不景气的影响，帕劳GDP出现负增长（-2.4%）。[③] 近年来，东南亚经济的持续增长及美国经济的复苏和发展，也有力地促进了帕劳旅游业和经济的发展。2014年，帕劳经济出现好转，增长率达到4.2%，[④] 好于国际货币基金组织对帕劳2014年经济增长3%的预期。[⑤] 2015年帕劳的经济增长率约为9.4%，[⑥] 这主要得益于国外游客数量的快速增长。受帕劳旅游接待能力的限制，2016年帕劳的经济增长速度有所放缓，世界银行估计帕劳2016年经济增长率约为2%，[⑦] 亚洲开发银行预计2016年帕劳经济

① 澳大利亚外交部《帕劳概况》，http：//dfat. gov. au/trade/resources/Documents/pala. pdf。
② 亚洲开发银行，"Poverty in Palau"，2015 - 09 - 22，http：//www. adb. org/countries/palau/poverty。
③ 世界银行，http：//data. worldbank. org/country/palau。
④ 世界银行，http：//data. worldbank. org/country/palau。
⑤ 国际货币基金组织，IMF Executive Board Concludes 2014 Article IV Consultation with the Republic of Palau，http：//www. imf. org/external/np/sec/pr/2014/pr14200. htm。
⑥ 世界银行，http：//data. worldbank. org/country/palau。
⑦ 世界银行，http：//data. worldbank. org/country/palau。

增长率不会超过 3%。① 2014 年，帕劳国内通货膨胀率为 4%，2015 年有所好转，降至 2.2%。②

2. 主要产业及占 GDP 的比重

帕劳经济以服务业尤其是旅游业为主，也有少量自给农业、工业和制造业。旅游业和渔业是帕劳主要的创汇产业。帕劳农业以种植芋头、番薯、木薯及椰子为主，粮食不能自给。由于近海渔业资源的枯竭及帕劳对渔业资源的保护，目前帕劳渔业在 GDP 中所占的比重也非常有限。目前，帕劳几乎没有工业，只有基于雅德马乌州自由贸易区建立的轻型制造业，如计算机硬件和电子元件生产。2002 年之前，服装加工业曾经是帕劳最主要的出口产业之一（另一个出口产业是渔业）。2002 年，帕劳服装加工业收入为 3360 万美元。③ 不过，帕劳政府于 2003 年上半年取缔了服装加工业（原因不详）。由于服装加工业被取缔及渔业产值的下滑，帕劳的出口从 2002 年的 2030 万美元下降到 2003 年的 840 万美元。④ 磷酸盐矿开采也曾经是帕劳重要的产业部门，但由于日本殖民期间的疯狂开采，到 1955 年，帕劳磷酸盐矿已经枯竭。帕劳还有少量的石料开采，但开采量极为有限，甚至不能满足帕劳基础设施建设和建筑业的需要。目前，建筑业包括公共基础设施和私人部门项目建设，是帕劳经济发展的促进力量。2005 年，建筑业占帕劳 GDP 的 15%，2006 年为 16%。⑤ 近年来，建筑业产值不断增长，这主要得益于科罗尔公路修复工程、度假酒店的建设、帕劳国际机场跑道的重修以及其他由帕劳国家开发银行（National Development Bank of Palau）出

---

① 亚洲开发银行，"Palau：Economy"，http：//www. adb. org/countries/palau/economy。

② 美国中央情报局"世界概况"之帕劳，http：//www. webcitation. org/5ncBXKnx7。

③ Sharon Sakuma，"Republic of Palau：Business Opportunities Report"（PDF）. Prepared For the United States Department of the Interior Office of Insular Affairs，September 2004. Updated By Pearl Ueranant，July 2007，p. 9. 美国内务部网站，https：//www. doi. gov/oia。

④ Sharon Sakuma，"Republic of Palau：Business Opportunities Report"（PDF）. Prepared For the United States Department of the Interior Office of Insular Affairs，September 2004. Updated By Pearl Ueranant，July 2007，p. 9. 美国内务部网站，https：//www. doi. gov/oia。

⑤ Sharon Sakuma，"Republic of Palau：Business Opportunities Report"（PDF）. Prepared For the United States Department of the Interior Office of Insular Affairs，September 2004. Updated By Pearl Ueranant，July 2007，p. 9. 美国内务部网站，https：//www. doi. gov/oia。

资建设的小型商业和住宅工程。不过，建筑业在国家财政收入中所占比重仍然较低。

近年来，尽管帕劳不断推进特色农业及轻型制造业的发展，但是农业、工业在国内生产总值中占的比重呈下降趋势，而服务业所占比重不断上升。2012 年，农业对帕劳 GDP 的贡献率仅为 3.2%，工业为 20%，而服务业占到 GDP 的 76.8%[①]。2013 年，帕劳 GDP 为 2.383 亿美元，[②] 农业占 5%，工业下降到 8%，而服务业上升到 86%。[③]

3. 财政收支状况

帕劳是一个非常小的经济体，其财政收入也非常少，不过，帕劳基本上保持着财政盈余状态。近年来，随着帕劳 GDP 的增大，其财政收入和支出也有所上升（参见表 4-1）。

表 4-1　2007~2013 年帕劳财政收支状况

单位：百万美元

	2007 年	2008 年	2009 年	2010 年	2011 年	2012 年	2013 年
收入	93.472	86.286	77.718	87.218	89.001	96.846	93.356
支出	73.142	74.737	68.585	68.917	71.956	77.246	81.855
净值(Net Worth)	20.330	11.549	9.133	18.301	17.045	19.600	11.501

资料来源：帕劳财政部预算计划局，《2013 年帕劳统计年鉴》（2013 Statistical Yearbook, 2013 - ROP - Statistical - Yearbook. PDF, p.47.）。

4. 外国援助与外国直接投资

帕劳是一个严重依赖外国经济援助的弱小经济体，2013 年接受政府开发援助 3546 万美元，无偿资金援助和技术援助 2992 万美元。2014 年接受政府开发援助 2341 万美元，无偿资金援助和技术援助 1935 万美元。[④] 援助资金主要来自美国、日本、澳大利亚及中国台湾地区。

---

① 美国中央情报局"世界概况"之帕劳，http：//www. webcitation. org/5ncBXKnx7。
② 美国中央情报局"世界概况"之帕劳，http：//www. webcitation. org/5ncBXKnx7。
③ 世界银行，http：//wdi. worldbank. org/table/4.2。
④ 世界银行，http：//data. worldbank. org/topic/external - debt？ locations = PW。

帕劳一直是外国直接投资（Foreign direct investment）的资金净流入国，2014 年帕劳接受外国直接投资约 3986 万美元，但是 2015 年外国直接投资出现负增长（－900 万美元），资金出现流出现象。[①] 2015 年帕劳经常账户收支为－100 万美元，比 2014 年（－3000 万美元）大大好转。

5. 对外贸易

帕劳是一个弱小的经济体，2014 年其经济总量在世界排名第 217位。帕劳经济以旅游业为主，工业和农业在国内生产总值中所占比重很小，因此，帕劳的对外贸易额也非常少，且以进口为主。2014 年帕劳对外贸易总额仅为 1.968 亿美元，比 2013 年略有增长（2013 年对外贸易总额为 1.609 亿美元），其中出口额为 0.191 亿美元，同比增长32.6%；进口额为 1.777 亿美元，同比增长 21.3%，贸易逆差 1.586 亿美元。[②] 2015 年帕劳对外贸易总额略有下降，其中出口额为 0.114 亿美元，进口额为 1.65 亿美元，贸易逆差 1.536 亿美元。[③] 贝类、金枪鱼、椰干是帕劳的主要出口产品，进口产品主要包括机械设备、燃料、金属材料和食品。美国、日本、新加坡、韩国等国家是帕劳的主要贸易伙伴。

三 多元化经济发展策略

近年来，为减少对外来经济援助的依赖，帕劳政府积极探索帕劳经济发展的自主化和多元化。1998 年帕劳政府制定了未来 20 年国家主导发展计划。不过，在 2008 年全球金融危机的冲击下，帕劳财政管理也陷入危机。而 2009 年，美国基于帕美《自由联系条约》的第一阶段（前 15 年）对帕劳的经济援助到期，也给帕劳的经济发展带来了不确定性。尽管双方在 2010 年续签了 2010～2024 年的新的援助协议，但美国国会一直未批准

[①] 世界银行，http://data.worldbank.org/topic/external - debt? locations = PW。

[②] 美国中央情报局"世界概况"之帕劳，http://www.webcitation.org/5ncBXKnx7。

[③] http://data.un.org/CountryProfile.aspx? crName = Palau。

这一新协议，致使帕劳从美国得到的援助额度锐减。不过，随着日本、澳大利亚等大国对太平洋地区争夺的加剧，日本和澳大利亚对帕劳的援助有所增加，一定程度上缓解了帕劳经济的压力。同时，帕劳旅游市场及其接待力几近饱和也促使帕劳政府寻求经济发展的多元化，以平衡旅游业的对外高度依赖性。

目前，帕劳政府积极寻求经济的多元化发展，随着雅德马乌州自贸区（Ngardmau Free Trade Zone）的建立，与之相关的贸易及水产养殖业、特色种植业、影视业、新能源和再生能源产业也逐步开始建立和发展。基于帕美《自由联系条约》，帕劳可以享有一些优惠的贸易政策，不断增强的交通运输能力和政府的支持，都将吸引商业伙伴来帕劳投资经营，将会促进帕劳经济增长。相比较于其他太平洋岛国，帕劳未来经济的发展也存在一定的竞争优势（参见表4-2）。

表4-2　帕劳经济竞争优势

位置	临近亚洲
政府治理	政治稳定
	与美国联系密切
税制	产品免税进入美国
	低税收政策
	税收优惠
基础设施	良好的现代化基础设施
自然资源	丰富的金枪鱼资源
	多样化的海洋生物
	原始的海洋环境
文化	丰富的文化遗产（历史和文化古迹）
	原生态艺术和工艺品
	民族风情美食

资料来源：Sharon Sakuma, "Republic of Palau: Business Opportunities Report" (PDF). Prepared For the United States Department of the Interior Office of Insular Affairs, September 2004. Updated By Pearl Ueranant, July 2007, p. 3. 美国内务部网站，https://www.doi.gov/oia。

进入 21 世纪后，帕劳卡扬埃尔州的维拉斯科岛（Velasco Reef）发现了油气资源，围绕保护环境以发展旅游业还是开发油气资源，帕劳政府内部发生了分歧。其中，时任总统汤米·雷蒙杰索反对开发维拉斯科岛的油气资源，而国会则认为开发维拉斯科岛油气资源有利于带动帕劳经济的发展。2005 年，国会批准支持卡扬埃尔州和帕劳太平洋能源有限公司（Palau Pacific Energy Inc.）在 2002 年达成的协议，该协议授权帕劳太平洋能源有限公司开发卡扬埃尔州的油气资源。

为促进帕劳经济多元化发展，帕劳政府通过进行财政改革、税收制度改革以及建立自贸区、改善基础设施等措施积极促进经济的发展（参见表 4 - 3）。

表 4 - 3　帕劳政府为促进经济发展采取的措施

政策改革	外国投资改革 财政改革 与农业有关的商业开发税收优惠及税收改革 地区一体化 建立自由贸易区
增设航线	来自亚洲、欧洲国家和美国的 5 条航线
修建巴伯尔道布岛公路	便利进入历史文化景点和自然景点 便利进入富饶的农业用地（开垦） 便利进入主要的土地资源（开发）

资料来源：Sharon Sakuma, "Republic of Palau: Business Opportunities Report" (PDF). Prepared for the United States Department of the Interior Office of Insular Affairs, September 2004. Updated By Pearl Ueranant, July 2007, p. 3. 美国内务部网站，https://www.doi.gov/oia。

目前，帕劳在多元化经济发展方面已经初见成效，主要的经济增长行业以水产养殖业、旅游业、影视业和轻型制造业为主（参见表 4 - 4）。

不过，帕劳经济的发展也存在困难，不仅面临国内市场小、远离世界市场、资源缺乏的挑战，而且面临着许多两难抉择的问题，比如发展经济与环境保护、现代化与保留传统之争（诸如事关政治权威和文化认同的问题）、国家利益与地区和国际合作问题——对于诸如环境保护和应对气

表 4 – 4　帕劳主要经济增长产业

水产养殖业	海洋水产及贸易
旅游业	生态旅游度假村开发 分时度假市场销售
影视业	热带海岛拍摄 水下拍摄
制造业	雅德马乌州自贸区轻型制造业

资料来源：Sharon Sakuma，"Republic of Palau：Business Opportunities Report"（PDF）. Prepared For the United States Department of the Interior Office of Insular Affairs，September 2004. Updated By Pearl Ueranant，July 2007，p. 4. 美国内务部网站，https：//www. doi. gov/oia。

候变化等太平洋岛国所面临的共同问题，单凭一国之力是难以解决的，因此，太平洋小岛国之间的合作就显得尤为重要。此外，帕劳经济的对外依赖度仍然非常高，尤其是美国对帕劳的条约基金援助终止后，帕劳经济将面临必须多样化发展以减少对外援助依赖的挑战。目前，帕劳经济主要由公共管理、旅游业和相关服务业、商业以及建筑业支撑，旅游业将继续成为帕劳的主要产业。

第二节　农业

帕劳国土面积狭小，但有着广袤的水域，渔业资源丰富。金枪鱼捕捞曾经是帕劳重要的收入来源。种植业在帕劳经济中所占比重较小，芋头、番薯和木薯是帕劳传统的粮食作物，但由于土地面积狭小，不能满足自身粮食供应。帕劳也有小规模的林业，北方岛屿多为火山岛，岛上覆盖着热带雨林，主要树种有黑檀木、孟加拉榕树、面包果树、椰子树、露兜树等。外围的珊瑚岛上则生长着椰子树。其中，帕劳的黑檀木（质地优于一般的红木）是制作帕劳传统工艺品——木雕故事板的上好材料，但由于成材周期长，因此是非常稀有的名贵树种。

一　种植业

帕劳地处赤道附近，雨量丰富，平均气温 27℃ 左右，且气温变化很小，每天日照时间充足，比较适宜热带作物的生长。芋头、木薯和番薯是帕劳主要的粮食作物，帕劳人也种植椰子树、棕榈树、柑橘、面包果树和香蕉树等热带树木。木薯淀粉和椰干是帕劳的主要出口农产品。

近年来，帕劳也在开发一些特色热带农业，如花卉种植业。一方面，帕劳继续扩大根茎类作物如芋头、番薯等的种植，主要面向关岛和北马里亚纳群岛出口芋头、番薯、木薯及其加工产品。同时，也选择生产附加值较高的农产品在本地市场销售，主要供应当地的旅游消费市场。这些产品包括诺丽果汁茶、果汁、胶囊、椰子油、椰子糖。

艾梅利克州的帕劳农业股份有限公司（也称小松农场，"Palau Kamatsu Farm"）是一家拥有 2 万平方米热带果树园林的私人企业，种有许多珍贵的热带水果，如番石榴、番木瓜、刺果番荔枝、诺丽果等。目前，帕劳还在积极借助帕美《自由联系条约》的相关条款，将这些特色水果及其加工产品出口到美国市场。根据帕美《自由联系条约》的相关规定，帕劳制成品出口到美国可以享有免除关税的优惠。此外，帕劳也开始种植热带花卉，主要出口日本、中国台湾地区和中国大陆等亚洲市场。

二　渔业

帕劳拥有广袤的海域，其专属经济区面积达到 61.6 万平方公里。帕劳海域渔业资源丰富，海底生物种类繁多。据统计，帕劳海域共有 1300 多种鱼类、700 多种珊瑚及 130 多种鲨鱼和黄貂鱼。[①]　其中，经济鱼类有

---

① The Republic of Palau Exclusive Economic Zone MONITORING, CONTROL, AND SURVEILLANCE the Next Five Years 2016 - 2021, PDF, p. 7. http: //palaugov. pw/wp - content/uploads/2016/05/palau_ mcs_ strategic_ plan_ final. pdf.

500 种之多。帕劳海域金枪鱼资源丰富，出口金枪鱼也是帕劳除了旅游业之外最大的外汇收入来源。帕劳海域的海洋生物还有巨型蛤蜊、海参、海星、海龟、鲨鱼、毒海蛇、水母和几乎绝迹的儒艮（海牛）等。过去，渔业是帕劳的重要产业。自 1979 年帕劳专属经济区建立以来，通过出售捕捞许可证和许可在帕劳海域捕鱼，帕劳每年可以获得 300 万~400 万美元的经济收入。[1] 不过，随着渔业资源的锐减，帕劳政府开始在帕劳水域禁止大多数商业捕捞，并设立国家海洋禁捕区。近年来，水产养殖成为帕劳平衡贸易收支的重要产业。

1. 捕捞业

20 世纪 90 年代以前，捕捞业尤其是金枪鱼的捕捞和出口，是帕劳渔业和国民收入的主要支柱。但是由于过度捕捞，20 世纪 90 年代以后，帕劳的渔业捕捞量开始下滑。1990 年，帕劳政府在近海设立了一些海洋保护区，并规定从 4 月到 7 月禁止晚上在海峡附近捕鱼，以保护石斑鱼的繁殖，3 月至 6 月禁止捕捞海豚。这些渔业保护政策进一步限制了帕劳渔业的发展。1990 年，金枪鱼捕捞量最大的州科罗尔州一年的金枪鱼捕捞量达到 21.4397 万磅，而到了 1998 年科罗尔州的金枪鱼捕捞量仅为 17193磅。[2] 事实上，从 1995 年开始，帕劳的渔业捕捞量开始下滑，金枪鱼的产量也持续下滑，1996 年帕劳金枪鱼产量约为 63.8 万磅，到 1998 年就已经下降到 47.8 万磅。[3]

进入 21 世纪以来，随着近海渔业资源的枯竭以及受到世界渔产品价格下降等诸多因素的影响，帕劳的渔业收入持续下滑。2005 年帕劳渔业收入仅为 300 万美元，仅占帕劳 GDP 的 2%，远低于原来平均每年

① The Republic of Palau Exclusive Economic Zone MONITORING, CONTROL, AND SURVEILLANCE the Next Five Years 2016 – 2021, PDF, p. 7. http://palaugov.pw/wp – content/uploads/2016/05/palau_ mcs_ strategic_ plan_ final. pdf.

② Takashi Mita, *Japan's Development Assistance in the Republic of Palau: Community Impacts and Effects*, Bell & Howell Information and Learning Company, 2001, p. 136.

③ Takashi Mita, *Japan's Development Assistance in the Republic of Palau: Community Impacts and Effects*, Bell & Howell Information and Learning Company, 2001, p. 93.

2800 万美元的收入。① 渔业捕捞量也逐年下滑，据帕劳海洋资源部
（Division of Marine Resources）统计数据，2007 年帕劳渔业捕捞量约为
68.5 万磅，到 2011 年产量下降到 38.7 万磅。其中金枪鱼的捕捞量更是
急剧下滑。2007 年金枪鱼的捕捞量约为 4.2 万磅，而到了 2011 年则下降
为 0.3 万磅（参见表 4 - 5）。

表 4 - 5 帕劳 2007 ~ 2011 年渔业捕捞量

单位：磅

产量 年份	2007	2008	2009	2010	2011
总产量	685140	517580	470933	476395	387019
金枪鱼产量	41808	27359	38319	3497	3067

资料来源：帕劳海洋资源部统计数据，参见帕劳财政部预算计划局《2013 年帕劳统计年鉴》
（2013 Statistical Yearbook, 2013 – ROP – Statistical – Yearbook. pdf, p. 80.）。

帕劳的渔业市场和公司非常集中，帕劳幸福渔业市场（Happy Fish
Market）一个市场就消化大约 95% 的帕劳渔业捕捞量，其他一些小公司
如佩里琉公司（Peleliu Cooperative）和埃雷姆伦维州公司（Ngaremlengui
Cooperative）的捕捞量都非常少（参见表 4 - 6）。

表 4 - 6 2007 ~ 2011 年帕劳渔业公司捕捞量

单位：磅

产量（公司） 年份	2007	2008	2009	2010	2011
总产量	685140	517580	470933	476395	387019
幸福渔业市场	683505	455745	436685	453709	378596
佩里琉公司	1217	12177	33685	13013	4339
埃雷姆伦维州公司	—	—	—	9673	4084

资料来源：帕劳海洋资源部统计数据，参见帕劳财政部预算计划局《2013 年帕劳统计年鉴》
（2013 Statistical Yearbook, 2013 – ROP – Statistical – Yearbook. pdf, p. 80.）第 80 页。

① Sharon Sakuma, "Republic of Palau: Business Opportunities Report" （PDF）. Prepared for
the United States Department of the Interior Office of Insular Affairs, September 2004. Updated
By Pearl Ueranant, July 2007, p. 9. 美国内务部网站，https://www.doi.gov/oia

近年来，随着帕劳政府对海洋生态环境保护意识和措施的增强，帕劳政府已经把帕劳近海划为海洋生态保护区，禁止一切商业捕捞，因此，帕劳渔业收入进一步降低。2011 年，帕劳捕捞岩礁鱼类的收入约为 62.8 万美元，[①] 而到了 2014 年，帕劳的渔业收入仅为 5.64 万美元，而 2015 年渔业收入又下降 26.6%，仅为 4.14 万美元。[②] 不过，渔业作为帕劳主要的出口产业，在帕劳经济增长中仍占据一定地位。帕劳优越的地理位置、丰富的渔场以及便利运输到亚洲市场等诸多有利条件，也可能促使帕劳渔业有所发展。例如，2016 年第一季度，帕劳渔业收入相对于 2015 年第一季度又有大幅增长（参见表 4 - 7）。

表 4 - 7   2013 ~ 2016 年第一季度帕劳渔业收入比较

单位：美元

2013 年	2014 年	2015 年	2016 年
13026	13008	8601	13014

资料来源：QTR KEYFIGURES, May 2013, 2014, 2015, 2016, Ministry of Finance Bureau of Budget & Planning Office of Planning & Statistics, PDF, http：//palaugov. pw/executive - branch/ministries/finance/budgetandplanning/quarterly - economic - indicators/。

2. 水产养殖

随着多元化经济政策的实施，帕劳的水产养殖和贸易也有所发展。水产养殖是帕劳经济中新兴的一个部门，主要供应国内市场。帕劳沿海高品质的水质、适宜的温度和广阔的珊瑚礁系统为帕劳的水产养殖提供了理想的环境和条件。水产养殖大约占了世界渔业产品供应量的 23%。每年约有 2800 万吨的养殖海鲜上市，其中人工养殖的贝类（牡蛎、扇贝、贻贝

---

① 2012 Statistical Yearbook, Palau（PDF），p. 106.

② QTR KEYFIGURES, May 2013, 2014, 2015, 2016, Ministry of Finance Bureau of Budget & Planning Office of Planning & Statistics, PDF, http：//palaugov. pw/executive - branch/ministries/finance/budgetandplanning/quarterly - economic - indicators/.

和蛤蚌）占了 17%。① 人工养殖的大砗磲（巨蛤）（giant clams）在亚太海鲜产业中有着巨大的价值。大砗磲在亚洲，尤其是日本和中国都有着巨大的潜在市场。近年来，帕劳的水产养殖尤其是大砗磲养殖发展迅猛，已经成为帕劳一个重要的经济增长部门。此外，出口也成为水产养殖的重要目标，对于平衡帕劳的贸易逆差起到了一定作用。

为了满足亚洲海鲜市场对大砗磲的巨大的消费需求以及市场的广阔性，帕劳在大砗磲养殖方面开始进行地区合作，尤其是与马绍尔群岛和密克罗尼西亚联邦合作，以增强产品的供应能力。目前，大砗磲已经成为帕劳主要的海水养殖产品。海洋水族馆产业对这些人工养殖的大砗磲有着巨大的需求。目前，世界水族馆贸易中，水族馆植物和动物的销售额约为 9 亿美元，海洋水族馆贸易额为 2 亿至 3.3 亿美元，海洋水族馆动物养殖产业潜力巨大。②

目前，帕劳海洋生物养殖示范中心（Palau Mariculture Demonstration Center，PMDC）是帕劳国有养殖中心，也是密克罗尼西亚地区最大的大砗磲养殖中心。该中心已经向帕劳近 40 家私营和个人养殖场供应了 1500 万尾大砗磲"幼苗"。通过这些遍布全国的养殖场供应水族馆和当地消费市场。帕劳海洋生物养殖示范中心也为当地养殖户提供技术指导、联系客户，并帮助他们进行产品的包装和运输。目前，这些养殖场的出口市场主要集中在德国、法国、美国、中国台湾、北马里亚纳联邦以及关岛。帕劳海洋生物养殖示范中心还计划实现养殖业的多样化发展，如增加蛤蚌养殖品种以及增加供应水族馆的软珊瑚养殖等。

在开展水产养殖的同时，帕劳海洋生物养殖示范中心还积极开展新鲜和冷冻大砗磲肉贸易，并积极寻求合作伙伴共同致力于大砗磲养殖和其他

---

① Sharon Sakuma，"Republic of Palau：Business Opportunities Report"（PDF）. Prepared For the United States Department of the Interior Office of Insular Affairs，September 2004. Updated By Pearl Ueranant，July 2007，p. 19. 美国内务部网站，https：//www. doi. gov/oia。

② Sharon Sakuma，"Republic of Palau：Business Opportunities Report"（PDF）. Prepared For the United States Department of the Interior Office of Insular Affairs，September 2004. Updated By Pearl Ueranant，July 2007，p. 18. 美国内务部网站，https：//www. doi. gov/oia。

帕劳

有价值的海洋生物养殖，以供应海洋水族馆市场。目前，帕劳海洋生物养殖示范中心还在进行新的海水和淡水养殖品种的研发，如斑螺、石斑鱼和对虾的养殖。

帕劳水产养殖有限公司（Belau Aquaculture, Inc.）是帕劳比较重要的一家私人水产养殖公司，主要从事大砗磲收购和养殖。大砗磲收购是其主要经营业务，公司先从帕劳各地的大砗磲私人养殖户和帕劳海洋生物养殖示范中心收购大砗磲，然后装船运送到美国客户手中。该公司也从事供应水族馆的软珊瑚养殖。据帕劳海洋生物养殖示范中心统计，帕劳水产养殖每年的出口销售收入超过 30 万美元。① 目前，帕劳水产养殖有限公司主要开展供应水族馆的大砗磲、软珊瑚和观赏鱼类养殖方面合作。这家公司月收入总额超过 4 万美元，而且有望出口翻倍。②

此外，雅庞水产养殖场（Ngatpang Aquaculture Farm）也正在开展帕劳政府与东南亚渔业开发中心（SEAFDEC）共同发起的项目。雅庞水产养殖场占地面积约 14 英亩，主要为当地和外国金枪鱼渔业公司供应活钓饵——虱目鱼。其他正在进行的试验项目还包括牡蛎、鲭带鱼（rabbit fish）和青蟹养殖。

同时，帕劳也在积极寻求在世界海鲜贸易领域寻求发展出路。目前全球每年海鲜贸易额达 1 万亿美元，主要的进口市场为日本、欧盟国家、中国和美国，其中日本人均海鲜消费量最大，达到 88 磅。③ 世界海洋食品贸易/海鲜贸易是一个快速发展的产业，目前的商业捕捞将不能满足人们对海鲜食品的消费。因此，海鲜进口商和经销商正在寻找可依赖的海鲜供

---

① Sharon Sakuma, "Republic of Palau: Business Opportunities Report" (PDF). Prepared For the United States Department of the Interior Office of Insular Affairs, September 2004. Updated By Pearl Ueranant, July 2007, p. 19. 美国内务部网站, https://www.doi.gov/oia。

② Sharon Sakuma, "Republic of Palau: Business Opportunities Report" (PDF). Prepared For the United States Department of the Interior Office of Insular Affairs, September 2004. Updated By Pearl Ueranant, July 2007, p. 20. 美国内务部网站, https://www.doi.gov/oia。

③ Sharon Sakuma, "Republic of Palau: Business Opportunities Report" (PDF). Prepared For the United States Department of the Interior Office of Insular Affairs, September 2004. Updated By Pearl Ueranant, July 2007, p. 18. 美国内务部网站, https://www.doi.gov/oia。

应资源和新的海鲜产品以满足人们日益增长的需求。帕劳有着靠近世界主要海鲜消费市场的区位优势（产品便于销往日本、中国和美国等消费市场），因此，水产养殖也成为帕劳多元化经济发展的重要产业。

不过，尽管渔业已经不再是帕劳的重要产业，但丰富的海洋资源仍然是帕劳经济的主要来源。

第三节　旅游业

旅游业是帕劳的支柱产业，帕劳独立后采取措施积极发展旅游业，其多样性的旅游产品对美国、亚洲周边国家的游客有着巨大的吸引力。随着帕劳政府对海洋生态环境的保护的增强，海洋生态资源为帕劳旅游业的发展提供了强大的支撑，近年来每年都有十几万名游客涌入帕劳。随着游客人数的迅猛增长，帕劳旅游业也得到了迅速发展，2015 年，帕劳旅游收入占 GDP 的 54.8%，而 2010 年帕劳旅游收入仅占 GDP 的 39.7%。[1] 2015年帕劳旅游业收入增长了 6.7%。[2] 旅游业及相关产业在帕劳国民经济中所占的比重也越来越高，近年来，帕劳旅游业及相关的服务业收入已经占到帕劳 GDP 的 86% 左右。[3]

不过，受帕劳旅游接待条件的限制，帕劳旅游业的发展也存在脆弱性，发展大规模旅游业的可能性不大。而且帕劳旅游业的客源市场相对集中，这种集中性和对外依赖性也使得帕劳的旅游业比较容易受到外部市场波动的影响。2016 年 10 月 1 日后，帕劳针对外来游客的免费落地签政策改为每人收费 50 美元，13 岁以上游客的离境税和环保税（Departure Tax & Green Fee）也由 50 美元提高到 100 美元。这一政策的实施有可能会对帕劳旅游业造成一定的影响。美国游客还可以继续享受免费落地签政策，但美国游客占帕劳游客人数的比例很小，帕劳的旅游

---

[1]　亚洲开发银行，"Palau：Economy"，http：//www.adb.org/countries/palau/economy。

[2]　亚洲开发银行，"Palau：Economy"，http：//www.adb.org/countries/palau/economy。

[3]　世界银行，http：//wdi.worldbank.org/table/4.2。

客源主要集中在中国和日韩等国，这些国家的游客占到帕劳游客总数的90%左右。

一　有利条件

帕劳是西太平洋地区旅游业发达的岛国，有着十分有利的旅游条件。帕劳人热情好客，"阿利"（Alii，帕劳语言"你好！"）、"米苏朗"（Mesulang，帕劳语"谢谢！"）是帕劳人最常用的问候语言。

1. 丰富而独特的旅游资源

大自然造就了帕劳得天独厚的环境，帕劳一年没有四季之分，气温常年在27℃左右，因此岛屿永远是绿色的。群岛周围是绵延200多公里的珊瑚礁，好像一座海上长城把整个帕劳群岛围了起来。"长城"之内是浅海，而"长城"之外则是悬崖深海，一步之差，深度就相差200多米。帕劳有着多彩的海水、独一无二的水母湖、彩虹状的白色走廊、世界著名的海底奇观以及有着"海上花园"美称的洛克群岛。帕劳北部大部分岛屿覆盖着茂密的热带雨林，岛屿沿海分布着红树林沼泽，有些岛屿拥有保存完好的热带大草原生态。南部诸岛多为珊瑚礁岛，许多珊瑚礁岛经海水长时间侵蚀，形成圆顶、洞穴等奇特景观。这些资源都为帕劳旅游业的发展提供了资源基础和支撑。因此，帕劳的旅游项目也大多集中在潜水等水下活动以及空中鸟瞰，以观赏布满热带珊瑚等生物、二战沉船以及原生态的"海上花园"。此外，与古老传说结合在一起的历史文化遗迹和迷人的自然景点遍布帕劳岛屿。帕劳丰富的文化遗产、原始的自然景点、民族艺术和工艺以及具有民族风情的美食使得帕劳成为一个充满吸引力的旅游目的地——文化、历史、自然和冒险旅游的目的地。

2. 便利的交通区位优势

帕劳位于加罗林群岛的最西端，距离主要的亚洲大陆市场——日本、中国、韩国及其他东南亚国家都比较近。因此，帕劳也成为日本、中国和韩国等出境游客的首选旅游目的地。同时，帕劳也有着比较便利的交通服务设施。帕劳国际机场开通了与菲律宾、澳大利亚、日本、韩国等国及中国香港、台湾地区的航线，便利于游客的出行。赴帕劳旅游的游客可以乘坐菲律宾、澳大利亚、美国（通过马尼拉和关岛）、中国台湾和日本航空公司的飞机直接或间接飞往帕劳。目前，亚洲精神航空公司（Asian Spirit Airlines）、大陆航空公司（Continental Airlines）、长荣航空公司（EVA Airlines）、远东航空公司（Far Eastern Air Transport）和日本航空公司（Japan Airlines）等国际航空公司，提供从帕劳往返日本、韩国、中国台湾、菲律宾、澳大利亚（转机达尔文市）、密克罗尼西亚联邦（雅浦、库克和波纳佩）及美国的航班服务，为亚洲主要国家、美国、欧盟国家和澳大利亚的游客提供优质便捷的服务。亚洲精神航空公司还开通了从菲律宾马尼拉、宿务岛和达沃市到帕劳的航线。美国大陆航空公司的子公司密克罗尼西亚航空公司（Continental Micronesia）也开通了关岛和帕劳之间的航线。通过关岛的中转中心，游客还可以直达亚洲、密克罗尼西亚群岛和夏威夷的 24 个城市。

3. 岛内的交通便利

科罗尔岛和其他岛屿之间有船只往来，科罗尔—巴伯尔道布大桥将帕劳最大的岛屿和科罗尔港口联系在一起。巴伯尔道布岛建成了全长 53 英里的环岛公路，这对于促进巴伯尔道布岛旅游业的发展提供了便利。帕劳的国家港口马拉卡尔商业港（Malakal Commercial Port）提供定期的国内商船、班轮服务。

二 发展进程

帕劳独立后，旅游业发展迅速。帕劳美丽的海岛风光吸引了大量游客到帕劳旅游，1996 年有近 7 万人到帕劳旅游，这些游客主要来自日本、韩国、美国、加拿大、关岛、菲律宾和中国台湾地区。不过，受 1997～1998 年亚洲金融危机、2001 年 "9·11 事件" 及 2003 年 SARS 病毒传播的影响，帕劳旅游业同世界旅游市场一样受到冲击，日本、韩国、中国台湾等地到帕劳旅游的人数锐减，也导致了帕劳旅游业的不景气。2001 年，帕劳入境游客仅有 54111 人，比 1996 年下降了近 22%（参见表 4-8）。不过，相比于其太平洋邻国，帕劳旅游业的恢复力较强。从 2002 年开始，帕劳入境游客人数开始缓慢回升。

表 4 - 8　1996～2006 年帕劳入境游人数

单位：人

年份	入境帕劳人数	年份	入境帕劳人数
1996	69330	2002	58560
1997	73719	2003	63337
1998	64194	2004	89161
1999	55493	2005	80578
2000	57732	2006	82397
2001	54111		

资料来源：Sharon Sakuma, "Republic of Palau: Business Opportunities Report" （PDF）. Prepared For the United States Department of the Interior Office of Insular Affairs, September 2004. Updated By Pearl Ueranant, July 2007, p. 21. 美国内务部网站, https：//www. doi. gov/oia。

2004 年，帕劳旅游业实现了大幅增长，入境游客增长了 40%。这主要得益于"第九届太平洋艺术节"（the 9th Annual Pacific Arts Festival）的举办和《幸存者第 10 季：帕劳》（Survivor: Palau Season 10）电视节目的拍摄。① 从 2005 年以后，帕劳每年的入境游人数都超过 8 万人。

在入境游客的来源上，2003 年，中国台湾地区到帕劳旅游的人数首次超过日本，占帕劳入境游总人数的 44%，而日本游客则下降为 34%。另一重大变化发生在 2006 年，韩国到帕劳的游客人数暴涨，入境帕劳的旅游人数比 2005 年增长了 400%。② 据统计，2014 年之前，帕劳一直以日韩、欧美等国的游客居多，其中，日韩游客占据帕劳旅游市场最大份额。欧美则为帕劳第二大旅游客源地。另外，中国台湾游客也占据着小部分市场。不过，自 2013 年帕劳政府许可中国公民免费办理落地签后，到帕劳旅游的中国游客人数激增。为吸引中国游客前往帕劳观光度假，2014 年帕劳旅游局还开通了中文网站（http：//Lvyou168. cn/travel/pw/Visit - Palau）。到 2014 年，中国游客已经成为帕劳第一大游客群体。2014 年 9

① 《幸存者第 10 季：帕劳》共 15 集，拍摄于 2004 年，2005 年 2 月 17 日开始播出，《幸存者》的播出让帕劳洛克群岛扬名世界。

② Sharon Sakuma, "Republic of Palau: Business Opportunities Report" （PDF）. Prepared For the United States Department of the Interior Office of Insular Affairs, September 2004. Updated By Pearl Ueranant, July 2007, p. 21. 美国内务部网站, https：//www. doi. gov/oia。

月，帕劳当地报纸报道称，中国大陆游客赴帕劳旅游人数达 11864 人，较去年同期增长 502.71%。①

　　据帕劳旅游局统计，2014 年共有超过 13.9 万名外国游客到帕劳旅游，② 其中日本、中国和韩国是帕劳入境游的主要客源地。2014 年，中国大陆首次超过日本成为帕劳的第一大游客客源地，共有近 4 万人到帕劳旅游，日本游客约 3.86 万人，此外中国台湾地区也是帕劳主要的游客客源地之一，2014 年到帕劳旅游的台湾人超过 3 万人（参见表 4 - 9）。

表 4 - 9　2014 年帕劳入境人数统计

来源国家和地区	总人数	游客	商业入境人数	雇用人数	其他
澳大利亚/新西兰	1371	1143	136	47	45
法国	376	344	16	13	3
密克罗尼西亚联邦	604	479	37	15	73
德国	1293	1206	27	12	48
意大利	379	357	6	6	10
日本	38610	37735	251	434	190
韩国	14808	14570	80	90	68
马绍尔群岛	88	64	13	2	7
菲律宾	3139	800	144	1763	432
中国大陆	39936	39236	147	347	206
中国台湾地区	30466	29968	112	336	50
俄罗斯	657	647	5	1	4
新加坡	312	290	13	2	7
瑞士	308	297	1	4	6
英国	429	366	24	23	16
美国/加拿大	9298	8390	379	235	294
其他欧洲国家	1986	1856	60	37	33
其他国家	2807	1281	304	992	230

　　资料来源：帕劳旅游局（Palau Visitors' Authority），http：//palaugov. org/immigration - tourism - statistics/#Monthly。

---

① 《旅行话题：中国人把帕劳怎么啦？》2014 - 12 - 26，中国日报网站，http：//huaren. haiwainet. cn/n/2014/1226/c - 345784 - 28290580. html#t1462799006097。

② 帕劳旅游局，http：//palaugov. org/immigration - tourism - statistics/#Monthly，2015 年 10 月 3 日。

因为帕劳气候适宜，一年四季都是旅游的黄金时节，因此每个月都有大量的游客来帕劳旅游。大量涌入的游客，对于这个人口仅2万多人的小岛国来说，无疑是一个不小的挑战。为了保护帕劳的生态环境，避免因为过度开发而造成的生态环境破坏，帕劳政府开始有意识地对入境人数加以限制，比如2015年2月面对中国游客的井喷现象（到帕劳旅游的中国游客激增到10938人，① 几乎相当于增加了一半的帕劳人口），为了防止本国旅游业过于依赖某一市场，帕劳政府通过限制来自中国的包机数量以减少中国前往帕劳的旅游人数。

2015年，帕劳入境旅游人数超过16万人，其中仅中国大陆游客就占到帕劳入境旅游总人数的一半以上，2015年总共有86850名中国大陆游客到帕劳旅游。2015年，日本仍然是帕劳入境游客的第二大来源国，共有30635名日本人到帕劳旅游。此外，中国台湾地区和韩国也是帕劳入境游客的主要客源地。其中，韩国入境游人数略有下降，但是中国台湾地区的游客数量下降明显，从2014年的30466人下降到2015年的14013人，减少一半以上（参见表4-10）。

表4-10 2015年帕劳旅游、商业入境人数统计

来源国家和地区	旅游入境人数	商业入境人数	雇用人数	随从入境人数	其他	总人数
总入境人数	160370	1559	3593	485	1959	167966
澳大利亚/新西兰	957	81	34	14	49	1135
法国	248	14	7	—	7	276
密克罗尼西亚联邦	422	37	20	2	148	629
德国	878	22	6	3	68	977
意大利	383	6	7	—	10	406
日本	30635	381	392	87	383	31878
韩国	12238	86	84	36	59	12503
马绍尔群岛	56	10	3	—	15	84

---

① 帕劳旅游局，http：//palaugov.org/immigration-tourism-statistics/#Monthly。

续表

来源国家和地区	旅游 入境人数	商业 入境人数	雇用人数	随从 入境人数	其他	总人数
菲律宾	1025	160	1695	179	338	3397
中国大陆	86850	207	468	32	158	87715
中国台湾地区	14013	160	387	36	41	14637
俄罗斯	401	1	2	2	1	407
新加坡	181	5	—	—	3	189
瑞士	293	1	3	2	10	309
英国	611	18	31	10	54	724
美国/加拿大	8582	160	232	61	238	9273
其他欧洲国家	1449	45	18	4	38	1554
其他国家	1148	165	204	17	339	1873

资料来源：帕劳移民局（Bureau of Immigration），http：//palaugov. pw/executive – branch/ministries/finance/budgetandplanning/immigration – tourism – statistics/#Monthly。

2016 年前 5 个月，帕劳共计接待入境游客 60838 人。其中，中国大陆仍然是帕劳第一大客源地，前 5 个月共有 28518 人到帕劳旅游。日本仍然是帕劳第二大客源地，前 5 个月共有 13306 人赴帕劳旅游。此外，中国台湾地区、韩国、美国和加拿大也是帕劳重要的游客来源地（参见表 4 – 11）。

表 4 – 11　2016 年前 5 个月帕劳游客人数统计

月份	总人数	一月	二月	三月	四月	五月
总人数	60838	14183	14134	12252	10667	9602
澳大利亚/新西兰	461	97	69	125	78	92
法国	166	45	31	49	23	18
密克罗尼西亚联邦	177	38	50	22	28	39
德国	491	122	120	117	80	52
意大利	143	33	35	52	16	7
日本	13306	3050	3368	3294	1967	1627
韩国	5123	1392	1038	782	1047	864
菲律宾	431	79	97	90	71	94
中国大陆	28518	6889	6808	5128	4933	4760

续表

月份	总人数	一月	二月	三月	四月	五月
中国台湾地区	6078	1357	1264	1232	1206	1019
俄罗斯	231	70	25	58	54	24
新加坡	76	14	17	15	17	13
瑞士	158	42	36	33	27	20
英国	304	51	53	80	70	50
美国/加拿大	3695	657	828	861	657	692
其他欧洲国家	710	141	140	194	167	68
其他国家	770	106	155	120	226	163

资料来源：帕劳移民局（Bureau of Immigration），http：//palaugov. pw/executive – branch/ministries/finance/budgetandplanning/immigration – tourism – statistics/#Monthly。

不过，帕劳旅游业的对外依赖性及客源地的相对集中，使得帕劳旅游业相对比较脆弱，比较容易受到外部环境，尤其是亚洲主要客源国和地区经济发展的影响。因此，近年来帕劳政府也在不断寻求经济的多元化发展。

三 住宿与购物

帕劳是典型的旅游海岛国家，与旅游相关的住宿和购物都比较方便。不过，帕劳的旅游接待能力还不能满足日益增长的游客需求，酒店和度假村基本都需要提前预订。

1. 住宿

目前，帕劳酒店总共有40家左右，大多数是拥有几十间客房的小规模酒店，拥有超过100间客房的酒店较少。帕劳各大酒店和度假村可以提供1000多间客房，但相对于快速增长的游客数量仍然捉襟见肘。因此，旅游旺季或者游客包机集中到达的时期会非常拥挤，要想入住心仪的酒店就必须提前预订。

（1）帛琉大饭店（Palasia Hotel Resort）

帛琉大饭店是帕劳最大的五星级酒店，拥有165间客房。帛琉大饭店是一座七层楼的现代式建筑，位于科罗尔市中心，离帕劳最大的西卡罗琳贸易中心（Western Caroline Trading Center，WCTC）和苏兰格尔（Surangel）购物中心很近，步行 3 分钟即可到达。距离出海码头也很近，乘车不到 10 分钟。帛琉大饭店拥有多种房型供客人选择。最高级豪华套房可观赏三种不同的景色，尽览帕劳全岛景观。帛琉大饭店拥有口碑极佳的中西餐和最让客人沉醉的夕阳酒吧。此外，帛琉大饭店还拥有全帕劳最大、设备齐全的健身房以及帕劳唯一的桑拿和蒸汽房设备。帛琉大饭店作为帕劳的一家国际性大饭店，拥有各国员工，能以多国语言与客人沟通，为客人提供服务。帛琉大饭店还是帕劳举办国宴的指定饭店之一。

（2）帕劳太平洋度假村（Palau Pacific Resort）

帕劳太平洋度假村位于科罗尔阿拉卡贝山岛西海岸，距帕劳国际机场驱车仅 30 分钟，是帕劳比较高端的度假村。太平洋度假村拥有银白色的私人海滩、开放泳池、喷水按摩浴缸和国际专业潜水教练协会（PADI）的五星潜水中心，并提供各种级别的潜水培训和潜水套餐服务。游客可在度假村的私人海滩尽情享受潜水的快乐。太平洋度假村酒店在世界旅游奖中荣膺"2007 年亚洲地区顶级潜水度假酒店"、"2009 年帕劳共和国主要宾馆奖"及"2012 年帕劳共和国顶级酒店"的美誉，并获得潜水旅游大奖的肯定，连续 11 年获得"最佳潜水胜地"的称号。

太平洋度假村拥有 160 套客房，游客可以选择度假村的院景房、海景房、小套房和豪华套房居住。度假村里还有多种形式的餐厅和酒吧可供选择，如海边餐厅、烧烤餐厅、池畔吧等。度假村的私人潟湖内聚集着品种繁多的珊瑚、鱼类及巨蛤。这里的海水鱼塘有 200 种以上的各种鱼类、贝类和海龟。度假村内的兰花园，栽培了 50 种 9000 盆以上的兰花。

（3）帕劳皇家度假村（Palau Royal Resort）

帕劳皇家度假村位于马拉卡尔岛的东海岸，占地 30000 平方米，地上 6 层，建筑面积达 15000 平方米，是帕劳最新的高级休闲酒店。帕劳皇家度假村是在日航国际酒店（Nikko Hotels International）中排名第四十五位的连锁酒店，于 2005 年 6 月开业。帕劳皇家度假村有客房 158 间，全都是海景房。度假村引入海水形成的潟湖、白色的私人沙滩和泳池等设施分布在白色的酒店大楼周围。度假村内餐厅、游泳池、健身器材、儿童游乐室和礼品商店一应俱全。皇家度假村酒店的海浪餐厅是颇受当地人好评的餐厅，从清早一直营业到深夜。度假村酒店内还有日本著名的曼达拉水疗馆，可以一边欣赏帕劳的美景，一边在水疗室获得身心的全面放松。度假村有专用码头，从酒店可以直接乘船去潜水或者参观洛克群岛。

（4）日辉国际度假村（Papago International Resort）

日辉国际度假村位于帕劳艾拉伊州，是帕劳的一家四星级酒店，也是距离帕劳国际机场最近的酒店，距离机场只有 5 分钟车程，2002 年建成。该酒店拥有 99 间多角度景观客房和其他休闲娱乐设施，建成伊始的目标人群是中国台湾游客，由台湾人经营，员工主要是中国人。

日晖国际度假村分为三大住房区，融合了地中海式建筑纯白色风格，住房区周围植被融合了太平洋岛国特有的风情，让人感觉格外的清新。从酒店的后门出发，有一处酒店的红树林以及用原木打造的全长 367 米的红树林绿荫步道。度假村还有高尔夫推杆练习场、射箭场、舒活水疗 SPA 池、健身房、美式酒吧、情人步道、娱乐室、麻将桌、卡拉 OK 等多种娱乐设施。

2. 购物

帕劳最大的城市科罗尔是自由港，有物品比较齐全的免税商店，也有各种售卖帕劳当地传统土特产的商店。特色产品主要是当地市场的玳瑁、贝壳和珊瑚工艺品，以及椰干、木薯和榛果巧克力等。砗磲贝、椰子蟹、果蝠汤、红树林蟹、大龙虾和苏眉鱼都是帕劳的特色美食，木薯、山芋等也是帕劳的特色食物。在帕劳的商店和餐厅还可以买到帕劳当地自产的"红雄鸡"（Red Rooster）牌啤酒和柠檬口味的苏打水。"红雄鸡"啤酒有黑啤、棕色酒、芒果口味啤和淡啤四种口味。

西卡罗琳贸易中心位于科罗尔市中心，是帕劳最大的商店。该贸易中心由台湾人经营，商品较为齐全，也是观光客必到的购物中心。中心共两层，一层有中型超市及一家杂货店，另外还有一家体育用品店。超市里面的商品非常全，有很多进口自美国、日本、中国台湾的食品，但是在该贸易中心里，真正的本地人很少。二楼为一家出售各式各样衣服、纪念品、生活用品等的商店，可以算是帕劳的百货商店，被当地华人称为帕劳的"Sogo"，可以到此选购一些风景明信片、帕劳的传说故事板，这里也出售简单的浮潜器具。帛琉大饭店的环球免税店（DFS）是帕劳较大的免税商店，售卖的商品比较齐全，在帕劳的游客，通常于行程结束要离开的当天来此逛一逛。

此外，帕劳还有一些特色商店。帕劳商店（Palau Shop）是帕劳较有特色的一家商店，商店主要售卖一些工艺品。商店最具特色的服务是可以帮助客人将照片转印在 T 恤上。游客可以将在帕劳拍到的美景印在自己喜欢的 T 恤上。利亚帕超市（Lianpa Mart）是一家韩国超市，规模很小，售卖商品大多是韩国物品。苏尔萨维超市是帕劳历史最悠久的一家超市，有 15~20 年历史。超市规模不大，商品的价格比较低廉，消费人群大多是帕劳当地人。在帕劳科罗尔邮局旁边的邮票商店还可以买到帕劳富有特色的纪念邮票和整版帕劳邮票。帕劳邮票图案生动，极富海岛风情，印有帕劳各种海洋生物、风景和花草等。

3. 最佳旅游季节

帕劳属于热带雨林气候，全年平均气温 27℃ 左右，全年皆适合旅游。不过，每年 6 月到 8 月间，帕劳易受太平洋气团影响，极易形成台风。虽然在帕劳洋面生成的台风对帕劳诸岛比较"眷顾"——极少在帕劳登陆，但是偶尔也会有强台风过境。因此，到帕劳旅游的游客要及时关注台风和暴风信息。此外，帕劳非常注重对历史文物和海洋环境的保护，弄乱或取走历史文物（包括从沉船上取走一些物件）在帕劳都属于犯罪行为，帕劳政府严禁采集珊瑚等海洋生物以及战争遗址等的历史文物，当地野生动物及其制品严禁携带出境。帕劳对烟草和酒类的控制也比较严格，游客可以免税携带一包香烟（20 支）和一瓶酒进入帕劳，但是 21 周岁以下的游客禁止吸烟、饮酒。帕劳人在着装和行为上都较为保守，所以在帕劳旅游时注意不要冒犯当地的风俗习惯。

第四节 交通、邮政通信及其他

一 交通运输

帕劳交通运输业比较发达，有国际航班和国际班轮与亚洲、美洲等大洲相连，岛内交通也比较便利。

1. 国际航运

帕劳的国际航运比较发达。位于科罗尔州的马拉卡尔港是帕劳的国家商业港口，港口提供定期的国内和国际商船、渔船队以及国际班轮服务。目前，帕劳有两家国际航运公司——日本协和（印尼巴厘岛）航线［Kyowa（Bali Hai）Line］和（美国）美森轮船公司航班［Matson Line（through Guam），途经关岛］，提供定期的航班服务。海运以货物进口为主。近年来，随着帕劳渔业出口量的下降，海运货物的运出量也不断下降（参见表4－12）。

表4－12 2007～2012年帕劳海运货物运输统计

单位：吨

年份	运入	运出
2007	85761	21931
2008	73306	10874
2009	58563	6695
2010	60861	5615
2011	106797	19686
2012	79826	6029

资料来源：帕劳公共建设、工业与贸易部交通运输部门（Division of Transportation）统计资料，Bureau of Budget and Planning："2013 Statistical Yearbook"，p. 134。

帕劳也是太平洋地区主要的航空枢纽。帕劳全国共有三个机场，分别位于主岛、佩里琉岛和安加尔岛上。其中，帕劳国际机场为帕劳唯一的国际机场，位于主岛南部，距科罗尔市只有20分钟车程。帕劳国际机场开通了多条国际航线，旅客可以乘坐菲律宾、澳大利亚、美国、中国台湾地区和日本航空公司的飞机直接或间接飞往帕劳。随着帕劳国际机场跑道扩建、新建航站楼及其他修复工程的完工，帕劳国际机场的服务能力进一步提升，从帕劳国际机场可以直达日本、韩国、菲律宾的主要城市和中国台湾，通过在关岛转机也可以到达美国的主要城市。随着入境旅客人数的增多，帕劳航空运输班次及运送旅客的人数都在不断增长（参见表4-13）。

表4-13 2007~2012年帕劳航空运输班次及旅客人数

	航班数量	下飞机旅客	登机旅客
2007	1304	105417	106101
2008	1181	95364	95599
2009	887	71226	71577
2010	1356	98098	97793
2011	2047	124696	124447
2012	1892	135841	134855

资料来源：帕劳公共建设、工业与贸易部交通运输部门统计资料，Bureau of Budget and Planning：“2013 Statistical Yearbook”，pp. 136-138。

2. 岛内交通

帕劳各岛之间的交通以船运为主，科罗尔港口与各岛之间都有船运服务，从科罗尔港口到各岛屿的景点乘坐快艇一般可在一小时内到达。过去，帕劳的公路运输不是很发达，只有三个岛上有公路。随着巴伯尔道布岛环岛公路的建成，帕劳主岛的公路交通趋于便利。帕劳主岛与科罗尔之间有科罗尔-巴伯尔道布大桥相连，交通便利。

帕劳几乎家家户户都有私家车。帕劳街头有穿梭的巴士和出租车，出行便利。从帕劳的主要酒店到繁华街区、主要购物中心、餐厅等都有运行的巴士，乘客可以在酒店前台购买巴士乘车券，在规定的日期内可以无限次乘坐。科罗尔市区主要道路仅有一条，正常运作之红绿灯二座，交通规则为靠右行驶。大部分路段限速每小时40公里，当地人很遵守交通规则。不过，上下班高峰期也时常出现塞车现象。

帕劳的汽车租赁业也比较发达。目前，帕劳有9家租车公司，一般需要通过所下榻的饭店或餐厅帮忙预订出租汽车，费用需要乘客与出租车司机协商。一般情况下科罗尔岛街区附近单程用车为5美元，从科罗尔岛到帕劳国际机场需要15美元左右。帕劳的租车公司主要有"赫兹租车"、"丰田租车"等少数几家，租车费用一般按天计算，一天大约60美元（含保险费用）。

此外，酒店一般有提供至市中心的免费班车服务。当地旅行社也会为旅游团提供前往各处景点的车辆和游船。参加自由行的客人也可以提前一天在所下榻的饭店预订自费旅游项目，之后由当地旅行社负责安排车辆和游船。

二　邮政通信

1. 邮政服务

帕劳位于美国邮政系统8区，除了首都恩吉鲁模德的国会大厦外，其他地区仍然沿用美国邮政系统的邮政编码96940。2011年12月，恩吉鲁模德邮政局建成，这也是除科罗尔之外帕劳第二个邮政局。但是由于入不敷出，为了削减开支，2013年4月恩吉鲁模德邮政局被永久关闭。目前，帕劳只有一家邮政局，位于科罗尔主干道上，对面是帕劳国家通信公司。帕劳邮政服务使用美国国内费率，国际邮件稍贵。帕劳的邮票深受集邮爱好者喜爱。邮局提供邮件、明信片、包裹等邮寄服务。此外，美国联邦快递（Federal Express，FedEx）和敦豪国际快递公司（DHL International，Inc.，DHL）在科罗尔的服务点，可以提供全球货物发运服务。

2. 通信服务

帕劳和大多数太平洋岛国一样，通信服务行业如电话和互联网都比较落后而且价格昂贵。帕劳国家通信公司（Palau National Communications Corporation，PNCC）负责帕劳的通信服务，同时也提供网络和移动电话服务。帕劳国家通信公司拥有现代化的电信基础设施，可以实现与全球其他地区的通信服务。卫星基站与岛上的光纤网络相连，可以提供直接拨号、蜂窝网络、宽带连接和其他设备服务。帕劳国家通信公司和帕劳国际机场可提供国际电话和传真服务。帕劳的主要酒店和度假村提供海外直接拨号服务。

帕劳移动通信公司（Palau Mobile Communications，PMC）和来电宝电信公司（SmartCall Telecom，Inc.）是两家私营电信公司，可以提供国际通信服务和移动电话无线漫游服务。此外，帕劳新成立的帕劳宽频公司（Palau Broadband，PBB），也是一家私营电信公司，主营高速无线网络服务和长距离电话卡业务。帕劳电信市场的竞争大大降低了帕劳国际电话的费用，2007 年以后每分钟通话费为 0.35 美元左右，也有固定资费的电话卡，10 美元的电话卡，可国际长途通话 28 分钟左右。①

帕劳通信服务业的现状不仅影响到教育、卫生等公共和私人服务领域，限制了帕劳进入国际市场的能力，也影响到帕劳城乡之间的联系。早在 2009 年，"帕劳发展战略（2009~2014）"就提出要致力于促进私营部门的发展和促进公共部门服务能力的提升。因此，无论是发展商业还是满足旅游业发展的需求，帕劳都急需建立稳定、快速和价格适中的网络和通信能力。不过，这一状况有望在不久的将来得到改善。目前，由亚洲开发银行和世界银行共同融资的光纤项目正在筹备过程中，该项目旨在通过海底电缆的建设和稳定的网络连接，将帕劳和密克罗尼西亚联邦连接起来并与世界互联网相通。该项目的帕劳援助资金主要由亚洲开发银行提供。目前，该项目的可行性研究、经济分析和金融分析已经完成，正在进行环境影响识别（Initial Environmental Examination，IEE）。该项目的建成，将会通过海底电缆把帕劳和库克群岛关联到关岛的全球海底电缆中心，从而增强帕劳的通信服务能力。

2013 年中国电信和中国移动已经开通了在帕劳的国际漫游业务，但

---

① Sharon Sakuma, "Republic of Palau: Business Opportunities Report"（PDF）. Prepared For the United States Department of the Interior Office of Insular Affairs, September 2004. Updated By Pearl Ueranant, July 2007, PDF, p. 16.

只能接打电话和收发短信，不能实现数据漫游。打回国内费用是每分钟2.99元人民币，也可购买当地 GSM 制式 SIM 卡。但帕劳本国的电话都没有实现全境信号畅通，中国的信号也并不算稳定。若要使用帕劳的公共电话，必须使用"Debusech"国际电话卡，在帕劳国家通信公司或部分当地商店有售。电话卡面额有 10 美元、25 美元、50 美元、100 美元四种，有效期限为自第一次使用起算 180 天，未使用完不可要求退款。帕劳国家通信公司办公室提供 24 小时直拨国际电话的服务，23：00～凌晨 4：00 的电话费最便宜，为一般日间费用的六成。

3. 网络服务

互联网服务在帕劳还是比较广泛的，在机场、帕劳国家通信公司办公区、酒店等场所，都有无线网络覆盖，但须用预付费的电话卡或正规帕劳网络拨号服务接入，而且收费较高，约 5 美元两小时。但帕劳目前还没有全国连通光缆，网速都比较慢。帕劳当地人口中，仅有十分之三的人可以接触到互联网。① 游客使用互联网大多用来刷微博和微信，其他发送大邮件、视频下载以及某些网络业务联络比较难以实现。

三　金融服务

帕劳的金融服务业较为发达，官方货币是美元。1998 年帕劳参议院通过决议设定帕劳为"离岸"金融中心，但是，此后的洗钱等非法金融交易极大地损害了帕劳的国际声誉。为此，2001 年，帕劳通过了反洗钱法案和银行监管条例，加强对金融业的监管。此后，影响较大的中国台湾陈水扁"洗钱案"② 也给帕劳金融业带来了一些冲击，不过最后以查无实

---

① 亚洲开发银行，"Poverty in Palau"，2015 - 09 - 22，http：//www.adb.org/countries/palau/poverty。

② 2009 年 9 月，《壹周刊》报道指出，陈水扁于 2006 年 9 月到帕劳共和国期间，以空军一号载运 4000 万美元现钞，存入当地银行，再分批转汇美国，涉嫌洗钱。台湾特侦组向帕劳请求司法互助，据帕劳金融管理委员会回复，陈水扁及其亲友未在当地银行开户，当地也没有以"福尔摩萨"基金会名义注册的公司；当地银行 2005～2006 年间也没有存入或单笔、多笔连续汇入 4000 万美元的汇款记录。2014 年 8 月 6 日，台湾特侦组调查后，以查无实据签结。

据签结。

目前，帕劳的金融体系由外资银行、本国银行和一些非银行金融机构及小型的信用社组成。其中，三家美国特许银行的分支机构——关岛银行（Bank of Guam）、夏威夷银行（Bank of Hawaii）和太平洋银行（Bank Pacific），以及台湾银行分行——台湾第一商业银行（First Commercial Bank），这四家外资银行和美国银行分支机构吸收了大约80%的存款，这些银行在美国联邦存款保险公司（FDIC）投保并接受美国审慎性监管。[①]帕劳国家开发银行（National Development Bank of Palau）是帕劳较大的国内商业银行。

为了适应旅游业的发展，帕劳的大多数商店和旅游设施可以使用信用卡支付。维萨卡（Visa）、日本的JCB卡、美国的万事达卡（Master Card）、运通信用卡以及大莱卡和旅行支票在帕劳都可以使用。美国联邦存款保险公司投保的银行和大型酒店都可以提供外币兑换服务。此外，帕劳的西联国际汇款公司和银行机构也可以提供转账服务。

第五节 对外经济关系

一 对外贸易

帕劳是世界上最小的经济体之一，对外贸易额非常小。只有少量的海产品和农产品出口，贝类、金枪鱼、椰干是帕劳主要的出口产品。进口产品主要包括机械设备、燃料、金属材料和食品等。美国、日本、新加坡、韩国等国家是帕劳的主要贸易伙伴。2015年，帕劳进口总额约为1.5亿美元，比2014年有所下降（参见表4-14）。

[①] Sharon Sakuma, "Republic of Palau: Business Opportunities Report" (PDF). Prepared For the United States Department of the Interior Office of Insular Affairs, September 2004. Updated By Pearl Ueranant, July 2007, PDF, p. 16.

表 4 - 14　帕劳 2014 年与 2015 年进口额

单位：美元

年份	第一季度	第二季度	第三季度	第四季度
2014	37535974	43044959	38072460	42129568
2015	37469571	39812449	32612386	39989878

资料来源：QTR KEY FIGURES 2015, Bureau of Customs & Border Protection, MOF and Bureau of Budget & Planning, MOF, http：//palaugov. pw/executive - branch/ministries/finance/budgetandplanning/quarterly - economic - indicators/。

　　2016 年帕劳进口额仍然处于下滑趋势，不过，其他制造业产品的进口额大幅增长，2016 年第一季度的进口额比去年同期增长了 54.1%，这主要得益于与帕劳旅游服务业相关的宾馆建设的拉动，主要是家具和床上用品的进口额大增。而帕劳国家医院药品进口的增加直接拉动了化工、医药产品的进口额，2016 年第一季度的进口额比去年同期增长了 32.3%。总体而言，2016 年第一季度进口额比去年同期下降了 5.5%（参见表 4 - 15）。

　　中国大陆与帕劳之间的贸易以中国向帕劳出口为主，也有少量的进口。2001 年，中国大陆向帕劳出口额达到 163 万美元，但随后受台湾地区"银弹外交"的影响，2003 年中国大陆与帕劳之间的贸易额下降到 19 万美元。[①] 随后，中国大陆与帕劳之间的贸易额又有所增长，尤其是近些年来，

表 4 - 15　帕劳 2015 年第一季度与 2016 年第一季度进口情况比较

单位：美元

进口商品种类	2015 年第一季度	2016 年第一季度	增长率(%)
石头、塑料、水泥、玻璃和陶瓷制品	337411	250533	- 25.7
蔬菜产品	1679927	1505241	- 10.4
其他制造业产品	1051195	1619511	54.1
基础金属和物品	1519408	1807486	19.0
动物产品	2416393	2367302	- 2.0

① 资料来源：根据国家统计局数据整理，http：//data. stats. gov. cn/，http：//data. stats. gov. cn/search. htm? s = % E5% B8% 95% E5% 8 A% B3。

进口商品种类	2015 年第一季度	2016 年第一季度	增长率（%）
化工、医药产品	2225213	2943752	32.3
车辆和相关运输设备	3696082	3176672	−14.1
加工食品、饮料、酒和烟草	5502516	4742549	−13.8
机械、电器及其配件	6785162	5302274	−21.9
矿产品	5938595	5677115	−4.4
其他进口产品	6317669	6024938	−4.6
总　计	37469571	35417373	−5.5

资料来源：March 2016，QTR KEY FIGURES，Bureau of Customs & Border Protection，MOF and Bureau of Budget & Planning，MOF，http：//palaugov.pw/executive – branch/ministries/finance/budgetandplanning/quarterly – economic – indicators/。

帕劳不仅从中国大陆进口商品，也开始向中国大陆出口商品。2014 年，中国大陆与帕劳之间的贸易额达到 1052 万美元（参见表 4 – 16）。

表 4 – 16　2001~2014 年中国大陆与帕劳的进出口额

单位：万美元

年度	出口额	进口额	进出口总额
2001	163	无	163
2002	29	无	29
2003	19	0	19
2004	43	0	43
2005	68	0	68
2006	69	无	69
2007	74	无	74
2008	306	6	312
2009	130	无	130
2010	无	无	无
2011	119	1	120
2012	164	3	167
2013	319	1	320
2014	1046	6	1052

资料来源：根据国家统计局数据整理，http：//data.stats.gov.cn/，http：//data.stats.gov.cn/search.htm？s = % E5% B8% 95% E5% 8A% B3。

二 国际援助

帕劳经济脆弱，经济发展严重依赖外国经济援助，其中美国、日本、澳大利亚、德国以及韩国是帕劳主要的经济援助来源国家。2009 年，这 5 个国家共向帕劳提供了 3395 万美元的援助资金。其中，美国一直以来是帕劳的第一大援助来源国，2009～2013 年 5 年间，美国向帕劳提供了 7381 万美元的援助资金。近年来，日本超过澳大利亚成为帕劳的第二大援助来源国。尤其是 2013 年，日本向帕劳提供了 1621 万美元的援助资金，不仅远超澳大利亚提供的 442 万美元援助资金，也超过美国 1365 万美元的援助资金（参见表 4 - 17）。

表 4 - 17　2009～2013 年美日等国向帕劳提供援助资金

单位：百万美元

年度＼国家	美国	日本	澳大利亚	德国	韩国	加拿大
2009	26.76	6.07	1.01	0.06	0.05	—
2010	15.05	9.58	0.74	0.18	0.04	—
2011	18.35	3.78	1.57	0.23	0.13	—
2012	—	7.68	6.56	0.25	0.09	0.17
2013	13.65	16.21	4.42	0.09	0.06	—

资料来源：日本外务省网站，Japan's ODA Data by Country—Palau，http：//www. mofa. go. jp/mofaj/gaiko/oda/files/000142995. pdf。

美国对帕劳的经济援助主要是基于两国间的《自由联系条约》。帕美《自由联系条约》规定，自 1994 年 10 月该条约生效后的前 15 年内（1994～2009 年），美国向帕劳提供 7 亿美元的援助，作为美国自由进入帕劳领土和水域的报酬。2009 年，条约第一阶段（前 15 年）到期后，帕美两国对《自由联系条约》的实施情况进行了回顾总结，并于 2010 年又签订了一个为期 15 年的"新条约"（2010～2024 年），帕劳因此可以得到 2.5 亿美元的援助。①

---

① 澳大利亚外交部官网，http：//dfat. gov. au/geo/palau/Pages/palau - country - brief. aspx。

新条约主要为帕劳的基础设施建设提供资金支持以及提供一些美国联邦项目，其中包括建设一条环绕巴伯尔道布岛的公路。

除了美国外，日本也是帕劳主要的援助来源国之一，主要通过政府开发援助的方式对帕劳进行援助。近年来日本对帕劳的援助额持续上升，尤其是 2012 年，日本对帕劳的援助更是高达 19.81 亿日元，其中资金援助18.31 亿日元。2013 年后援助额有所下降，2013 年资金和技术合作开发援助总计 3.74 亿日元，[①] 2015 年日本为帕劳供水改造项目提供援助资金18.43 亿日元。[②] 此外，日本还通过亚洲开发银行及日本国内的非政府组织向帕劳提供技术、文化教育和社会发展援助。

澳大利亚也是帕劳重要的援助来源国，其援助主要通过两种方式进行，一是双边援助项目，二是地区援助项目。澳大利亚对帕劳的双边援助项目涉及帕劳基础设施建设、教育、卫生和政府治理等诸多方面，目前主要的双边援助项目有"移除战争遗留的未爆炸武器"项目（ERW）、"提高教师素质"项目、"提高卫生部门人员的资格和技能"项目以及"男女平等"项目等。其中"移除战争遗留的未爆炸武器"项目始于 2012 年，预计用 5 年的时间、斥资 450 万美元帮助帕劳移除和销毁二战遗留的未爆炸武器。澳大利亚是帕劳清理未爆炸二战遗留武器的最大的援助国，目前已处理近 2 万枚未爆炸二战遗留武器。[③] 澳大利亚的地区援助项目是对双边援助项目的有效补充，2015～2016 年度澳大利亚为北太平洋国家（帕劳、密克罗尼西亚联邦和马绍尔群岛）提供了约 1200 万美元的政府开发援助，其中给予帕劳的援助约为 330 万美元。[④]

此外，世界银行、国际货币基金组织、亚洲开发银行等国际金融组织也在帕劳开展一些援助项目。其中，亚洲开发银行提供的援助项目在促进

① 日本外务省官网，http://www.mofa.go.jp/region/asia-paci/palau/data.html。
② 日本外务省官网，http://www.mofa.go.jp/policy/oda/page23_000042.html#oceania。
③ 澳大利亚外交部官网，Overview of Australia's aid program to Palau，http://dfat.gov.au/geo/palau/development-assistance/Pages/development-assistance-in-palau.aspx。
④ 澳大利亚外交部官网，Overview of Australia's aid program to Palau，http://dfat.gov.au/geo/palau/development-assistance/Pages/development-assistance-in-palau.aspx。

帕劳经济社会发展过程中发挥了重要作用。亚洲开发银行的援助项目始于
2003 年，主要包括向帕劳提供贷款、政府援助资金和技术援助。截止到
2016 年 4 月，亚洲开发银行已经向帕劳提供了共计 0.738 亿美元的援助。
近年来，帕劳旅游业发展迅速，成为拉动帕劳经济增长的支柱产业。但是
由于受到气候变化、环境问题和气象灾害的影响，帕劳经济的脆弱性非常
明显。亚洲开发银行项目意在帮助帕劳政府部门提高效率，促进私营部门
的发展，提供安全饮用水和卫生服务等。帕劳"国家商业计划"［Country
Operations Business Plan（COBP）2016 – 2018］也与亚洲开发银行的"亚
行—帕劳伙伴战略"（ADB – Palau Partnership Strategy）相联系，共同致
力于帕劳经济社会的发展。亚洲开发银行还在 2016 年下半年实施"北太
平洋地区连续性投资项目：采购计划"（North Pacific Regional Connectivity
Investment Project：Procurement Plan），也包括为帕劳提供主要商品的采购
计划和咨询服务。近年来，亚洲开发银行实施的援助项目主要集中在供
水、卫生和基础设施建设方面（参见表 4 – 18）。

表 4 – 18　亚洲开发银行 2007～2015 年批准实施的援助帕劳项目

项目名称	项目类型及编号	实施状况	批准日期
水务和卫生部门管理项目（Water and Sanitation Sector Management）	48486 – 001 技术援助 9020	实施中	2015.12.10
北太平洋地区连续性投资项目	46382 – 001 贷款 3346 – 3347	实施中	2015.12.07
科罗尔州 – 艾拉伊州卫生项目（Koror-Airai Sanitation Project）	42439 – 013 贷款 3060 – 3061	实施中	2013.11.19
水务部门改进项目（Water Sector Improvement Program）	44031 – 013 贷款 2691 – 2692	完成	2010.11.09
执行中期预算框架项目（Implementing a Medium-term Budget Framework）	42436 – 012 技术援助 7421	完成	2009.12.08
卫生部门发展项目（Sanitation Sector Development Project）	42439 – 012 技术援助 7382	完成	2009.11.20
可持续健康融资机制开发项目（Development of a Sustainable Health Financing Scheme）	42020 – 012 技术援助 7079	完成	2008.05.14

续表

项目名称	项目类型及编号	实施状况	批准日期
巴伯尔道布岛供水项目技术准备（Preparing the Babeldaob Water Supply Project）	40122 – 012 技术援助 4977	完成	2007. 10. 05
经济发展和基础设施管理项目（Facility for Economic and Infrastructure Management）	40595 – 012 技术援助 4929	完成	2007. 05. 14

资料来源：亚洲开发银行，"Projects in Palau"，http：//www. adb. org/projects/palau。

近些年来，帕劳开始逐步推行"产业多元化战略"，力图建立自给的经济产业结构，摆脱对外国援助的严重依赖。不过，效果并不理想，经济发展严重依赖外援，依然是帕劳经济在长时间内的常态。

第五章

社　会

第一节　社会结构与社会关系

一　村落酋长制度

帕劳人是以村落为基础组建其社会组织和社会关系的，人们以母系血统组成村落。家族是帕劳社会的基本单位，拥有共同血缘关系的家族集合在一起构成宗族和村落。早在欧洲人来到帕劳之前，帕劳已经建立起比较健全的社会组织，人们以家族为单位过着群居的自给自足的生活。家族中的成年男性负责出海捕鱼，女性负责照料家庭、子女并从事芋头的种植。家族的事务由男性首领和女性首领共同负责，其中，女性首领是家族的最高权威。家族的男性首领由女性首领任命，一般是任命自己的兄弟担任男性首领。村落分配给家族的土地，如宅基地和芋头种植园等，由家族的男性首领和女性首领按照土地的类型分别分配给男性成员和女性成员，如女性的主要工作是从事芋头种植，因此，芋头种植园由家族的女性首领分配给女性成员并由女性成员继承。除了由宅基地、芋头种植园、林地组成的家族土地外，村落还有共有的土地——公地，公地主要是指社区土地，由村落委员会负责管理。该村落的所有村民无须事先征得委员会的批准，都有权进入公地并获取公地的产出。帕劳人还习惯于把外来人接纳为家族成员，他们也有权获得土地。帕劳人还会通过婚姻等其他方式把土地分给亲属或亲戚。因此，帕劳土地的价值不仅意味着是帕劳人食物的来源，它也是能否得到帕劳家族和村落认可以及保留家族迁徙历程的重要载体——通过土地可以相互承认彼此的关系，界定他们对土地的权利。

酋长负责村落日常事务的管理，酋长由村落的最高女性首领任命。在古代帕劳，传统权威按照地域划分为不同的等级，由各级酋长和女性首领共同掌管地域事务。村落是区域划分的最小级别，由村落酋长负责村落的社会事务管理。村落组成村落联盟，由村落联盟酋长负责管理村落联盟的社会事务。历史上，帕劳形成了许多大大小小的村落联盟，并形成了传统的权威区划——南北两大部落联盟对峙和共存。北方部落联盟以梅莱凯奥克为中心，由大酋长"瑞克雷"和女首领"伊贝尔瑞克雷"（Ebilreklai）共同管理部落事务，他们通常被称为北方部落联盟的"国王"和"王后"。①北方部落联盟成员包括现在的卡扬埃尔、雅切隆、雅德马乌、宜瓦尔、雅拉尔德、雅庞、埃雷姆伦维、梅莱凯奥克、艾梅利克、恩切萨尔和艾拉伊各州。南方部落联盟以科罗尔为中心，同样由大酋长"伊贝杜尔"和女性首领共治。南方部落联盟主要包括现在的科罗尔、佩里琉和安加尔3个州。但是在18世纪英国人把枪支带到帕劳后，直接改变了帕劳的这种传统权威区划。由于威尔逊和他的船员利用他们手中的枪支帮助科罗尔酋长打败了北方梅莱凯奥克联盟的攻击，事实上奠定了南方科罗尔联盟在帕劳社会的统治地位。在帕劳国内社会，科罗尔的"伊贝杜尔"有着比梅莱凯奥克"瑞克雷"更大的影响力。在国际关系中，科罗尔的伊贝杜尔也成为类似于帕劳国王的代名词。

目前，帕劳的村落实行酋长委员会管理制度，由来自十个不同等级宗族的男性首领组成委员会共同实施管辖和治理权。不过，帕劳一直延续的是母系社会制度，因此帕劳村落的制度基础也以母系社会为主，女性在帕劳社会发挥着重要作用。每个村落都有自己的女性委员会，由十位女性长者组成。女性委员会在帕劳社会扮演着非常关键的角色——她们是整个宗

---

① 帕劳的"国王"和"王后"，即大酋长和女首领，大酋长由女首领任命。不过，帕劳的"国王"和"王后"并非夫妻关系，大酋长和女首领的结合也是帕劳的传统禁忌。通常情况下，大酋长和女性首领之间是兄妹关系，或者是近亲属关系，他们都有各自的配偶。

族及村落的顾问，其职责是为酋长委员会提供意见和建议。特别是在针对最重要的两个议题——土地和金钱问题上，女性委员会拥有决定权。

二 母系制传统

帕劳社会一个明显的特征是遵循严格的母系制。几千年来，帕劳有着发达的母系社会，一般认为母系制是由从爪哇迁移来的族群带来的制度。传统上，土地、货币、头衔都由母系传承。公地由女性首领掌管并传给其第一个女儿。在劳动领域，传统帕劳社会也存在比较严格的"性别分工"，女性主要负责种植作物和采集贝类，而男性主要负责渔业、修建房屋和社区建设。至今，在帕劳社会的传统领域都可以看到母系制的作用，特别是在殡葬、婚姻、继承等方面。而且，今天的帕劳人仍非常重视和尊崇他们的传统。至今，传统权威对国家事务仍然发挥着重要的作用。

事实上，自帕劳政府建立以来，传统权威与民主制政府之间的矛盾也日渐显现。政府曾经采取措施企图限制帕劳传统权威的权力，也曾以修正案的方式限制酋长的权力，但均未获得通过。同时，传统权威也在诸多领域挑战政府的权威。例如在2010年，就发生过帕劳传统女性首领向帕劳法院起诉科罗尔州管理公地事务局（KSPLA）的事件。该女性首领提出，马卡拉尔岛属于科罗尔州，是帕劳最重要的港口和重要的经济区，早在德国统治时期该家族就拥有对该岛土地的所有权，继而向科罗尔州政府提出索赔。

现代帕劳大多数女性和男性一样，成为雇佣劳动者。帕劳女性从事的职业主要包括医生、护士、教师以及律师等，也有部分女性从事商业管理、贸易以及服务业和养殖业。帕劳女性也从事淀粉食物的生产、木薯和芋头的种植。随着现代政治的发展，帕劳女性也开始介入帕劳政治，桑德拉·皮耶兰托齐在2001年曾当选为帕劳首位女性副总统，后又担任帕劳外交部长。还有一名女性供职于帕劳最高法院。此外，现代帕劳女性也是"女人钱"的拥有者。

三 土地制度

帕劳的土地分配制度比较复杂。传统上，帕劳的土地分为两大部分，一部分是归村落共有的公地，另一部分是归某些家族成员共有的家族土地。公地主要是指社区土地，由酋长委员会负责管理。不过，帕劳的土地制度由于殖民者的介入和现代化进程而变得更加复杂。一战后期，日本占领了帕劳，并在帕劳建立了南海政府。1923～1926年，日本南海政府对帕劳的土地进行了调查，并区分了私人土地和公地。在此基础上，日本宣布帕劳的一部分土地划归南海政府所有（称为"天皇的礼物"），用于南海政府建筑用地和建立军事基地。1938～1940年，日本南海政府进行了第二次土地调查，把帕劳的土地划分为五类，即家族土地、村落土地、酋长土地、家庭土地和个人土地，并进行了登记造册。通过征用"公地"的方式，日本南海政府占有了帕劳85%的土地。而日本当局对帕劳土地的大量占有也导致了二战后这些"公地"的归还问题。1955年，美国太平洋岛屿托管地下的密克罗尼西亚委员会通过立法成立了土地委员会（Land Commission），帮助密克罗尼西亚人民对土地进行登记。1972年，帕劳采纳土地委员会的模式，开始解决帕劳的土地登记问题。1975年帕劳又成立了帕劳公地局（Palau Public Land Authority），开始着手解决日本统治期间被南海殖民政府占有的帕劳公地的归还问题。随后，这一问题又转归帕劳各州的州公地局（State Public Land Authority）处理。不过，由于战乱的破坏、适用帕劳传统法与美国法律的矛盾及不同的登记记录等问题，归还公地进展得并不顺利。自1976年归还公地项目开始实施以来，仅有大约3%的被日本占有的公地归还给了原初的拥有者。① 此外，随着帕劳经济的发展，土地的价值不断上升，关于土地归属的纠纷和争夺也日益增多。而各州的州公地局也有意将这些公地转化为州政府的公用土地，进行商业开发和旅游开发以促进本州经济的发展。甚至对于原属于个人的土地，政府也有意纳入自己的管理范围并把这些土地转化为州的公地，如洛克群岛的七十群岛（the Seventy Islands）有一部分土地就曾

---

① Yu-ping Chen, The Land that Is Never Returned: the Transformation of Public Land in Palau, *Legal Ground: Land and Law in Contemporary Taiwan and the Pacific*, 2013/09/11－12, p.17.

属于私人，但科罗尔州为了在洛克群岛建立自然保护区就需要把这部分土地转化为公地。事实上，现在洛克群岛大部分的土地属于科罗尔州政府所有。而其他州的做法也类似，公地已经成为各州获取经济收益的重要渠道。

此外，帕劳人也受到盎格鲁－撒克逊（Anglo-Saxon）传统的影响，在土地继承方面实行"共同租用制"（joint tenancy and tenancy in conmmon）。这种获取土地的方式与帕劳共同拥有公地或家族土地的传统非常相近。因此，如果他们的父辈拥有自己的私人土地，大多数帕劳人倾向于以共同租用的方式登记他们从父辈那里获取的土地。有些家庭把土地只给予他们的一个儿子，不过通常女儿也可以跟他们的兄弟一起共同租用土地。不过，尽管这种联合租用或共同租用的制度得到了帕劳人的认可，但是实践起来比较复杂并且容易导致一些纠纷。因为，如果其中一个继承者想要使用土地，他（她）必须事先征得所有有权共同租用土地的继承者的签名认可。因此，这种土地继承方式逐渐减少。如果人们不得不登记共同拥有的土地，他们往往会把土地登记为家族土地，这样，他们需要使用土地时，只需得到土地管理者的同意就可以。

目前，个人拥有土地已经成为帕劳人比较普遍的做法。大多数帕劳人拥有自己的私人土地，也有权取得家族土地。如果他们不能从父辈那里继承私人土地，他们也可以从其他帕劳人那里购买私人土地。此外，帕劳的继承法等法律体系也鼓励个人拥有私人土地。而且，随着土地经济价值的不断增长，帕劳土地的私有化也在不断推进。然而，帕劳各个州为了发展本州经济和维持政府的运转，也不断推动帕劳土地的"共有"——归州政府所有。因此，现在帕劳普通公民和政府之间的土地纠纷也时有发生，而且最后的胜者往往是政府一方。据统计，现在帕劳大约有70%的土地掌握在政府手中。①

---

① Yu-ping Chen, The Land that Is Never Returned: the Transformation of Public Land in Palau, *Legal Ground: Land and Law in Contemporary Taiwan and the Pacific*, 2013/09/11 - 12, p. 22.

第二节　国民生活

　　帕劳是一个富有传统特色的岛国，又是密克罗尼西亚群岛中最西化的国家，帕劳人在社会生活中既时时遵循传统习俗，又享受着现代化带来的便利。

一　生产生活方式

　　俗话说，"靠山吃山、靠海吃海"，帕劳也是一个靠海为生的国家。海洋是帕劳人赖以生存的保障，帕劳海域丰富的鱼类、贝类等各种海洋生物是帕劳人的生活命脉。

　　在前殖民时期，帕劳人像大多数太平洋岛民一样过着一种没有太大贫富差距的相对富足的生活。大多数帕劳人居住在传统的村落里，过着"男渔女耕"的自足生活——男性负责捕鱼，女性负责种植芋头、木薯和照料家庭。这种植根于海洋和陆地环境的"自足"经济，确保了帕劳人基本的生活需求，数个世纪以来一直如此。芋头和木薯是帕劳人主要的粮食来源，而鱼类和其他海洋产品则为帕劳人提供了不可或缺的蛋白质。帕劳传统的捕鱼方式是徒手捕鱼或使用小型的渔网捕鱼，目的是满足自己家庭的生活需求，有时也会送给亲戚朋友，因此，捕捞量不大。帕劳过去的渔网大多由棉或者椰子纤维织成，网眼比较大，基本上可以保证让小鱼"漏网"。数个世纪以来，帕劳的土地和海洋为帕劳人的生活提供了保障。

　　但是，随着西方殖民者的到来，帕劳的"自足"经济逐步瓦解。种植园经济、商业捕捞、磷酸盐矿的开采以及西方生活方式的引入，都极大地改变了帕劳人赖以谋生的方式和生活方式，帕劳逐渐开启了现代化和西化的进程。尤其是20世纪30年代以后，日本在帕劳的殖民统治和在帕劳海域实施的大规模商业捕鱼，改变了帕劳的经济发展模式，也带动了帕劳渔业的变化。尤其是日本南海政府通过登记造册把帕劳绝大多数土地集中在日本殖民政府手中，基本上阻断了帕劳人赖以"自给"的土地资源。再加上二战炮火的破坏，二战后的帕劳，走上了一条基本上依靠外援的经济发展之路。美国、澳大利亚和日本成为帕劳主要的经济援助来源国。受援助国提供的援助方式的影响，帕劳人赖以谋生的手段也逐渐发生转变。尤其是 20 世纪 70 年代以后，新式的渔船和捕捞工具在帕劳逐渐普及，螺旋桨渔船和尼龙刺网成为帕劳渔民的主要捕捞工具。20 世纪 70 年代，小规模的商业捕捞已经成为帕劳人的主要生活来源，渔业成为大多数帕劳人获取经济收入的主要途径。

不过，由于尼龙刺网（网眼小于 3 英寸，小鱼难以逃脱）的普遍应用以及机械船只对海域环境和鱼卵的破坏，到 20 世纪 80 年代，帕劳近海的渔业资源开始减少，捕捞量也不断下降。到 20 世纪 90 年代中期，帕劳近海的渔业资源几近枯竭。帕劳政府也开始采取措施保护渔业资源，限制商业捕捞。因此，为了满足生活需求，一些渔民开始转向其他行业，公共部门和私人公司成为帕劳人主要的雇主，在农业公司、渔业公司和与旅游业相关的服务行业工作的帕劳人逐渐增多。

除了在佩里琉等一些地方渔业仍然是当地居民的谋生手段之外，渔业在帕劳已经从过去的生活必需活动变成了一种消遣和业余活动。一些帕劳人会在下班后进行一些捕鱼活动。而对于大多数帕劳人来讲，他们不仅不再拥有从事渔业捕捞的生活动机，也失去了用传统的捕鱼方式进行渔业活动的技能。这种渔业文化的变化，是伴随着帕劳现代化进程而逐渐转变的。随着西方商品的涌入和生活方式的改变，帕劳人开始越来越依赖于外国的商品，金枪鱼罐头、鸡肉和米饭取代了帕劳人以往的鲜鱼和芋头。人们可以便利地从商店购买到生活必需品和食物，而且这些食物无论从加工的时间还是食用方面都比传统的制作鲜鱼食物更省时、更方便。这种饮食方式的改变也适应了都市帕劳人从事现代工作的需要。因此，人们无须出海捕鱼，也不需要再进行芋头种植。许多帕劳人也不再保持他们的芋头地，而一些都市帕劳人雇用其他人来种植芋头。同样，在帕劳有很多菲律宾人从事渔业捕捞活动。

许多帕劳人已经不再从事他们的传统自足经济和产业，而更多地转向从事商业和服务业。越来越多的帕劳年轻人开始离开他们出生的村落，走向城市或者海外求学、就业，帕劳农村的人口年龄结构也由此改变，老人和孩子成为帕劳农村的主要居民。

　　帕劳独立后，政府大力发展旅游业，把帕劳打造成一个旅游海岛国家。目前，旅游业已经成为帕劳的支柱产业，而海洋成为帕劳旅游业发展的保障。帕劳人也开始从渔业和种植业转向受雇于公共部门和旅游服务行业，也从事一些小型的水产养殖业、轻型制造业和特色种植业。不过，帕劳人"独立自足生产者"地位的丧失，也增加了帕劳人转变为"边缘化农民"的危险。[①] 帕劳人正面临一个不安全的未来，尤其是他们没有自己的自足经济，在可持续的生活方式和食品安全方面几乎没有任何保障。而帕劳的支柱产业——旅游业，其不确定性因素太多，也比较容易受到外部客源波动的影响，帕劳控制不了来访游客的数量，也无法预知每一位游客的花费。因此，无论帕劳人如何发展他们的国家以满足旅游者的需求，收益都是不稳定的。旅游业及其相关产业的不稳定性和脆弱性，使得帕劳的经济具有严重的依赖性。而这种对外部经济的依赖性无疑加剧了帕劳人生活预期的不确定性。因此，尽管从现代化进程的角度来看，"自足经济"是一种落后的经济生产方式，但对于帕劳这类在现代化进程中无力与工业大国相抗衡的小岛国而言，发展基于当地资源和劳动力的小规模的种植业和渔业，不失为一种可持续的发展模式。运用现代技术发展特色种植业，有节制地开发利用海洋资源和发展水产养殖业，可能是现代帕劳可以尝试的经济发展途径。

二　住房

　　随着谋生手段和生活习俗的改变，帕劳的居住状况也随之发生变化，

---

① Takashi Mita, *Japan's Development Assistance in the Republic of Palau: Community Impacts and Effects*, Bell & Howell Information and Learning Company, 2001, p. 116.

全国大多数居民涌入科罗尔。从帕劳的住宅分布情况就可以看出帕劳人口的分布状况。2012 年，帕劳共有住宅 5082 座，其中有 3161 座位于科罗尔州，而住宅最少的哈托博海伊州仅有 5 座住宅。[①] 集体住宅也主要集中在商业比较发达的科罗尔州和艾拉伊州（参见表 5 - 1）。

表 5 - 1　2012 年帕劳集体住宅统计

	总计	监狱	学校宿舍	工人宿舍	其他
全　国	152	1	4	140	7
科罗尔州	124	1	2	116	5
艾拉伊州	23	—	—	22	1
雅庞州	4	—	1	2	1
雅拉尔德州	1	—	1	—	—

资料来源：2012 Mini Census of Population and Housing，table 1，Republic of Palau，Bureau of Budget and Planning："2013 Statistical Yearbook"，p. 20。

过去，帕劳住宅以木结构房屋为主。随着城市化的发展，帕劳的混凝土及混合材料的住宅逐渐增多，但在农村地区，仍以木结构的住宅为主。2015 年，帕劳混凝土住宅达到 2822 座，而 2005 年仅有 461 座混凝土住宅。[②] 从住宅的分布情况来看，帕劳人口仍然较为集中地居住在科罗尔州和艾拉伊州，而松索罗尔州和哈托博海伊州仍然属于人口最少的地方。2015 年统计数据显示，帕劳拥有住宅共计 4713 座，而科罗尔州就拥有 3091 座，艾拉伊州拥有 624 座，而松索罗尔州只有 12 座住宅，哈托博海伊州只有 10 座住宅（参见表 5 - 2）。

① 2012 Mini Census of Population and Housing，table 1，Republic of Palau，Bureau of Budget and Planning："2013 Statistical Yearbook"，p. 20.

② "2015 Statistical Yearbook"，Bureau of Budget and Planning，Ministry of Finance，Republic of Palau，http://palaugov.pw/wp - content/uploads/2016/09/2015 - Statistical - Yearbook - 1. pdf

表5-2　2015年帕劳各州住宅分布情况及住宅材质

州	住宅数量	住宅材质		
		混凝土	砖、混凝土	木质及其他材质
艾梅利克州	97	70	7	20
艾拉伊州	624	349	141	134
安加尔州	44	38	5	1
哈托博海伊州	10	2	—	8
卡扬埃尔州	23	17	3	3
科罗尔州	3091	1905	503	683
梅莱凯奥克州	78	59	11	8
雅拉尔德州	133	55	37	41
雅切隆州	94	59	6	29
雅德马乌州	58	13	17	28
埃雷姆伦维州	91	52	9	30
雅庞州	62	41	3	18
恩切萨尔州	80	35	7	38
宜瓦尔州	74	54	13	7
佩里琉州	142	65	52	25
松索罗尔州	12	8	—	4
总计	4713	2822	814	1077

资料来源："2015 Statistical Yearbook", Bureau of Budget and Planning, Ministry of Finance, Republic of Palau, http://palaugov.pw/wp-content/uploads/2016/09/2015-Statistical-Yearbook-1.pdf.

三　"美国化"的帕劳社会

帕劳长期被殖民及其被几经转手的历史，极大地改变了帕劳的社会形态、传统和习俗。其中，从西班牙传教士在帕劳传播基督教开始，基督教逐渐被帕劳土著居民接受，并取代帕劳的地方宗教成为帕劳主要的宗教。日本在帕劳的近30年的统治，把日语、日式饮食和日本名字带到帕劳。而美国在帕劳的影响尤为甚之，帕劳社会几乎已经完全"美国化"。

　　二战后，帕劳成为美国的托管地，从二战后直到 1994 年帕劳独立的 47 年间，帕劳社会几乎已经"美国化"，美国对帕劳社会的影响已经渗入帕劳社会生活的方方面面。英语是帕劳的官方语言，帕劳的国会也由参众两院构成。而街头随处可见身着美式休闲服及棒球帽的帕劳人，也昭示着美国对帕劳社会的影响之深，帕劳人或许是密克罗尼西亚人中最为西化的民众。帕劳人的姓氏和人名结构深受美国的影响，大部分帕劳人使用英语名字，而且采用与美国人相似的人名结构，即教名 + 自选名 + 姓氏。其中，教名大多是来自英语语源的名字或《圣经》中人物的名字。如，"Alan"（艾伦）源自盖尔语，意为"岩石"；"Leilani"（莱拉尼）是起源于夏威夷的名字，意为"神圣的花环"；而"Noah"则是《圣经》中人物的名字。帕劳人的自选名比较随意，很多人的自选名往往只用一个字母，如参议员亚基沃·丁果基（英语：Yukiwo P. Bengokl，帕劳语：Yukiwo P. Bengokl, 1955 ~）。帕劳的华人和华裔也基本采用美式的人名结构，但是其姓氏部分则采用中文姓名的英文拼写形式，如帕劳独立后的第三任总统陶瑞宾（英语：Johnson Toribiong，帕劳语：Johnson Toribiong, 2009 ~ 2013 年任总统）。帕劳人的姓氏也大多采用英语或基督教的姓氏，如"Gabriel"（加布里埃尔），源自希伯来语，意为"上帝的报信者"。也有很多人采用本民族的姓氏，如政治家伊莱亚斯·卡姆塞克·陈（英语：Elias Camsek Chin，帕劳语：Elias Camsek Chin, 1949 ~）的姓氏"Chin"（陈）就是中国姓氏中的大姓，只是在书写时采用了英语拼写习惯；菲律宾人或他们的后裔会使用西班牙语的姓氏，如政治家和电台主持人阿方索·N. 迪亚兹（英语：Alfonso N. Diaz，帕劳语：Alfonso N. Diaz）的姓氏"Diaz"（迪亚兹）是来自西班牙语的姓氏，意为"迭戈（Diego）的儿子"，等等。

　　此外，西方社会"子承父姓，妻随夫姓"的习俗也由美国人传递到帕劳。现在，儿子的姓氏来自父亲已经成为帕劳的姓氏习惯，如第 6 任总统汤米·雷蒙杰索与父亲托马斯·雷蒙杰索（1988 ~ 1989 年任代理总统）使用同一个姓氏"Remengesau"（雷蒙杰索）。帕劳妇女结婚后，一般也要改姓夫姓，如托马斯·埃桑·雷蒙杰索的夫人黛比·雷蒙杰索（Debbie

Remengesau）用的就是丈夫的姓氏"Remengesau"。

虽然现代帕劳人民的生活方式，几乎是密克罗尼西亚地区最"美国化"的，但是除去美式生活的表象，在骨子里他们仍然十分的传统，在帕劳依旧可以看见精神层面的传统会馆，会馆的建筑上装饰着关于帕劳神话故事与传说的复杂图案，十分具有特色。而帕劳人向来被誉为密克罗尼西亚地区最具独立思考与精神内涵的民族，一方面促使帕劳加快脚步迈向国际舞台，成为太平洋上闪亮的明日之星；但另一方面，帕劳人民仍竭力维护珍贵的传统精神，对于他们的传统文化深以为傲，注重家族关系、固守传统节庆，而村落里的酋长和家族的族长及女性首领在社会中仍扮演着十分重要的角色。在进入许多家庭与公共建筑前，人们仍须脱鞋。此外，许多传统仪式仍被保留下来，例如初生礼、婚礼、葬礼及在这些重要场合中"女人钱"的使用，村落酋长及女性首领在重大节日和庆典仪式上的传统角色等，都成为帕劳人保留和继承的传统。

第三节　医疗卫生

一　医疗概况

在欧洲人来到帕劳之前，古代帕劳人基于丰富的海洋资源过着自给自足的生活，与外界接触很少，也少有疾病暴发。欧洲列强对帕劳的统治，一方面把帕劳纳入了西方文明发展体系，另一方面也给帕劳人带来了极大的灾难。近代以来，随着帕劳人与欧洲人的接触日渐频繁，伴随欧洲人而来的疾病开始在帕劳蔓延。因为帕劳人对这些外来的病毒没有天然的免疫力，因此数以万计的帕劳人死于各种外来疾病。据统计，截止到19世纪末德国人占有帕劳时，帕劳的人口已经从原先的4万人下降到4000人。[①]德国统治期间，帕劳传统的社会生活和文化模式基本上得以保存，同时德

---

① Natasha Alexander and Karl Cherepanya eds. , *Palau Foreign Policy & Government Guide*, International Business Publications, USA, 2003, p. 17.

国也为帕劳引进了一些公共健康措施。为了抵抗外来疾病对帕劳的入侵，德国人开始帮助帕劳土著居民养成卫生习惯，并在帕劳进行预防接种，以预防疾病和传染病的爆发。通过这些措施，有效地避免了多种疾病在帕劳的暴发和流行。后来在日本人的统治和美国人的治理下，帕劳基本建立起现代化的医疗卫生体系。

帕劳实施由政府提供补贴的全民医疗保险，通过国家健康保险机制（National Health Insurance Scheme）或联邦财政公共健康项目（Public Health Programs），基本可以保障帕劳人接受基本的医疗救助。帕劳政府每年用于医疗卫生保健的支出约占 GDP 的 11.2%。[①] 近年来，尤其是在美国、日本等国的援助下，帕劳的医疗卫生状况得到了很大改善。目前，帕劳儿童的免疫率已经达到 98%，帕劳人均预期寿命也从 68 岁上升到 72 岁。[②]

不过，帕劳的医疗水平和医疗设施都比较落后，全国只有一家公立医院——帕劳国家医院（Belau National Hospital）和三家私人诊所。医院的医生人数较少且增长缓慢，2007 年有 21 名医生，到 2013 年时有 26 名医生。尽管帕劳人口与医生的比率有所上升，但医生的数量远不能满足人们的就医需要，许多患者只能到国外就医（参见表 5 - 3）。

表 5 - 3　2007 ~ 2013 年帕劳人口与医生的比例

	2007	2008	2009	2010	2011	2012	2013
总人口	20227	20389	20552	20717	20882	21050	17501
医生	21	23	29	29	17	17	26
总人口与医生比例	963	886	709	714	1228	1238	673

资料来源：帕劳卫生部公共卫生局、财政部卫生与计划办公室统计资料，Bureau of Budget and Planning："2013 Statistical Yearbook"，p. 132。

---

① Denise Youngblood Coleman Ph. D. ed.，2015 Country Review：Palau Review 2015，Country Watch，Inc.，Houston，texas，PDF，p. 99. http：//www. countrywatch. com.

② "U. S. － Palau Compact of Free Association"，the U. S. Department of Interior website，http：//www. gao. gov/products/GAO - 08 - 732.

2013 年帕劳国家医院基础设施虽不完备，但也有一些先进的医疗设备，拥有现代化的再压舱。2016 年 7 月，被帕劳政府聘为"帕劳共和国旅游形象大使"和"帕劳共和国医疗慈善关爱大使"的华人明星刘佳兴，通过《爱旅行》栏目召集一些爱心企业和爱旅行会员积极捐款，为帕劳国家医院捐赠了三十台轮椅和医疗器械设备。美国、澳大利亚和日本也通过一些援助项目为帕劳培训医生和护士，帮助帕劳改善医疗卫生状况。

由于受医疗卫生条件限制，过去帕劳的胎儿死亡率和婴儿死亡率都比较高。随着医疗条件的改善，这一状况已经得到极大改善。不过，帕劳婴儿死亡率仍然比较高，并经常出现反复。1997 年婴儿死亡率已经下降到3‰，但 2009 年又高达 34.5‰（参见表 5 - 4）。到 2015 年，帕劳每 1000名婴儿中仍有 14 名未满周岁死亡。[①]

表 5 - 4　帕劳卫生统计数据（1995 ~ 2014 年）

年份	总人口	出生人口	出生率（‰）	死亡人口	死亡率（‰）	婴儿死亡人数	婴儿死亡率（‰）	胎儿死亡人数*
1995（人口普查年）	17225	399	23.2	110	6.4	6	15.0	20
1996	17600	355	20.2	144	8.2	8	22.5	44
1997	18061	330	18.3	121	6.7	1	3.0	7
1998	18494	280	15.1	125	6.8	3	10.7	9
1999	18882	250	13.2	131	6.9	5	20.0	10
2000（人口普查年）	19129	278	14.5	125	6.5	6	21.6	34
2001	19626	300	15.3	138	7.0	5	16.7	47
2002	19976	259	13.0	134	6.7	2	23.2	2
2003	20304	312	15.4	136	6.7	2	6.4	2
2004	20610	259	12.6	142	6.9	8	30.8	18
2005（人口普查年）	19907	279	14.0	134	6.7	6	21.5	5
2006	21669	259	12.0	144	6.6	2	7.7	6
2007	20227	279	13.8	152	7.5	2	7.2	2

---

① 亚洲开发银行，"Poverty in Palau"，http：//www.adb.org/countries/palau/poverty。

续表

年份	总人口	出生人口	出生率（‰）	死亡人口	死亡率（‰）	婴儿死亡人数	婴儿死亡率（‰）	胎儿死亡人数 *
2008	20389	295	14.5	170	8.3	2	6.8	1
2009	20552	273	13.3	174	8.5	6	34.5	5
2010	20717	247	11.9	168	8.1	3	17.9	4
2011	20882	247	11.8	173	8.3	1	5.8	1
2012	21050	268	12.7	164	7.8	2	12.2	3
2013	17501	229	13.1	192	11.0	4	20.8	2
2014	17958	241	13.4	167	9.3	3	18.0	3

注：（1）1995 年、2000 年和 2005 年的数据来源于相应年份的人口统计数据，其他年份的人口数据来源于美国统计局数据；（2）胎儿死亡人数包括堕胎。

数据来源：帕劳卫生部公共卫生局、财政部计划与统计办公室，"Health Statistics"，http：//palaugov. pw/executive – branch/ministries/finance/budgetandplanning/health – statistics/。

帕劳国家医院设在科罗尔州的麦英斯岛，是一处具有日式风格的建筑群。帕劳国家医院的医生大多是在美国等国接受过高等教育的帕劳人，不过全院仅有一位麻醉医师拥有合格的医生资质。帕劳国家医院还有一些来自美国和日本的医生志愿者。这些来自美国和日本的医生们的医术都很高，这也是帕劳国家医院能够进行大手术的一些中坚力量。其他诊所只能为当地居民提供医疗保健，医疗条件都比较落后。遇到重大疾病，许多帕劳人会选择前往关岛或菲律宾的医院接受治疗。帕劳和菲律宾之间有医疗卫生合作项目——《帕劳医疗转诊项目》（Palau's Medical Referral Program），现在帕劳每年有 100 ~ 150 名病人到菲律宾接受治疗。①

二　主要疾病

随着现代生活方式在帕劳的普及，帕劳人摄入的脂肪越来越多，肥胖症和因吸食烟草导致的非传染性疾病已经成为困扰帕劳人最主要的疾病。登革热等热带传染病也是帕劳面临的主要传染病。

① https：//en. wikipedia. org/wiki/Palau – Philippines_ relations.

1. 传染性疾病

帕劳当地居民患传染性疾病的主要来源是传染性病毒，如登革热病毒。帕劳属于热带雨林气候，气候湿热，由登革热病毒引起、由伊蚊进行人体传播的急性传染病登革热是帕劳主要的传染病。

登革热属于短期热病，具有起病急、发热高的特点。一旦得病，病人就会高烧不退，全身的肌肉及关节疼痛，浑身难受。它的病期通常为7天，病人一开始发热就能达到40℃左右，二三天内体温有所下降，第五六天病人体温往往再度达到40℃。目前，临床上还没有预防登革热的疫苗，也没有治疗此病的特效药。因此，一旦感染了登革热，就只能用一些常用的消炎药品来缓解和治疗，熬过一周，基本上就能痊愈。不过，每年死于登革热的病人也不在少数。

目前，帕劳没有艾滋病感染病例的报告。鉴于医疗条件有限，帕劳对外来传染病控制的比较严格。凡是来自霍乱和黄热病等传染病流行区的游客在抵达帕劳后，必须要进行疫苗接种才被允许入境。

2. 非传染性疾病

非传染性疾病（Non-Communicable Disease，NCDs）是导致帕劳人患病甚至死亡的最主要的疾病。目前，帕劳的非传染性疾病主要有四类：心血管疾病（如心脏病和中风）、癌症、慢性呼吸道疾病（如哮喘）和糖尿病。这些非传染性疾病患者有年轻化的趋势，许多帕劳的年轻人患上了此类疾病，这不仅严重影响到个人的身体健康，也给家人和家族造成了极大的负担。非传染性疾病已经成为导致帕劳成年人患病和死亡的主要原因。目前，帕劳死亡人口中，约有70%的是死于非传染性疾病。[①] 而且，非传染性疾病的发病率和死亡率有上升的趋势。据帕劳卫生部公共卫生局统计，2007～2013年间死亡的帕劳人中，小于64岁的死者占死亡人数的一半以上，其中25～64岁之间的死亡人数所占比重较大，仅次于年龄在65

---

① "Republic of Palau Non-communicable Disease Prevention and Control Strategic Plan of Action 2015-2020 ", PDF, p. 11. http: //apps. who. int/fctc/implementation/database/sites/implementation/files/documents/other/Republic% 20of% 20Palau% 20NCD% 20Plan% 202015-2020_ FINAL. pdf.

岁及以上的死亡人数，疾病尤其是非传染性疾病是导致中老年人死亡的主要原因（参见表5-5）。

表5-5　2007～2013年帕劳死亡人数统计

年龄段（岁）	2007	2008	2009	2010	2011	2012	2013
<1	2	2	6	3	1	2	7
1～14	4	3	2	—	4	1	6
15～24	5	9	4	1	6	1	5
25～44	19	17	20	17	19	20	18
45～64	49	53	63	61	60	58	62
65 及以上	73	86	85	86	83	82	94
不详		1					
总　计	152	171	180	168	173	164	192

资料来源：帕劳卫生部公共卫生局统计资料，Bureau of Budget and Planning："2013 Statistical Yearbook"，PDF, p. 131。

此外，帕劳非传染性疾病患者的低龄化现象也日益突出，肥胖、吸食烟草、酗酒和缺乏锻炼等导致了学生发病率的上升。据帕劳当地报纸《帕劳视野》（*Palau Horizon*）文章报道，帕劳卫生部在2009年对帕劳15个州的26所中小学进行了学校健康普查，调查结果发现18%的被调查学生过度肥胖，另有15%的被调查学生存在肥胖的风险。[1] 帕劳吸烟者的数量比较高，大约有一半国民吸烟。据世界卫生组织2010年的统计数据，大约58.30%的男性吸烟，女性吸烟的比率略低，约为42.40%。[2] 此外，酗酒也是导致帕劳人患心血管疾病的重要因素。据统计，目前有超过40%的成年男性酗酒，而尤为让人担忧的是，年轻女性酗酒的比例已经超过成年人。[3] 此

---

[1] *Palau Horizon*, Vol. 12, No. 077, April 23 – 26, 2010, "Palau Football Association", http://www. foxsportspulse. com/assoc_ page. cgi? c = 2 – 1609 – 0 – 0 – 0&sID = 230524.

[2] "national youth policy", http://www. youthpolicy. org/factsheets/country/palau/.

[3] 世界卫生组织，"Republic of Palau Non-communicable Disease Prevention and Control Strategic Plan of Action 2015 – 2020", p. 12。http://apps. who. int/fctc/implementation/database/sites/implementation/files/documents/other/Republic% 20of% 20Palau% 20NCD% 20Plan% 202015 – 2020_ FINAL. pdf。

外，四分之三的帕劳人属于超重或肥胖，近50%的帕劳人血压高，三分之一的帕劳人血糖高。①

由于帕劳医疗条件有限，因此，许多患者需要到其他国家进行治疗，这对于帕劳家庭来讲是一笔不小的开支。尽管有医疗保险，有些帕劳家庭仍然需要亲戚的帮忙才能凑够治病的费用。目前，非传染性疾病的治疗费用占帕劳总住院费用的65%，占帕劳医疗转诊费用的近90%。② 据统计，政府每年55%的卫生医疗预算都花在了非传染性疾病的预防和治疗上。③ 非传染性疾病患者的增多不仅导致了患者家庭的贫困，也给帕劳医疗机构带来了挑战，在一定程度上制约着帕劳经济的发展和社会的稳定。"国家健康"（"Health of the Nation"）成为帕劳社会当下的重要而艰巨的任务。

三　吸食烟草问题

20世纪，全球大约有一亿人死于吸烟。现在，全世界每年仍有600万人死于吸烟，其中30%来自西太平洋地区。许多烟民从青少年时期就开始吸烟，并一直伴随其后续的人生。最终，大量的烟民染上与吸烟有关的疾病，甚至死亡。④ 吸食烟草导致的心血管疾病和呼吸道疾病已经成为这个地区因生活方式而引发的流行病。

---

① 世界卫生组织，"Republic of Palau Non-communicable Disease Prevention and Control Strategic Plan of Action 2015 – 2020", PDF, p. 12. http：//apps. who. int/fctc/implementation/database/sites/implementation/files/documents/other/Republic％ 20of％ 20Palau％ 20NCD％ 20Plan％ 202015 – 2020_ FINAL. pdf。

② 世界卫生组织，"Republic of Palau Non-communicable Disease Prevention and Control Strategic Plan of Action 2015 – 2020", PDF, p. 6. http：//apps. who. int/fctc/implementation/database/sites/implementation/files/documents/other/Republic％ 20of％ 20Palau％ 20NCD％ 20Plan％ 202015 – 2020_ FINAL. pdf。

③ 世界卫生组织，"Republic of Palau Non-communicable Disease Prevention and Control Strategic Plan of Action 2015 – 2020", PDF, p. 12. http：//apps. who. int/fctc/implementation/database/sites/implementation/files/documents/other/Republic％ 20of％ 20Palau％ 20NCD％ 20Plan％ 202015 – 2020_ FINAL. pdf。

④ 世界卫生组织， "Youth and Tobacco in the Western Pacific Region：Global Youth Tobacco Survey 2005 – 2014", PDF , p. 1, http：//apps. who. int/iris/bitstream/10665/208341/1/9789290617662_ eng. pdf? ua = 1。

帕劳成年人吸食烟草的比率非常高，大约有四分之一的成年男性吸食烟草，五分之三的成年男性嚼食槟榔（混合烟草）。[①] 青少年吸食烟草现象也非常严重，世卫组织的调查表明，2013 年，45.4% 的帕劳青少年吸食烟草，其中约有 54.1% 的男孩吸食烟草，女孩吸食烟草的比例也比较高，约为 36.7%。[②] 帕劳青少年吸食烟草的比率在整个西太平洋地区仅次于巴布亚新几内亚（参见表 5 - 6）。

表 5 - 6　西太平洋地区青少年吸烟比率

单位：%

国家（统计年份）	男孩吸烟比率	女孩吸烟比率	总比率
库克群岛（2008）	33.7（25.7～41.8）	36.3（28.6～43.9）	35.1（29.8～40.5）
斐济（2009）	17.5（12.6～22.4）	10.1（6.7～13.6）	13.0（9.5～16.6）
基里巴斯（2009）	43.2（35.9～50.6）	31.6（27.7～35.6）	37.1（33.3～40.9）
马绍尔群岛（2009）	29.4（19.8～38.9）	21.6（13.1～30.2）	25.9（19.3～32.6）
密克罗尼西亚联邦（2013）	52.1	35.7	43.3
纽埃（2009）	—	—	15.9（0.0～37.6）
帕劳（2013）	54.1	36.7	45.4
巴布亚新几内亚（2007）	55.4（41～59.7）	40.3（34.7～45.8）	47.7（43.7～51.6）
萨摩亚（2007）	25.8（18.3～33.2）	20.4（15.7～25.1）	23.5（18.6～28.3）
所罗门群岛（2008）	43.9（34.2～53.7）	37.0（27.6～46.7）	40.2（40.0～46.5）
汤加（2010）	44.9（36.3～53.6）	28.0（21.8～34.3）	35.7（30.4～41.0）
图瓦卢（2006）	41.6（32.4～50.8）	32.7（23.2～42.1）	36.4（28.0～44.8）
瓦努阿图（2007）	34.1（29.5～38.8）	19.6（16.5～22.7）	25.6（22.8～28.4）

资料来源：世界卫生组织，"Youth and Tobacco in the Western Pacific Region: Global Youth Tobacco Survey 2005 - 2014"，PDF，p.6，http://apps.who.int/iris/bitstream/10665/208341/1/9789290617662_eng.pdf? ua=1。

---

① 世界卫生组织，"Republic of Palau Non-communicable Disease Prevention and Control Strategic Plan of Action 2015 - 2020"，PDF，p.12. http://apps.who.int/fctc/implementation/database/sites/implementation/files/documents/other/Republic% 20of% 20Palau% 20NCD% 20Plan% 202015 - 2020_FINAL. pdf。

② 世界卫生组织，"Youth and Tobacco in the Western Pacific Region: Global Youth Tobacco Survey 2005 - 2014"，PDF，p.6，http://apps.who.int/iris/bitstream/10665/208341/1/9789290617662_eng.pdf? ua=1。

而尤为让人担心的是，帕劳学生的吸食烟草比率是整个西太平洋地区最高的，据世界卫生组织 2013 年统计数据，约有 39.5% 的帕劳学生接触和吸食过烟草。其中，男学生吸食烟草的比率达到 49.1%，女学生吸食烟草的比率略低一些，约为 29.8%，这一比例在整个西太平洋地区是最高的。[①] 2013 年，年龄在 13~15 周岁的帕劳青少年吸食烟草的比率高达 32.3%，仅次于巴布亚新几内亚 43.8% 的比率，男孩尤为甚之。[②] 帕劳吸食烟草低龄化现象尤为凸显，10 岁之前接触烟草的比率高达 22%（参见表 5-7）。

表 5-7　西太平洋地区 10 岁以前接触烟草的比率

单位：%

国家（统计年份）	男孩吸烟比率	女孩吸烟比率	总比率
库克群岛（2008）	42.7(33.4~52.0)	33.9(26.1~41.6)	38.0(30.6~45.4)
斐济（2009）	13.3(4.8~21.8)	14.2(6.3~22.0)	13.6(6.0~21.2)
基里巴斯（2009）	20.9(12.6~29.2)	24.0(15.1~32.9)	22.4(16.7~28.1)
马绍尔群岛（2009）	13.3(0.0~27.8)	—	10.3(3.0~17.5)
密克罗尼西亚联邦（2013）	22.9	18.9	21.4
纽埃（2009）	—	—	—
帕劳（2013）	27.9	14.6	22.0
巴布亚新几内亚（2007）	10.6(6.2~15)	6.6(3.6~9.6)	8.7(6.3~11.2)
萨摩亚（2007）	35.3(20~50.5)	15.0(2.7~27.2)	25.9(15.4~36.4)
所罗门群岛（2008）	9.3(3.6~15)	16.1(8.3~23.9)	12.8(9.0~16.6)
汤加（2010）	18.3(11.6~25)	28.8(17.5~40.0)	23.8(17.0~30.6)
图瓦卢（2006）	26.9(17.6~36.2)	13.9(3.6~24.1)	19.6(12.1~27.1)
瓦努阿图（2007）	16.0(10.1~22)	13.9(7.7~20.1)	15.2(11.1~19.3)

资料来源：世界卫生组织，"Youth and Tobacco in the Western Pacific Region：Global Youth Tobacco Survey 2005-2014"，PDF，p.13，http：//apps. who. int/iris/bitstream/10665/208341/1/9789290617662_ eng. pdf? ua = 1。

---

① 世界卫生组织，"Youth and Tobacco in the Western Pacific Region：Global Youth Tobacco Survey 2005-2014"，PDF，p.7，http：//apps. who. int/iris/bitstream/10665/208341/1/9789290617662_ eng. pdf? ua = 1。

② 世界卫生组织，"Youth and Tobacco in the Western Pacific Region：Global Youth Tobacco Survey 2005-2014"，PDF，p.7，http：//apps. who. int/iris/bitstream/10665/208341/1/9789290617662_ eng. pdf? ua = 1。

帕劳青少年吸食烟草问题已经成为帕劳严重的社会问题。这一现象与帕劳人嚼食槟榔的习惯不无关系。2009 年帕劳青年烟草调查（Palau's Youth Tobacco Survey 2009）揭露了一个惊人的数据，大约 42% 的帕劳小学生接触或吸食过烟草。其中，许多青少年是在咀嚼槟榔的过程中添加了一些烟草，另外有一些青少年则是直接接触烟草。[1] 据世卫组织统计，2013 年约 32.9% 的帕劳青少年在嚼食槟榔时加入了烟草，而嚼食槟榔时不加烟草的青少年只有 9.4%。[2] 嚼食槟榔已经成为帕劳青少年吸食烟草的主要诱因（参见表 5 - 8）。

表 5 - 8　帕劳青少年嚼食槟榔与吸食烟草情况

单位：%

	男孩(%)	女孩(%)	总计(%)
嚼食槟榔时加入烟草	31.7	34.2	32.9
嚼食槟榔时不加入烟草	9.5	9.3	9.4
不嚼食槟榔	58.7	56.5	57.7

资料来源：世界卫生组织，"Youth and Tobacco in the Western Pacific Region：Global Youth Tobacco Survey 2005 - 2014"，PDF，p. 12，http：//apps. who. int/iris/bitstream/10665/208341/1/9789290617662_ eng. pdf？ ua = 1。

近年来，帕劳通过各种措施限制青少年吸食烟草，引导青少年远离烟草。例如，帕劳体育运动机构在学校积极开展体育运动和体育竞赛，以期通过吸引更多的学生参与体育运动，尤其是足球运动，从而增强体质并远离烟草。帕劳足联与帕劳社区和学校合作，采用相应的政策使学生远离烟草。针对帕劳作为旅游国家的现实，帕劳海关在游客携带烟草入境方面也有着严格的规定。2013 年 7 月 31 日，帕劳总统批准了限制烟草进口和修改烟草及相关产品进口税的法令。对需要缴纳关税的烟草

[1] *Palau Horizon*，Vol. 12，No. 077，April 23 - 26，2010，"Palau Football Association"，http：//www. foxsportspulse. com/assoc_ page. cgi？ c = 2 - 1609 - 0 - 0 - 0&sID = 230524.

[2] 世界卫生组织，"Youth and Tobacco in the Western Pacific Region：Global Youth Tobacco Survey 2005 - 2014"，PDF，p. 12，http：//apps. who. int/iris/bitstream/10665/208341/1/9789290617662_ eng. pdf？ ua = 1。

及其相关产品的税率做出规定。法令规定，所有烟草制品及其相关产品，包括香烟、烟叶产品、咀嚼产品和鼻烟以及含有烟草成分的产品，甚至与吸食烟草相关的产品如过滤嘴等都要缴纳关税。任何入境帕劳的旅客只允许免税携带一包香烟（20 支）或一支雪茄或三盎司烟丝或嚼食烟草入境，其他任何香烟及烟草制品和附加产品都必须纳税。而且，随着时间的推移，税率不断提高。2013 年 7 月至 12 月，每包（20 支）税率是 2 美元，2014 年是 3 美元，2015 年以后是 4 美元。年龄在 21 周岁以下的游客禁止吸烟。

四 疾病预防和控制

为预防和控制非传染性疾病，帕劳独立后，政府积极通过立法和制定战略计划提升帕劳的全民健康水平。1995 年，帕劳和其他太平洋岛国中的世界卫生组织成员国在斐济的亚努卡召开了首次太平洋岛屿卫生部长会议，开始致力于"健康岛屿"（Healthy Islands）建设——不断提高健康防护、健康保健、创造健康环境和健康生活方式的能力，以应对不断增多的非传染性疾病。2005 年，帕劳作为首批 40 个国家之一批准了《世界卫生组织烟草控制框架公约》（WHO Framework Convention on Tobacco Control, FCTC）。[1] 2010 年帕劳和其他美国附属太平洋岛屿（USAPIs）举行太平洋岛屿卫生官员协会（Pacific Islands Health Officers' Association，PIHOA）年度会议，宣布非传染性疾病成为太平洋岛屿卫生官员协会需要处理的紧急事务。此后，在 2011 年太平洋岛国领导人峰会上，与会的各国领导人共同探讨了非传染性疾病的预防和控制问题。同年，帕劳还参加了联合国全球非传染性疾病预防和控制会议。2011 年 5 月，帕劳发布第 295 号总统行政命令，宣布帕劳全国进入非传染性疾病控制紧急时期，并呼吁立即采取行动降低和减少非传染性疾病的发病率。

---

① 2003 年 5 月 21 日，世界卫生大会批准了《世界卫生组织烟草控制框架公约》，目标是提供一个由各缔约方在国家、区域和全球各地实施烟草控制措施的框架，以便使烟草使用和接触烟草烟雾持续大幅度下降，从而保护当代和后代免受烟草消费和接触烟草烟雾对健康、社会、环境和经济造成的破坏性影响。

从 2011 年到 2013 年，帕劳与美国疾病控制和预防中心（US Centers for Disease Control and Prevention，CDCP）、世界卫生组织、太平洋共同体秘书处（Secretariat for the Pacific Community，SPC）等组织合作，开始制定帕劳非传染性疾病的预防和控制计划。与此同时，帕劳还参加了 9 个全球自愿非传染性疾病控制目标和 9 个太平洋地区非传染性疾病控制目标，以支持世界卫生组织"全球行动计划"（WHO Global Action Plan）和"地区非传染性疾病控制路线图"（Regional NCD Roadmap）（参见表 5 - 9）。在 2013 年 9 月举行的第 68 届联合国大会上，帕劳总统宣布预防非传染性疾病和烟草控制已经成为帕劳可持续发展的目标。

表 5 - 9　帕劳参与的 WHO 和太平洋地区 NCDs 预防和控制目标

		世界卫生组织全球行动计划目标（2013~2020）	帕劳目标（2013~2020）	太平洋地区非传染性疾病控制目标（2014~2020）
风险因素/生活方式	降低吸烟率	30%	30%	永久控制在 5% 以下
	降低酗酒率	10%	10%	10%
	青少年/成人肥胖率	基准线以上零增长	儿童肥胖率降低 10%；成人肥胖率降低 5%	基准线以上零增长
	降低不运动比率	10%	年轻人 30%；成人 20%	10%
	减少钠盐摄入量	30%	30%	30%
	增加水果和蔬菜摄入量	—	50%	—
	增加母乳喂养至 6 个月	—	50%	—
临床	减少早产死亡率	25%		25%
	减少高血压病人	25%	10%	25%
	减少糖尿病病人	零增长	10%	零增长
	心血管疾病的治疗和咨询服务覆盖率	50%	—	50%
	非传染性疾病必需药物和技术	全国的 80%	—	全国的 80%

资料来源：世界卫生组织，"Republic of Palau Non-communicable Disease Prevention and Control Strategic Plan of Action 2015 - 2020"，PDF，p. 15. http://apps. who. int/fctc/implementation/database/sites/implementation/files/documents/other/Republic% 20of% 20Palau% 20NCD% 20Plan% 202015 - 2020_ FINAL. pdf。

此外，鉴于肥胖、吸烟和饮酒是造成帕劳人患非传染性疾病的主要诱因，2013 年帕劳议会通过立法提高烟草税，以减少帕劳人对烟草的消费。还通过颁布行政命令，从卫生部与教育部选拔人员组成特别小组，监管学校执行健康饮食、健康生活和控制烟草和酒类的情况。《帕劳非传染性疾病预防和控制战略行动计划（2015～2020）》（Republic of Palau Non-communicable Disease Prevention and Control Strategic Plan of Action 2015 – 2020）是帕劳预防和控制非传染性疾病的新的五年计划，意在把帕劳打造成由"健康社区"（Healthy Communities）组成的"健康帕劳"（Healthy Palau）。这一计划由帕劳卫生部制定，得到了世界卫生组织、美国疾病控制和预防中心以及中国台湾新光医院的支持。

计划的总体目标是降低非传染性疾病的发病率，在帕劳打造人们寿命更长、更幸福的健康社区。主要通过控制烟草、酒类的食用，倡导健康的生活方式以及开展积极的体育运动，实现五个方面的目标。具体而言：第一，计划到 2020 年将吸烟率降低 30%，[①] 建设"富有、健康和无烟岛屿"；第二，到 2020 年酗酒率降低 10%，[②] 实现"控制饮酒的帕劳"的目标；第三，通过提高母乳喂养和食用当地食物的比率，改善帕劳饮食营养，到 2020 年钠盐摄入量降低 30%，水果和蔬菜摄入量增加 50%，实现婴儿母乳喂养至 6 个月的比率增加 50%；[③] 第四，通过积极运动打造美丽和安全的帕劳，降低儿童、青年人和成年人不积极运动的比率，到 2020

① 世界卫生组织，"Republic of Palau Non-communicable Disease Prevention and Control Strategic Plan of Action 2015 – 2020", PDF, p. 18. http：//apps. who. int/fctc/implementation/database/sites/implementation/files/documents/other/Republic% 20of% 20Palau% 20NCD% 20Plan% 202015 – 2020_ FINAL. pdf。

② 世界卫生组织，"Republic of Palau Non-communicable Disease Prevention and Control Strategic Plan of Action 2015 – 2020", PDF, p. 22. http：//apps. who. int/fctc/implementation/database/sites/implementation/files/documents/other/Republic% 20of% 20Palau% 20NCD% 20Plan% 202015 – 2020_ FINAL. pdf。

③ 世界卫生组织，"Republic of Palau Non-communicable Disease Prevention and Control Strategic Plan of Action 2015 – 2020", PDF, p. 24. http：//apps. who. int/fctc/implementation/database/sites/implementation/files/documents/other/Republic% 20of% 20Palau% 20NCD% 20Plan% 202015 – 2020_ FINAL. pdf。

年确保在校生每天参加体育活动一小时，一周至少保证五天。同时，计划
到 2020 年，确保至少 50% 的政府官员和私营企业的员工能够定期参加体
育锻炼；[1] 第五，为实现"无非传染性疾病的帕劳"的目标，计划到
2020 年将高血压、糖尿病和儿童肥胖率降低 10%。[2]

第四节　环境保护

帕劳拥有世界上最清澈透明的海水，拥有太平洋最纯净的海洋生态系
统之一——洛克群岛。而与此同时，帕劳也有着最脆弱的生态系统，环境
极易受到污染和破坏，尤其是随着旅游业的发展，游客数量的连年增长已
经给帕劳的生态环境带来了严重影响。为了保护其赖以生存的海洋生态环
境，帕劳政府通过立法和设立生态保护区的方式对帕劳的海洋和陆地物种
以及生态系统进行保护，帕劳人民也非常重视环境保护。

一　概况

帕劳是一个典型的海洋岛国，陆地面积狭小，拥有狭长的海岸线。其
中，距离海岸 2 公里且海拔低于 10 米的陆地面积占帕劳陆地面积的
20%，大约 25% 的土地属于低地。帕劳所有人口都生活在距离海岸 100
公里以内的范围内，因此，极易受到海平面上升、热带气旋等环境和气候
现象的影响。帕劳海域海洋物种丰富，但由于过度捕捞，一些物种已经面
临灭绝的危险。目前，有 8 种鱼类已经处于过度捕捞状态。据帕劳环境和
协调办公室（Office of Environmental and Response Coordination）统计，帕

---

① 世界卫生组织，"Republic of Palau Non-communicable Disease Prevention and Control Strategic
　Plan of Action 2015 – 2020", PDF, p. 28. http://apps. who. int/fctc/implementation/
　database/sites/implementation/files/documents/other/Republic% 20of% 20Palau% 20NCD%
　20Plan% 202015 – 2020_ FINAL. pdf。
② 世界卫生组织，"Republic of Palau Non-communicable Disease Prevention and Control Strategic
　Plan of Action 2015 – 2020", PDF, p. 34. http://apps. who. int/fctc/implementation/
　database/sites/implementation/files/documents/other/Republic% 20of% 20Palau% 20NCD%
　20Plan% 202015 – 2020_ FINAL. pdf。

劳海洋生物中有13个物种濒临灭绝，如数量稀少的儒艮在帕劳海域已经很少能见到。帕劳主要环境指标参见表5-10。

表5-10　帕劳主要环境指标

主要环境指标	基本数据	数据时效性(年)
海面温度——年最大平均偏差(摄氏度)	5	1994～1999
陆地面积(平方公里)	460	1999
海岸线长度(公里)	410	1995～1999
10度纬度线内距离最近的大陆距离(公里)	2600(亚洲),2200(澳大利亚)	无定期
垂直高度(米)	240	无定期
低地面积比例	25%	..
距离海岸2公里、海拔低于10米的土地	20%	..
特有物种数量	11	
引进物种数量	19	1997
濒危物种数量	13	1997
彻底灭绝物种	1	1997
森林总面积(平方公里)	350	2000
森林覆盖率(%)	76.1%	2000
自然植被比率(%)	68.898%	2000
遭到过度捕捞的鱼类种类	8	无定期
距离海岸100公里以内的居民人口比例	100%	..
1995～2000年自然森林减少量	350(平方公里)	1995～2000
每年自然植被减少量	58.3(平方公里)	1995～2000
拥有汽车数量	5521	2000
化肥使用量(吨)	68060(平均)	无定期
日均用水量	946升/人/天	无定期
受采矿业影响的土地、河流和海岸带(%)	0.04	无定期
陆地保护区(%)	11%	1994
海洋保护区面积(公顷)	1200	..

数据来源：帕劳环境和协调办公室数据，http://palaugov.pw/executive - branch/ministries/finance/budgetandplanning/environment - statistics/。

　　帕劳海域的潮汐一天发生两次，中央潮汐变化最高超过两米。暴风和台风对潮汐有显著的影响，如果它们与潮汐的高潮相结合，会增强对海岸的侵蚀和淹没度。每年 5 月底到 9 月是强风比较多的季节。

　　帕劳的森林覆盖率较高，目前森林覆盖率约为 76.1%。[①] 但随着经济开发和森林采伐量的增长，原始森林也遭到破坏。帕劳共有 149 种鸟类，其中有 10 种鸟类属于帕劳独有的物种。目前，已有 3 种鸟类濒临灭绝。2005 年重新被发现的"灭绝"物种巨型帕劳斯蚯蚓就是濒危物种之一。

　　帕劳拥有世界上唯一的无毒水母，水母湖已经成为外国游客必访的旅游景点。进入湖中，与这些软绵绵的、自在飘浮的黄金水母亲密"接触"，成为到访水母湖的游客的首选。千万年来水母湖中的无毒水母已经远离了它们的众多天敌，在水母湖中自在地生存繁衍。然而，自从水母湖被开发为旅游景点后，人类开始成为水母湖无毒水母的最大威胁。无毒水母非常脆弱，托举和触碰甚至在水母湖中大力地游动都可能伤害到水母甚至把它们拍散。因此，水母湖的保护是帕劳环保计划很重要的一部分。帕劳环保部门规定，在水母湖只能在浅水层与水母近距离"接触"，不能深潜，以免破坏水母的生存环境。同时，严格限定每日进湖的人数，并在水母湖的四周设立水警，随时监视水母湖的状况。尽管如此，帕劳水母湖的水母数量仍在逐渐减少，[②] 因此，为了保护水母湖的生态，帕劳政府也可能会不再允许游客下水甚至不再开放水母湖。

二　影响环境的因素

　　海平面上升、海洋酸化和热带气旋无疑是影响帕劳环境的最主要的因素。而旅游开发、渔业捕捞和磷酸盐矿开采等人类经济活动也给帕劳的海洋生态系统和自然环境带来了不可弥补的损害。此外，帕劳也是世界上人均拥有汽车最多的国家之一，汽车的尾气排放和因游客数量增多而带来的环境问题，也成为影响帕劳环境的重要因素。

　　由于全球气候变暖导致的海平面上升，已经让帕劳失去了大约三分之

---

① 帕劳政府网站，http://palaugov.pw/executive - branch/ministries/finance/budgetandplanning/environment - statistics/。

② 历史上，水母湖的水母曾经出现大规模减少的现象，气候原因可能是导致水母减少的主要因素。

一的珊瑚礁。而气候变化导致厄尔尼诺现象几乎剥夺了帕劳的农业生产能力，干旱和极端的高潮汐往往导致帕劳农业毫无收成。对于岛国人民来讲，海平面的上升和不断增多的厄尔尼诺现象不仅破坏了岛国的资源，更是关系到国计民生甚至岛屿存亡的问题。2008 年，帕劳总统汤米·雷蒙杰索就曾呼吁安理会考虑采取措施保护环境，使海岛国家免遭海平面上升导致的被淹没的命运。

二氧化碳排放量的不断增多是导致全球气候变暖的主要因素，也是目前影响帕劳水域海平面上升的主要原因。2014 年 7 月，在科罗尔举行的第 45 届太平洋岛国论坛上，帕劳国家领导人和与会的各国领导人一起呼吁发达国家大幅度削减二氧化碳排放量，以应对气候变暖、海平面上升和海洋酸化问题。

厄尔尼诺现象①也是当前帕劳气候变化的主要影响因素。当南半球赤道附近吹的东南信风减弱后，太平洋地区的冷水上泛会减少或停止，从而形成大范围海水温度异常增暖，传统赤道洋流和大气环流发生异常，导致太平洋沿岸一些地区迎来反常降水，另一些地方则干旱严重，这一现象被称为厄尔尼诺现象。赤道附近南北纬 10° 以内的太平洋岛屿受到厄尔尼诺现象的影响最为强烈。而帕劳全国几乎都在这一范围之内。进入 20 世纪 90 年代以后，受全球气候变暖的影响，厄尔尼诺现象越来越频繁，给帕劳的经济尤其是农业造成了极大危害。此外，厄尔尼诺现象有时也会促成西北太平洋台风偏少，但威力超强的特殊情形也有发生。例如，很少受到台风"光顾"的帕劳，在 2012 年和 2013 年连续遭受强台风袭击，超强台风"宝霞"和"海燕"给帕劳造成了巨大的财产损失，造成多地房屋倒塌，基础设施遭到破坏。强台风过境也对帕劳的农业生产造成了巨大影响。

而与经济发展相关的旅游开发、渔业捕捞、磷酸盐矿和石矿的开采，以及汽车尾气排放和餐饮业的发展，也给帕劳脆弱的生态环境带来了巨大

① 厄尔尼诺现象主要指太平洋东部和中部的热带海洋的海水温度异常地持续变暖，使整个世界气候模式发生变化，造成一些地区干旱而另一些地区降雨量过多。

挑战。在面临旅游开发和保护生态环境的矛盾面前,帕劳政府开始倾向于以保护生态环境为重,积极发展生态旅游,以期打造高端旅游度假市场。过去,近海渔业的过度捕捞已经使得帕劳的近海渔业资源几近枯竭。为了保护渔业资源,帕劳已经把其近海全部划为生态保护区,禁止一切商业捕捞,以保护和恢复近海海洋生态环境。

三 环境保护措施

帕劳自独立以来,不断在国际社会呼吁加强对海洋生态和环境的保护,并积极与国际社会和地区组织合作,制定和实施生态环境保护计划。帕劳海洋资源局(Bureau of Marine Resources)是国家自然资源可持续发展的重要推动部门。帕劳还通过参与一系列的国际和地区条约、会议和协定以及参加国际组织的海洋机构,保护国家的环境、物种和近海资源,管理远海的外国商业捕捞活动。帕劳领导人在联合国大会也多次发言,呼吁国际社会关注海洋环境保护问题和气候变化问题。帕劳发起的旨在保护密克罗尼西亚地区生态环境的"密克罗尼西亚挑战"以及与南太平洋国家共同发起的"全球变暖及对南太平洋地区的影响"等提案,都是近年来帕劳在环境保护问题上的积极作为。帕劳已经成为地区环境保护的"领导者"之一。

1. 立法保护海洋资源

帕劳独立后,政府就制定实施了一系列环境保护法以保护帕劳海域的海洋物种。帕劳共有15个保护和管理近海资源的特别法律,其中包括对拿破仑隆头鱼(napoleon wrasse)、苏眉鱼和儒艮的保护;在禁渔期禁止捕捞石斑鱼、绿海龟和玳瑁;对红树林蟹和龙虾的捕捞尺寸做出严格限制等。目前,帕劳海洋资源保护的主要法律包括帕劳《1994年海洋保护法》(Marine Protection Act 1994)、第116号和203号行政命令(Executive Order Number 116 and 203)、1995年国家主要发展计划(1995 National Master Development Plan,NMDP)、经济发展计划(Economic Development Plan)、帕劳国会第27号令(Palau National Congress 27)以及大量的国际协定和条约等。

帕劳政府于 2003 年颁布了"反捕鲨法",禁止在其领海范围内猎捕、运送鲨鱼,以及切掉鲨鱼鱼翅,违法者将被处以 25 万美元的罚款。帕劳政府也是全球第一个设立鲨鱼保护区的国家。2003 年,帕劳政府还建立了保护区局域网(Protected Area Network, PAN),以保护原始多样的自然环境。保护区局域网基金来源于帕劳征收的环保费(Green Fee)。每位入境帕劳的 13 岁以上游客都必须缴纳离境税和环保税,自 2016 年 10 月 1 日起,离境税和环保税由 50 美元提高到 100 美元。2008 年,帕劳政府通过立法禁止近海商业捕鱼,规定在距离海岸 24 英里以内禁止商业捕鱼、距离科罗尔主要港口 50 英里以内禁止商业捕捞,并禁止捕捞一些特殊的岩礁鱼类、海龟及海洋哺乳动物。此外,2008 年帕劳还发布了鲨鱼保护区声明,并在皮尤组织的协助下,在其专属经济区建立了世界上首个鲨鱼保护区,在保护区内全面禁止一切商业捕鲨活动,以保护帕劳水域 130 多种鲨鱼。此外,帕劳政府在 2012 年还对钓具和渔网的网眼尺寸等捕捞工具进行了严格限制,并禁止用毒药和炸药进行捕鱼。

为有效地保护帕劳的专属经济区,2015 年,帕劳国会通过了《国家海洋禁捕区法令》(National Marine Sanctuary),同年 10 月经总统签署后生效。基于此法令,帕劳将设立国内渔业捕捞区以促进地方渔业的可持续发展,并对国内食品安全和旅游市场的发展进行了规划。《国家海洋禁捕区法令》的主要内容包括:(1)将帕劳 80% 以上的专属经济区水域划为国家海洋禁捕区,总面积将超过 50 万平方公里;(2)将帕劳 20% 的专属经济区划为高度监管的捕捞区(Fishing Zone),总面积约 10 万平方公里;(3)禁止大部分帕劳鱼类的出口;(4)改革对国内现代商业延绳钓渔船的监管制度,实现 100% 的有效监管。①

不过,帕劳专属经济区内的非法、不报告和无管制捕捞活动(Illegal, Unreported and Unregulated Fishing)仍然时有发生。因此,帕劳

① The Republic of Palau Exclusive Economic Zone MONITORING, CONTROL, AND SURVEILLANCE the Next Five Years 2016 - 2021, PDF, p. 8. http://palaugov.pw/wp - content/uploads/2016/05/palau_ mcs_ strategic_ plan_ final. pdf.

政府开始积极与国际社会合作，加强在帕劳海域的监督和监管，并制定了《帕劳专属经济区监管、控制和监督五年计划（2016～2021）》。该计划旨在对帕劳的专属经济区实施有效的监管、控制和监督（MCS），防止非法、不报告和无管制捕捞活动的发生。同时，提高帕劳海上搜救能力、监测海上原油泄漏和应对能力、天气预报能力及帕劳地区安全保障能力。根据该计划的规划，经过五年的努力，从 2021 年 1 月开始，帕劳海洋执法（Palau Marine Law Enforcement）将可以实现地方、州、国家层面的联合执法，并与合作国家、国际非政府组织、政府间组织一起在帕劳专属经济区实施有效监管，制止和侦查在帕劳国家海洋禁捕区的非法捕捞、犯罪行为和其他破坏帕劳海洋环境和帕劳国际水域的行为。到 2021 年，帕劳国家海洋禁捕区将全面建成，同时将配合强有力的监管和控制措施，通过财政支持和法律手段保护帕劳的海洋资源免遭污染、开发或非法捕捞的破坏。[①]

2. 建立生态保护区

从 1994 年独立伊始，帕劳就开始不断建立生态保护区，以保护帕劳的海洋和陆地物种以及生态系统。1998 年设立了玳瑁保护区，2001 年设立了儒艮保护区。2008 年，帕劳在其专属经济区设立了鲨鱼保护区。帕劳不仅是第一个建立鲨鱼保护区的国家，而且把近海都划为生态保护区，禁止一切商业捕捞活动。帕劳政府非常重视对生态物种的保护，先后设立了珊瑚、海龟、鲨鱼等各种生物保护区。帕劳政府还将洛克群岛中 70 个无人居住的岛屿，划为海洋生态保护区，禁止民众进入，充分保护海龟与海鸟的生态环境。

目前，帕劳国内建立的生态保护区达 43 个，北部珊瑚礁管理保护区正在建立过程中。保护区保护的物种有海洋鱼类、贝类、珊瑚，生态区域包括海草床、礁坪、产卵区域、环礁岛屿、沼泽林、红树林、动植物群

① The Republic of Palau Exclusive Economic Zone MONITORING, CONTROL, AND SURVEILLANCE the Next Five Years 2016 – 2021, PDF, p. 1. http://palaugov.pw/wp-content/uploads/2016/05/palau_ mcs_ strategic_ plan_ final. pdf.

落、森林、水系等帕劳生态系统的各个方面（参见表5－11），基本上建立了比较健全的生态保护系统。

表5－11　帕劳生态保护区一览

序号	名称	所在州	建立时间	类型	保护生态/物种	面积（平方公里）
	Northern Reefs Management Area	雅切隆州	建设中	海洋和陆地	环礁岛屿、珊瑚礁和潟湖	
1	Ngeruangel Marine Reserve	卡扬埃尔州	1996	海洋和陆地	环礁岛屿、珊瑚礁和潟湖	34.9
2	Ebiil Conservation Area	雅切隆州	1999	海洋	产卵石斑鱼群	19.0
3	Ngaraard Mangrove Conservation Area	雅拉尔德州	1994	海洋和陆地	红树林	1.48
4	Ungellel Conservation Area	雅拉尔德州	2007	海洋	海草床和礁坪	0.39
5	Ngerkall Lake Conservation Area	雅拉尔德州	2008	陆地、淡水	森林、池塘、分水岭	2.23
6	Diong Era Ngerchokl	雅拉尔德州	2008	陆地、淡水	森林、河流、分水岭	0.91
7	Ongiil Mangrove	雅拉尔德州	2010	海岸	红树林和珊瑚礁	2.0
8	Ngermasech Conservation Area	雅德马乌州	1998	海岸	红树林、礁坪、海草床	2.93
9	Lleakelbelu	雅德马乌州	2005	海洋	块礁	0.62
10	Ngerchelchuus	雅德马乌州	2005	陆地	森林、山景	0.30
11	Ngardmau Waterfall	雅德马乌州	2005	陆地	瀑布、动植物群落	6.12
12	Ngermeskang Nature Reserve	埃雷姆伦维州	2008	陆地	森林、分水岭	8.86
13	Ngermeskang Bird Sanctuary	埃雷姆伦维州	2008	陆地	沼泽林	1.50

序号	名称	所在州	建立时间	类型	保护生态/物种	面积(平方公里)
雅麦都湾自然保护区(Ngaremeduu Bay Conservation Area)内的特别区域						
14	Ngaremeduu Bay Conservation Area	埃雷姆伦维州、艾梅利克州、雅庞州	1999	海洋和陆地	鱼类、珊瑚和红树林	98.0
15	Bkulengriil Conservation Area	埃雷姆伦维州	2006	海洋和海岸	红树林和海草	0.71
16	Bkulabeluu Conservation Area	埃雷姆伦维州	2006	海洋	北航道、珊瑚和鱼产卵区	0.30
17	Mokiad Recreation Zone	埃雷姆伦维州	2009	海洋	珊瑚	
18	Ngatpang Crab Conservation Area	雅庞州	2003	海洋	珊瑚和蟹类	0.15
19	Ngatpang Fish Conservation Area	雅庞州	2003	海洋和海岸	珊瑚和鱼类	0.15
20	Imul Mangrove Conservation Area	艾梅利克州	2002	海洋和海岸	红树林	0.43
21	Ngerchebal Island Conservation Area	艾梅利克州	2006	海洋和陆地	岛屿和礁坪	0.3
22	Ngerderrar Watershed Conservation Area	艾梅利克州	2008	陆地	森林、分水岭、动植物群落	3.80
23	Ngemai Conservation Area	宜瓦尔州	1997	海洋	礁坪	1.0
24	Olsolkesol Water fall/ Ngerbekuu River Nature Reserve	宜瓦尔州	2009	陆地	水系	1.05
25	Ngardok Nature Reserve	梅莱凯奥克州	1999	陆地	湿地、森林和分水岭	5.0
26	Ngermedellim Marine Sanctuary	梅莱凯奥克州	2010	海洋	珊瑚	0.3
27	Ngelukes Conservation Area	恩切萨尔州	2002	海洋	块礁	0.50
28	Mesekelat Conservation Area	恩切萨尔州	2002	陆地	森林、分水岭	0.50
29	Ngchesechang Mangrove Conservation Area	艾拉伊州	1994	海洋和海岸	红树林	0.97
30	Oikull Mangrove Conservation Area	艾拉伊州	2002	海洋和海岸	红树林	0.78

帕劳

续表

序号	名称	所在州	建立时间	类型	保护生态/物种	面积（平方公里）
31	Ngeream Conservation Area	艾拉伊州	1997	海洋和海岸	海岸和红树林	1.64
32	Medal Ngediull Reef Conservation Area	艾拉伊州	2006	海洋和海岸	珊瑚礁和海草	0.30
33	Rock Island Southern Lagoon（RISL）Management Area	科罗尔州	1997	海洋和海岸	洛克群岛和堡礁	621.0
洛克群岛南部潟湖（RISL）内的特殊区域						
34	Ngerukuid Islands Wildlife Preserve	科罗尔州	1956	海洋和陆地	海岛、潟湖栖息地和资源	11.02
35	Ngerumekaol Spawning Area	科罗尔州	1976	海洋	产卵石斑鱼	2.08
36	Ngkisaol Sardines Sanctuary	科罗尔州	1999	海洋	产卵沙丁鱼	0.05
37	Ngederrak Reef	科罗尔州	2001	海洋	海草床和礁坪	5.98
38	Ngerkebesang Conservation Zone	科罗尔州	2002	海洋	礁坪	0.04
39	Ngemelis Island Complex	科罗尔州	1995	海洋和陆地	岛屿、珊瑚和潜水点	40.26
40	Teluleu Conservation Area	佩里琉州	2001	海洋	海草床和礁坪	0.83
41	Angaur Conservation Zone	安加尔州	2006	海洋	海草床和礁坪	0.39
42	Fanna Island Important Bird Area	松索罗尔州	（受传统法保护）	陆地	岛屿	0.40
43	Helen Reef Reserve	哈托博海伊州	2001	海洋和陆地	环礁岛、珊瑚和潟湖	163.0

资料来源："Environmental Assessment Document（Updated February 2015）"，http：//palaugov. pw/disclosure－of－safeguard－documents/。

3. 国际援助

帕劳是一个弱小的经济体，尽管自身也在不断努力采取措施保护脆弱的生态环境，但几乎无力承担环境保护的任何一项支出。事实上，即使是生态保护区的建设，大部分资金来源于国际援助，尤其是美国、日本和国际环保组织的资金、技术支持和援助。

从 20 世纪 40 年代起一直到 1994 年，帕劳一直处于美国的托管统治之下。1994 年之后，帕劳又成为美国的"自由联系国"。因此，在帕劳环境保护方面美国无疑是最大的援助国。近年来，在帕劳应对气候变化方面，美国也提供了大量的经济和技术援助。据统计，仅 2011～2015 年间，美国就向太平洋岛国提供了 4.13 亿美元的经济援助，以帮助各国应对气候变化带来的影响。① 其中，"太平洋美国气候基金"（Pacific American Climate Fund）通过太平洋岛国的非政府组织和私营部门，为太平洋岛国应对气候变化提供了大量的资金援助。美国国家和海洋大气局（NOAA）也为帕劳提供了大量的信息服务，并向帕劳政府派遣应对气候变化的顾问，帮助帕劳制定和实施气候变化应对策略。从 2010 年起，美国已经为多边气候基金注入了 35 亿美元的资金，包括专门为小岛国提供应对气候变化影响的"新绿色气候基金"（the New Green Climate Fund）。② 此外，美国国际开发署与帕劳国家灾害管理办公室（Palau's National Emergency Management Office）合作，在环境治理和自然灾害预防方面为帕劳提供资金支持和技术帮助，美国气象部门还随时为帕劳提供针对厄尔尼诺现象的监测和救助帮助。2013 年台风"海燕"给帕劳造成了巨大的损失，救灾工作得到了美国国际开发署和美国海军的积极支持。2016 年 2 月，美国负责东亚和太平洋事务的助理国务卿丹尼尔·拉塞尔（Daniel R. Russel）在访问帕劳期间承诺，2016 年 6 月美国林务局（U.S. Forest Service）将向帕劳派出训练员，帮助帕劳培训灾害应对和处置人员。这项培训是美国为帕劳提供的防灾培训计划的一部分。

---

① Daniel R. Russel，"Remarks to Olbil Era Kelulau（National Congress）of Palau"，the U. S. Department of State website，http：//www. state. gov/p/eap/rls/rm/2016/02/253890. htm.

② Daniel R. Russel，"Remarks to Olbil Era Kelulau（National Congress）of Palau"，the U. S. Department of State website，http：//www. state. gov/p/eap/rls/rm/2016/02/253890. htm.

第六章

文 化

　　帕劳是一个有着自己独特文化传统和习俗的国家，又是一个融合了西方多元文化的现代文明社会。在帕劳，各种文化包括帕劳土著文化、欧洲文化、日本文化、美国文化、菲律宾文化以及南岛文化都得到不同程度的继承和发展。这种多元文化的融合与碰撞，不仅体现在语言、宗教信仰、服饰、饮食习俗等社会生活领域，也体现在教育体制、文学艺术甚至体育运动等各个方面。

第一节　教育

一　概况

　　帕劳在历史上曾经长期为西方殖民地，并几经易手。因此，帕劳的教育体系和模式也不断变化。帕劳在欧洲人到来之前，没有系统的教育体系。英国人、西班牙人、德国人等欧洲人，在与帕劳的贸易和对帕劳殖民统治的过程中，把欧洲的文化和宗教传到了帕劳。帕劳人也乐于向与他们文明不同的人学习，帕劳大酋长伊贝杜尔还曾把他的儿子派往英国学习。不过，在欧洲人统治期间，帕劳并没有相应地建立起欧洲式的教育体系。真正把帕劳纳入现代教育体系的是在帕劳统治了 30 年的日本。日本战败后，帕劳的日式教育体系遭到瓦解。此后，在美国的托管之下，帕劳又仿照美国建立起美国式的教育体系，并沿用至今。

　　1. 日本统治时期帕劳教育体系的建立

　　自 1914 年到第二次世界大战结束的 30 年间，帕劳作为日本的殖民地深受日本的影响。日本在帕劳设立公立学校，建立了日本式的义务教育体系，日语成为当地居民学习的语言。至今，帕劳的安加尔岛仍然将日语与帕劳语和英语并列为官方语言，这也使得安加尔岛成为日本以外唯一以日语为官方语言的地区，尽管该地区几乎已经没有以日语为日常用语的人口居住。

1914 年，日本取代德国获得在帕劳的统治权后，在对帕劳进行经济殖民的同时，非常重视通过教育对帕劳进行文化渗透和同化，极力把帕劳纳入日本的教育体系。1915 年，日本在帕劳设立了第一所学校，为帕劳儿童提供初级教育。根据 1938 年出版的《南海群岛教育史》（*Nanyo Gunto Kyoikushi*）记载，日本当局在帕劳建立教育体系的目的是促进帕劳人的福祉，使日本统治下的密克罗尼西亚地区每一个孩子都能够接受日本教育，以促进包括最边缘的岛屿在内的所有"南海群岛"（日本称其占领时期的密克罗尼西亚群岛为"南海群岛"）的居民都使用日语。[1] 日本把密克罗尼西亚诸岛屿打造成其永久殖民地的目的昭然若揭。此外，日本在帕劳设立的学校还强迫学生每天早上必须面向日本、面向日本天皇居所鞠躬，以培养效忠于日本的"公民"。

日本统治期间，一共在帕劳设立了 5 所学校，为帕劳儿童提供初级教育（Honka）和高级教育（Hoshuka）。学校分别设立在科罗尔、梅莱凯奥克、雅拉尔德、佩里琉和安加尔。

初级教育是强制性的义务教育，学制为三年。课程包括日语、道德教育、算术、绘画、音乐、体育、手工艺、农业和家庭经济，一周学习 24 小时。其中，一半的时间用于日语教学（参见表 6-1）。在日本统治时期，帕劳基本上实现了初级教育的全覆盖。从 1915 年至 1935 年，仅从科罗尔初级教育学校毕业的学生就有 6609 人。[2]

---

① Takashi Mita, *Japan's Development Assistance in the Republic of Palau: Community Impacts and Effects*, Bell & Howell Information and Learning Company, 2001, p. 42.

② Takashi Mita, *Japan's Development Assistance in the Republic of Palau: Community Impacts and Effects*, Bell & Howell Information and Learning Company, 2001, p. 42.

表 6 - 1　日本统治时期帕劳初级教育课程

	课程名称	每周上课时数(小时)
初级教育课程表 (每周 24 小时)	日语	12
	算术	4
	道德教育	1
	音乐、体育	3
	绘画	1
	手工艺	1
	农业	1
	家庭经济	1

资料来源：Takashi Mita, *Japan's Development Assistance in the Republic of Palau：Community Impacts and Effects*, Bell & Howell Information and Learning Company, 2001, p. 42。

　　高级教育实际上只是两年制的教育。开设课程除了在内容上更深一些外，与初级教育开设的课程基本一致，只是课程时间有所变化。高级教育更加注重实践操作课程的教授，其中手工艺课程每周 4 个小时，同时根据性别分工实行有针对性的技能教育。其中，男生每周接受 4 个小时的农业教育，女生每周接受 4 个小时的家庭经济教育（参见表 6 - 2）。日本南海政府在帕劳推行的高级教育，为帕劳经济的发展提供了一批技术工人和

表 6 - 2　日本统治时期帕劳高级教育课程

	课程名称	每周上课时数(小时)
高级教育课程表 (每周 26 小时)	日语	10
	算术	4
	道德教育	1
	音乐	1
	体育	1
	绘画	1
	手工艺	4
	农业(男生)	4
	家庭经济(女生)	4

资料来源：Takashi Mita, *Japan's Development Assistance in the Republic of Palau：Community Impacts and Effects*, Bell & Howell Information and Learning Company, 2001, p. 42。

农业劳动者。从 1915 年到 1935 年，共有 4637 名帕劳青少年从科罗尔高级教育学校毕业。①

此外，为了给日本南海政府培养技术操作人员，日本南海政府还通过设立培训中心加强对帕劳当地居民的职业技能教育。1926 年，日本南海政府在帕劳设立了木工学徒培训中心（Mokko Totei Yoseijo）。到 1935 年，共有 86 名帕劳人在该中心接受了农业和木工技术培训。②

随着日本战败从帕劳全面撤离，日本在帕劳建立的教育体系遭到瓦解。不过，日语、日式饮食习惯和生活方式仍然对帕劳人有着重大的影响。当代帕劳当地居民中；一些老年帕劳人还会说日语。据统计，在《新帕劳 – 英语词典》（*New Palauan-English Dictionary*）中约有 600 个单词来源于日语，占词典总词汇量的 6% 左右。③ 许多帕劳人喜欢起一个日本名字，尽管他们可能不是日裔或其后代。

2. 美国式教育制度的建立及美国的教育援助

二战后，美国占领了帕劳，并于 1947 年把帕劳纳入其太平洋岛屿托管地。美国治理期间废止了日本在帕劳建立的初级、高级教育体系，按照美国的教育制度在帕劳建立学校，开展中小学教育和职业教育。小学学制为 6 年，初中为 3 年。成立于 1946 年的帕劳初级中学（Palau Intermediate School），为 3 年制的初级中学，是现在帕劳中学的前身。20 世纪 60 年代，美国实行教育制度改革后，帕劳的教育体系也相应地改为 12 年制（小学 8 年，中学 4 年）。

不过，在起初的十几年间，美国不太关注帕劳的教育和文化发展问题。美国内务部自 20 世纪 50 年代全面接管太平洋岛屿托管地事务后，开始关注密克罗尼西亚地区的教育和社会发展。尤其是从 20 世纪 60 年代开

---

① Takashi Mita, *Japan's Development Assistance in the Republic of Palau: Community Impacts and Effects*, Bell & Howell Information and Learning Company, 2001, p. 42.
② Takashi Mita, *Japan's Development Assistance in the Republic of Palau: Community Impacts and Effects*, Bell & Howell Information and Learning Company, 2001, p. 42.
③ Takashi Mita, *Japan's Development Assistance in the Republic of Palau: Community Impacts and Effects*, Bell & Howell Information and Learning Company, 2001, p. 48.

始，美国和平队开始帮助太平洋岛屿托管地发展教育，在帕劳建立起美国式的中小学教育和职业教育。1962 年，美国向联合国提交关于太平洋岛屿托管地的教育政策的报告，计划在太平洋岛屿托管地全面实现中等教育，设立公立中学，并向太平洋岛屿托管地派遣美国教师。随着美国在太平洋岛屿托管地普及中学教育项目的实施，学校建设、教师配备和拨款都相应地有所加强。1961 年，美国在密克罗尼西亚地区的教师仅为 35 人，而 1968 年已达到 178 人。① 与此同时，美国托管当局给予密克罗尼西亚地区的年度援助资金也大幅增长，在 1962 年之前，美国每年给予太平洋岛屿托管地的拨款仅为 650 万美元，1962 年增加到 1500 万美元，而到 1968 年增长为 5000 万美元。② 1968 年，帕劳 15～19 岁（美国中学入学年龄）适龄中学人数为 733 人，实际在中学学习的人数达到 857 人（有些学生年龄超过 19 岁），实现了中等教育的普及。③ 到 1976 年，密克罗尼西亚地区从事中小学教育的教职员工达到 2393 人。④ 1974/1975 财年，美国共向帕劳中小学教育提供了约 59 万美元的援助资金，其中，小学教育资金 10.7344 万美元，中学教育资金 48.2601 万美元。⑤ 此外，美国还资助帕劳中小学建立图书馆和影院，创办报刊，促进帕劳教育文化的发展。到 1976 年，帕劳中小学共建立 13 个图书馆，拥有藏书 20210 册，建立 8 家电影院和创办两份报纸（*Tia Belau* 和 *Spot Light*）。⑥

此外，从 1969 年开始，美国又在太平洋岛屿托管地开始实施高等职

① R. F. Kanost, Localisation in the Trust Territory of the Pacific Islands, *Localisation*, Section Ⅶ, p. 327.
② R. F. Kanost, Localisation in the Trust Territory of the Pacific Islands, *Localisation*, Section Ⅶ, pp. 328 – 329.
③ R. F. Kanost, Localisation in the Trust Territory of the Pacific Islands, *Localisation*, Section Ⅶ, p. 338.
④ 1976 Trust Territory of the Pacific Islands (Report of Fiscal Year 1976). Published by the Department of the Interior, USA, p. 101.
⑤ 1976 Trust Territory of the Pacific Islands (Report of Fiscal Year 1976). Published by the Department of the Interior, USA, p. 264.
⑥ 1976 Trust Territory of the Pacific Islands (Report of Fiscal Year 1976). Published by the Department of the Interior, USA, pp. 266 – 267.

业教育，在密克罗尼西亚建立社区学院，发展高等教育和成人教育。美国还为密克罗尼西亚托管地的学生提供奖学金，以鼓励他们接受高等教育。从1962年到1970年，美国总计为密克罗尼西亚托管地的学生提供了3023万美元的奖学金，平均每年约340万美元。1971年，美国提供的奖学金增加到770万美元。同期，美国还提供了大约2800万美元的教育援助资金，用于密克罗尼西亚的教育和培训。在整个60年代，美国共计向密克罗尼西亚提供了约6000万美元的教育援助资金。① 截止到1970年，共有88名帕劳学生获得了高等教育文凭，而在1964年之前共有18名帕劳学生获得高等教育文凭。②

1980年，美国国会又指定密克罗尼西亚学院（College of Micronesia）为太平洋岛屿托管地政府资助的低学费大学（Land Grant College）。此后，这一协定扩展到三个密克罗尼西亚国家，即马绍尔群岛、密克罗尼西亚联邦和帕劳。帕劳的政府赠地学院称为密克罗尼西亚职业学院（Micronesian Occupational College）。

帕劳独立后，依据帕美《自由联系条约》，美国给予帕劳的援助资金中也包括一部分教育援助资金。据统计，从1995年到2009年9月30日15年合约到期前，美国共向帕劳提供了超过6亿美元的援助资金，其中，约有3870万美元用在了援助帕劳医疗卫生和教育方面。③

在提供教育援助资金的同时，美国还通过举办培训班的方式为帕劳等太平洋岛国培训人才。2014～2015年期间，美国出资举办了一系列太平洋地区研习班，研习科目包括再生能源、贸易和投资、海产品可持续商业发展等诸多方面，为帕劳未来的经济发展提供一定的技术支持。例如，在波纳佩举办的渔业2.0讲习班上，两位来自帕劳的女性商业领导人参加了

---

① R. F. Kanost, Localisation in the Trust Territory of the Pacific Islands, *Localisation*, Section Ⅶ, p. 334.

② R. F. Kanost, Localisation in the Trust Territory of the Pacific Islands, *Localisation*, Section Ⅶ, p. 359.

③ "U. S. and Palau Agreement", the U. S. Department of Interior website, https://www.doi.gov/ocl/hearings/112/USandPalauAgreement_ 113011.

学习和培训。她们在讲习班上学习如何扩大商业规模，学习如何与地区其他企业家建立联系，这有助于她们更好的发展。①

美国与帕劳间的民间交流也比较频繁，始于 50 年前的"美国和平队项目"，在帮助帕劳社会发展方面发挥了积极的作用。美国每年也向帕劳提供一些奖学金项目，也有许多帕劳人到美国工作、学习或移民美国。

3. 帕劳教育的发展

帕劳现代教育体系受美国影响较大，实行义务教育，具有较为发达的基础教育体系。在帕劳，凡是有居民的岛屿均设有小学，科罗尔岛上设有中学。但是帕劳没有本科院校，只有一所社区学院（专科）。帕劳许多年轻人一般会选择去美国、日本、菲律宾等国留学。帕劳与美国是"自由联系国"，帕劳贵族中学的学生可以直接升入美国的大学就读，帕劳公民也可以自由移民美国。帕劳 92% 的居民具备读写能力，也就是说，15 岁及以上的帕劳人基本上能够运用帕劳语和英语进行读写。其中，93% 的男性和 90% 的女性具备读写能力。②

帕劳教育部（Ministry of Education）是帕劳公共教育的管理和服务部门。帕劳教育部主要负责人事管理、课程与教学、学校管理、调研、联邦项目和教育部的行政工作。同时，教育部还致力于建立公共教育体系，不断提升帕劳初级和中级教育水平，以满足帕劳儿童入学需要。教育部还就政策制定和学校课程设置等做出规划和指导，促进帕劳教育的发展。帕劳教育部下设教育管理局（Bureau of Education Administration）、人事和管理处（Div. of Personnel & Management）、调研处（Div. of Research & Evaluation）、学校管理处（Div. of School Management）和课程与教学处（Div. of Curriculum & Instruction）。

---

① Daniel R. Russel, "Remarks to Olbil Era Kelulau（National Congress）of Palau", the U. S. Department of State website, http：//www. state. gov/p/eap/rls/rm/2016/02/253890. htm.

② Natasha Alexander, *Palau Foreign Policy & Government Guide*, International Business Publications, USA, 2001, p. 9.

二 中小学教育

帕劳的中小学教育仿照美国的教育制度，实行 12 年学制。小学学制 8 年，包含 1~8 年级，主要开设英语、帕劳语、算术、音乐、美术、体育和手工艺等课程。中学学制 4 年，课程除了基本的语言和基础教育外，还包含一些职业教育课程。帕劳中小学有私立和公立之分，私立中小学大多为贵族学校，招生人数较少。目前，帕劳全国有 20 多所小学，6 所中学。帕劳儿童的入学率很高，帕劳独立后其适龄儿童的毛入学率基本都保持在 100% 以上。[①] 从学校的在校生人数来看，大约四分之三的学生选择在公立中小学就读，四分之一的学生在私立中小学就读。2014~2015 学年，共有 2353 名学生就读于公立中小学，806 名学生在私立中小学就读（参见表 6-3）。

表 6-3　帕劳公立和私立学校中小学在校生统计（2000~2015 年）

学年	总计	公立小学	公立中学	总计	私立小学	私立中学
2003~2004	3231	2432	799	1014	593	421
2004~2005	3161	2382	779	1034	612	422
2005~2006	3108	2274	834	1043	557	486
2006~2007	2945	2135	810	1047	548	499
2007~2008	2914	2063	851	1049	521	528
2008~2009	2804	1954	850	1024	500	524
2009~2010	2661	1877	784	1020	492	528
2010~2011	2528	1786	742	984	472	512
2011~2012	2417	1734	683	975	469	506
2012~2013	2397	1725	672	930	449	481
2013~2014	2322	1679	643	872	429	443
2014~2015	2353	1707	646	806	411	395

数据来源：帕劳教育部教育管理局，"Education Statistics"，http://palaugov.pw/executive-branch/ministries/finance/budgetandplanning/education-statistics/。

---

① 世界银行，http://data.worldbank.org/country/palau。

帕劳还有一所寄宿制宗教学校——帕劳摩德肯基教学校（Belau Modekngei School，BMS），招收中学生在此学习。该校于 1974 年由摩德肯基教的长老们组织建立，学校设在信仰摩德肯基教的伊波邦村，目的是传授摩德肯基教的古老传统。现在，大约有 30 名 9 ~ 12 年级的学生在这里学习，学生和老师可以选择住在学校没有电和自来水供应的传统集体宿舍里，也可以选择住在周边的村子里。一半多的学生住在学校里。学校的学生构成也比较复杂，有些是受家庭传统教育的影响，有些是因为被当地唯一的一所公立学校开除，不得不来到私立学校继续求学。学校主要开设英语、数学和帕劳语，也开设摩德肯基教课程，学校种植传统的药用植物，并组织学生与村民一起践行传统习俗。学校的首要宗旨是保障摩德肯基教能够一代一代传承下去。

帕劳中学（Palau High School）是帕劳最大的也是唯一的公立中学，也是帕劳唯一获得国际教育联盟"西部学校与学院教育联盟"（Western Association Of Schools And Colleges，WASC）① 认证的中学。获得 WASC 认证，意味着该校学生的学历可获得全美国以及绝大多数西方国家基础和高等教育机构的认可。帕劳的中学教育始于美国海军管理当局（Navy Administration）治理时期。帕劳中学的前身是成立于 1946 年的帕劳初级中学。因为当时的帕劳小学包括 1 ~ 6 年级，因此帕劳初级中学只有 7 ~ 9 年级。帕劳初级中学的旧址位于现在帕劳社区学院（Palau Community College）的校园内，校舍是日本统治期间建立的。1960 年，帕劳的小学教育由 6 年制改为 8 年制（1 ~ 8 年级）。因此，帕劳初级中学也相应地把学制改为 9 ~ 12 年级，1962 年帕劳初级中学更名为帕劳中学。

三 职业教育和特殊教育

1. 职业教育

帕劳的职业教育主要由帕劳中学和帕劳社区学院实施。此前，在日

---

① 美国西部学校与学院教育联盟成立于 1962 年，是美国教育部授权的 6 个私人的、非营利的、非政府的地区性学校认证机构之一，为公和私立学校、学院和大学进行学历认证。

本统治时期和美国治理期间，帕劳也建立过一些相应的职业培训中心和职业学院。如，1926 年日本南海政府设立的木工学徒培训中心和 1969 年美国托管当局在科罗尔建立的密克罗尼西亚职业学院。帕劳独立后，职业教育主要由帕劳中学和帕劳社区学院通过课程设置和项目实施来推动。

帕劳中学的特色之一是它的职业教育，许多职业教育项目始于帕劳初级中学时期，现在帕劳中学的课程中仍然包含一些职业教育课程，如农业、木工手艺及一些职业技术教育项目（Career Technical Education Programs）。帕劳中学的职业教育由帕劳中学职业学院（Palau High School Career Academies）承担。帕劳中学机械工程项目（CTE Program）是由帕劳自 1998 年开始实施的"学校到工作计划"（STW）发展而来的，目的是帮助学生更好地选择和适应合适的职业。这一项目最复杂也最重要的方面是建立一个持续的系统，使学生能够进行与学习内容相关的工作。因此，到相应的工厂和车间实习是帕劳中学职业教育的重要一环，在实习环节，雇主是重要的参与者和指导者。通过实习学生能够学以致用，毕业后能够直接从事职业技术工作。

实施伊始的"学校到工作计划"由"实习行动"（Work Based Activities）小组委员会负责实施，主要目的是通过课程的设置和整合，增加与现代工业相适应的职业教育的内容，以帮助学生把他们的课堂知识和经验与未来的工作相衔接。试点项目始于 1999 年的暑期实习项目（Summer Work Experience Program，SWEP）。该项目从 1999 年 7 月 7 日开始，到 8 月 3 日结束，历时近一个月。该项目得到了帕劳教育部、帕劳政府和私人雇主的支持，共有来自 6 所中学和帕劳社区学院的 10 名教师、150 名学生和 49 名来自帕劳社区私人和公共部门的雇主参加此项项目。[①] 该项目取得了非常好的效果，学生在实习过程中锻炼了动手能力，也得到了很好的工作指导。此外，为促进学生的职业教育与实践，2001 年夏，帕劳还成立了帕劳雇主和教育者联盟（Belau Employers and Educators

---

① 帕劳中学网站，http://www.palaumoe.net/phs/CtE.php。

Alliance，BEEA），具体负责学生的实习活动。目前，参与该项实习活动的雇主和社区不断增多，对于提升学生在工作中的实际动手能力起到了重要的促进作用。

为了更好地促进学校学习与工作技能的衔接，从 2000 年开始，帕劳中学实施了 4 项"职业学堂项目"（Career Academy Programs）。这些项目包括商业信息、卫生与服务、工业管理和自然资源等方面的课程。2011年秋季，帕劳中学又增添了一个"人文科学"（Liberal Arts）项目，并设立了"健康教育"项目。同时，把"职业学堂项目"改为帕劳中学"职业和技术教育项目"（PHS Career and Technical Education Program，PHS CTE Program）。[①] 各职业教育项目分设不同的课程，课程学分计入学校总学分（参见表 6 - 4）。

表 6 - 4　帕劳中学"职业和技术教育项目"课程及学分

项目（专业）	课程	选修课	学分
商业信息	商务概论(11 年级) 计算机应用(11 年级) 企业数学(12 年级) 统计(12 年级)	办公室英语	每课程 1 学分
卫生与服务 ——旅游与接待	酒店运营一(11 年级) 导游规则(11 年级) 酒店运营二(12 年级) 旅游经营管理(12 年级)	日语一 日语二 计算机基础 商业管理	每课程 1 学分
卫生与服务 ——医疗卫生	解剖学和生理学入门(11 年级) 医疗数学(11 年级) 医疗沟通艺术(12 年级) 帕劳和密克罗尼西亚社区卫生(12 年级)	三角函数 物理	每课程 1 学分
工业管理 ——汽车技术	汽车技术一(11 年级) 汽车技术二(11 年级) 汽车技术三(12 年级) 汽车技术四(12 年级)	计算机基础 商业管理	每课程 1 学分

----

① 帕劳中学网站，http://www.palaumoe.net/phs/CTE.php。

续表

项目(专业)	课程	选修课	学分
工业管理 ——建筑技术	建筑技术一(11 年级) 建筑技术二(11 年级) 建筑技术三(12 年级) 建筑技术四(12 年级)	计算机基础 商业管理	每课程 1 学分
自然资源 ——农艺	农艺一(11 年级) 农艺二(11 年级) 农艺三(12 年级) 农艺四(12 年级)	计算机基础 商业管理	每课程 1 学分
人文科学	人文科学和社会科学入门(11 年级) 大学预备技能(11 年级) 人文科学沟通艺术(12 年级) 帕劳和密克罗尼西亚当代问题研究	公开	每课程 1 学分

资料来源：帕劳中学网站，http：//www. palaumoe. net/phs/Curriculum_ and_ Statistics. php#。

2011～2012 学年，帕劳中学"职业和技术教育项目"共招生 322 人，其中，最受学生欢迎的职业教育课程是商业信息、建筑技术和旅游与接待，共有 215 人选择这三个专业学习（参见表 6-5）。

表 6-5 2011～2012 学年帕劳中学"职业和技术教育项目"招生人数

专业	11 年级	12 年级	总计
艺术与人文科学		5	5
汽车技术	22	20	42
商业信息	26	39	65
建筑技术	54	35	89
旅游与接待	31	30	61
健康教育	16	0	16
人文科学	9	0	9
自然资源	14	21	35

资料来源：帕劳中学网站，http：//www. palaumoe. net/phs/Curriculum_ and_ Statistics. php#。

帕劳中学除了在高年级实施"职业和技术教育项目"外，在低年级也开设与未来职业相衔接的"职业发展"教育。"职业教育一"主要是针对 9 年级新生开设，目的是让学生了解各类职业的特点和要求，并学习一些应聘的策略和方法，开设的课程包括写作、计算机技术及一些综合课程。"职业教育二"主要是让学生学习基本的工作技能，主要是职业生存技能训练，如合作能力、领导能力、口头和书面表达能力、建立良好人际关系的能力、冲突管理与调解能力以及应对挑战和变化的能力等。此阶段的学生也会学习一些信息技术，如数据库、电子表格、word 文档和无线电通信等基础知识和技术。2011～2012 学年，共有 169 名 9 年级学生参加了"职业发展一"课程的学习，有 148 名 10 年级学生参加了"职业发展二"的学习（参见表 6－6）。

表 6－6　2011～2012 学年帕劳中学"职业发展"招生人数（9～11 年级）

	9 年级	10 年级	11 年级	总计
职业发展一	169	21	1	191
职业发展二	11	148	10	169

资料来源：帕劳中学网站，http：//www.palaumoe.net/phs/Curriculum_ and_ Statistics.php#。

2. 特殊教育

帕劳教育部实施的特殊教育项目受美国教育部的资助，每年向美国教育部提出年度资金援助申请。其中项目之一就是由帕劳中学负责实施的特殊教育项目。帕劳中学为残疾学生和有特殊需要的学生提供额外的学习指导和服务，以确保他们能接受免费的义务教育——确保他们接受教育直到中学毕业或 22 岁。其中，由学校、学生和他们的父母共同进行的"个别化教育计划"（Individualized Education Program，IEP）是帕劳特殊教育的基础项目。[①]

帕劳中学的特殊教育服务主要包括四部分。一是为学生和教师提供物质资助，主要是为教师和学生提供额外的救助、辅导、监测和咨询服务；

[①]　帕劳中学"特殊教育项目"（Special Education Program），http：//www.palaumoe.net/phs/SPED.php。

二是为学生提供兼职或专职的辅导，包括在普通班、资源班和特殊教室为学生提供直接的辅导；三是为学生提供过渡和技能中心服务，主要是与学生的个别教育计划中的其他特殊教育服务相衔接，提供包括在教室和社区进行的功能和职业技能训练。技术中心位于政府特殊教育中心内部，课程分为四部分，一是庭院劳动、木工手艺和园艺，二是烹饪、烘焙和餐饮服务，三是轻型制造业和创业，四是缝纫、保管和家政服务。此外，还开设一些通信技术、应用数学、科学、社会学和健康生活技能等综合性课程；同时为学生提供相关的治疗、交通和评价服务。

四　高等教育

帕劳社区学院是帕劳唯一的一所高等专科院校，学制两年，以职业教育为主。帕劳社区学院的前身可以追溯到 1927 年日本占领时期建立的职业技术学校。1980 年，美国国会指定密克罗尼西亚学院为太平洋岛屿托管地政府资助的低学费大学，帕劳的政府赠地学院称为密克罗尼西亚职业学院。1993 年 3 月 19 日，依据 1993 年帕劳"高等教育法案"（Palau Higher Education Act of 1993）建立独立的帕劳社区学院。1993 年 4 月 2 日，帕劳社区学院正式成立，学院设有理事会管理学院的运作。帕劳社区学院是获得美国西部学校与学院教育联盟"社区学院和专科院校认证委员会"（Accrediting Commission for Community and Junior Colleges）认证的独立教育机构。

帕劳社区学院可以授予刑事司法、人文科学、护理、农业科学和贸易等专业的专科文凭和证书。在帕劳社区学院相关专业完成相关课程的学习并取得平均 C 以上成绩、修满 60 学分的学生可以被授予相关专业的专科学位。目前，帕劳社区学院授予的专科学位主要有应用科学专科学位（Associate of Applied Science Degree，AAS）、科学专科学位（Associate of Science Degree，AS）、技术研究专科学位（Associate of Technical Studies Degree，ATS）和艺术专科学位（Associate of Arts Degree，AA）。[①]

---

① 帕劳社区学院网站，http://pcc.palau.edu/academics/aas/。

应用科学专科学位是一个终端学位，主要面向就业开设应用性课程。学生必须在应用科学和相关领域完成 14 门课程的学习，并且取得平均成绩 C 以上才可以被授予应用科学专科学位。应用科学专科学位主要课程包括农学、空调和制冷技术、建筑设计、汽车维修、汽车机械学、建筑工艺、电气技术、普通电子学、图书馆与信息服务、护理、办公行政、帕劳语研究、小型引擎与海洋船舶技术以及旅游与接待等课程。科学专科学位有 12 门课程，学生必须修满至少 60 学分。科学专科学位可以为学生更好地就业提供文凭支撑，也可以为继续完成四年制大学做预科准备。技术研究专科学位的课程包括艺术专科的课程，也包括一些特殊的课程。学生和指导教师可以自行制定一些研究课程，但必须都得到学院和学术事务主任的同意。该学位的学生可以选择就业，也可以选择申请四年制大学继续学习。艺术专科学位是一种普通学历教育，主要是为四年制大学的继续学习提供两年的学习经验，也为完成中学学习后欲继续学习的学生提供受教育机会。

此外，帕劳社区学院也有一些特殊项目，主要是职业教育和联合办学项目。帕劳社区学院也是美国"国家职业能力测试机构"（National Occupational Competency Testing Institute，NOCTI）认可的职业能力地区测试中心。国家职业能力测试机构是为商业、教育、工业、政府和军队提供职业能力测试的最重要的机构。帕劳社区学院还与其他国际教育和培训机构合作，在帕劳举行一些职业培训，如通过帕劳社区学院举办的潘福斯特职业学校（Penn Foster Career School）远程教育。潘福斯特职业学校是世界上最大的私立远程教育职业学校之一。学校的职业和技术培训课程主要有商业、工艺技术、健康保健和行业培训。目前，通过帕劳社区学院，帕劳学生可以接受 30 个专业的职业和技术培训，如木工、房屋检验、庭院设计、电工、美术、职业医疗救助、儿童日常护理、汽车维修、野生动物保护等。潘福斯特职业学校会直接将教材、工具以及软件等邮寄给学生，并且通过在线服务和指导对学生进行授课。学生只需在线学习就可以掌握各领域的新知识，完成课程学习的学生可以获得相关专业的专科毕业证书。

因为帕劳没有"大学",因此,许多帕劳人往往会选择到美国、澳大利亚和其他国家留学。鉴于帕劳与美国的"自由联系"关系,帕劳人前往美国留学更为方便,而且也可以申请美国联邦政府的助学金。包括帕劳总统汤米·雷蒙杰索和前总统中村邦夫在内的许多帕劳政要都曾在美国留学,汤米·雷蒙杰索毕业于美国密歇根州大峡谷州立大学,中村邦夫毕业于美国夏威夷大学。"帕劳大学入学挑战资助项目"(Palau College Access Challenge Grant Program)是目前帕劳教育部正在实施的教育资助项目之一,该项目由美国教育部(U. S. Department of Education)提供资金,旨在提高低收入和弱势群体学生的入学率和在大学里顺利求学的概率。

澳大利亚政府也通过澳大利亚奖学金(Australia Awards)项目为帕劳学生提供奖学金。澳大利亚奖学金是澳大利亚政府海外援助项目的重要内容之一。澳大利亚奖学金项目主要包括两类:一是澳大利亚太平洋奖学金(Australia Awards Pacific Scholarships),主要为到太平洋地区特定的教育机构学习者提供奖学金;二是澳大利亚领袖奖学金项目(Australia Awards Leadership Program),主要为到澳大利亚进行研究生学业学习的学生提供奖学金。自 1992 年以来,来自帕劳的 32 位澳大利亚奖学金获得者已经在澳大利亚和其他地区完成大学学习。[①]

第二节　体育

一　体育概况

自近代以来,西方殖民者在帕劳的殖民统治,使得帕劳在社会生活和行为习惯上已经深深地打上了西方国家的烙印,体育运动和体育赛事也逐渐"西化"。棒球、足球、篮球、英式橄榄球和游泳是帕劳较为普遍的体育运动,短跑和举重也是帕劳传统的体育项目。帕劳独立后,每年都会举

---

① 澳大利亚外交部网站,Overview of Australia's aid program to Palau,http://dfat. gov. au/geo/palau/development – assistance/Pages/development – assistance – in – palau. aspx。

办各种体育赛事，也派运动员参加世界游泳锦标赛、奥运会、太平洋运动会（Pacific Games）①、密克罗尼西亚运动会、太平洋小型运动会（Pacific Mini Games，其前身是南太平洋小型运动会）、太平洋校际运动会（PSG）等大型国际赛事。1999 年，帕劳成为国际奥委会第 200 个成员。从 2000 年开始，帕劳都会派出运动员参加奥林匹克夏季运动会。截至目前，帕劳共派出 1000 人次参加各项地区和国际赛事，帕劳在这些国际赛事中取得了较好的成绩。截止到 2015 年，帕劳在太平洋运动会上共取得 33 枚奖牌，其中金牌 9 枚，银牌 14 枚，铜牌 10 枚，居太平洋运动会奖牌榜第 16 位（24 个国家和地区）。在太平洋小型运动会上共获得 27 枚奖牌，其中金牌 9 枚，银牌 11 枚，铜牌 7 枚，居太平洋小型运动会奖牌榜第 14 位（22 个国家和地区）。②

棒球是帕劳人最喜爱的运动项目之一，也是较早引入帕劳的体育运动项目。20 世纪 20 年代日本人把棒球介绍到帕劳，并逐渐在帕劳普及。目前，棒球运动在帕劳已经是一项非常普及的运动项目。帕劳最高的棒球联赛——"全帕劳棒球锦标赛"（All-Palau Baseball Championship），始于 1947 年。除非为备战大的国际赛事，每年都会举办比赛。锦标赛由帕劳职业体协（Palau Major League，PML，成立于 1947 年）组织，由帕劳棒球联合会（Belau Baseball Federation）监管。帕劳棒球联赛一般在科罗尔朝日体育场（Asahi Field）举行，2002 年共有 7 支球队参加了比赛。帕劳有自己的国家棒球队，代表帕劳参加国际比赛。

足球也是帕劳最主要的体育项目之一，帕劳各个州几乎都有自己的足球队，每年都会举办各种类型的足球比赛，其中，成人足球联赛（PFA Adult League）和青年足球联赛（Palau Youth Soccer League）是帕劳主要的足球赛事。在 2011 年第 8 届帕劳运动会上，足球比赛首次被列为比赛

① 前身为南太平洋运动会，始于 1963 年。太平洋运动会是一个类似奥运会的综合体育赛事（尽管规模要小得多），40 多年以来，已在 12 个国家和地区举行过。最初的运动会每三年举行一届，1975 年关岛运动会后改为每四年一届，参赛队来自南太平洋范围内的国家和地区。2015 年在巴布亚新几内亚的莫尔兹比港举办了第 15 届太平洋运动会。

② "Pacific Games"，https://en.wikipedia.org/wiki/Pacific_Games.

项目，来自帕劳四个州的足球队进行了 10 场比赛，最终埃雷姆伦维州足球队获得冠军，艾拉伊州足球队获得亚军，雅德马乌州获得第三名，科罗尔州获得第四名。① 帕劳原首都科罗尔有一个容纳 4000 名观众的田径体育场（PCC Track & Field Stadium），这个体育场也是帕劳的国家体育场（Palau National Stadium）。大部分的体育赛事都在这个体育场举行，如帕劳最重要的赛事帕劳足球联赛（Palau Soccer League）和帕劳国家运动会（Belau Games），帕劳国家体育场也是帕劳国家足球队（Palau National Football Team）的主球场，帕劳国家男足和女足的比赛基本上都在这个体育场进行（帕劳比赛场地比较缺乏）。

帕劳参加奥运会的时间比较短，2000 年悉尼夏季奥运会是帕劳参加的首届奥运会。参加奥运会赛事由帕劳国家奥林匹克委员会（Palau National Olympic Committee）负责。② 此后，帕劳相继派运动员参加了 2004 年雅典奥运会、2008 年北京奥运会、2012 年伦敦奥运会和 2016 年里约奥运会。除了雅典奥运会帕劳派出 4 名运动员参加外，其他都是 5 人参赛。尽管至今帕劳运动员还未能在奥运会上夺得奖牌，但也取得了不错的成绩，其中游泳、短跑和举重都是帕劳参赛的传统项目。例如首次参加奥运会的帕劳短跑选手克里斯多夫·阿道夫（Christopher Adolf）在男子100 米预赛中以 11.01 秒的成绩列第 8 名，女选手皮奥里娅·小柴（Peoria Koshiba）在女子 100 米预赛中以 12.66 秒列第 7 名，尽管他们都未能取得进入决赛的资格，但也充分展示了帕劳体育运动的精神。2016 年 6月，为庆祝国际奥林匹克日（International Olympic Day），帕劳国家奥林匹克委员会还专门举办了"为生命而行走——年轻人与里约（2016）"（Walk for Life"Youth for Rio 2016"）的五公里跑步/步行比赛，以此表达对里约奥运会的支持及鼓励，民众尤其是更多的年轻人参加到体育活动中来。

2012 年伦敦奥运会，帕劳派出五人参加，其中包括两名田径运动员，

① Football at the 2011 Belau Games, https：//en. wikipedia. org/wiki/Football_ at_ the_ 2011_ Belau_ Games.

② http：//www. oceaniasport. com/palau, http：//www. foxsportspulse. com/assoc _ page. cgi? assoc = 3853&pID = 2#.

其余三人分别为柔道、游泳和举重运动员。他们是柔道运动员詹妮弗·安森（Jennifer Anson）、田径运动员露比·加布里埃尔（Rubie Joy Gabriel）和罗德曼·泰图尔（Rodman Teltull）、游泳运动员姬莎·基恩（Keesha Keane）和举重运动员斯蒂维克·帕特里斯（Stevick Patris）。2016年里约奥运会上，帕劳派出的5名运动员主要参加了游泳、皮划艇和摔跤等项目的比赛。玛丽娜·托里比翁（Marina Toribiong）参加200米和500米单人皮划艇比赛，肖恩·华莱士和德高尔贝·密斯彻（Dilrengulbai Misech）分别参加男子和女子50米自由泳比赛，弗洛里安·特门吉尔（Florian an Temengil）参加摔跤比赛，罗德曼·特图尔（Rodman Teltull）参加100米短跑比赛，尽管他们都没能在比赛中获得奖牌，但总体表现不错。其中，玛丽娜·托里比翁在200米单人皮划艇比赛中杀入半决赛，在500米单人皮划艇比赛中，也取得了她个人最好的成绩2分14.807秒，并比她最好成绩快了近4秒（2分18秒）。不过，帕劳至今还没有参加奥林匹克冬季运动会。

此外，帕劳政府比较注重对运动员和教练员的培养。为了增强帕劳儿童的体育技能，确保帕劳儿童能够得到专业的技术指导，按照正确的运动技能进行练习，帕劳还与其他国际体育组织共同培训教练员。例如，2016年4月11日至4月15日，帕劳排球联合会（Palau Volleyball Federation）和亚洲排球联盟（Asian Volleyball Confederation，AVC）在帕劳中学体育馆（Palau High School Gym）共同举办了亚洲排球联盟一级教练培训班，共有9名帕劳排球教练参加了培训。值得一提的是，这次参加培训的帕劳排球教练中有5名是女教练，她们获得亚排联一级教练证书并有资格申请亚排联二级教练证书。帕劳政府也比较注重年轻人的体育运动，例如，为帮助爱好足球的帕劳年轻人获得更好的发展，从2013年开始，帕劳足球联赛增加了帕劳青年足球联赛。

二 体育运动项目

帕劳是西太平洋小岛国，人口不过2万多人。体育运动是帕劳人生活非常重要的组成部分。帕劳体育运动深受美国的影响，棒球、篮球是帕劳传统的体育项目。但是，近年来随着足球职业联赛的兴起和扩展，足球运动逐渐成为最受帕劳人欢迎的运动项目。①

1. 足球运动

帕劳人对足球的热爱，促使足球运动成为帕劳最主要的运动项目和比赛项目。除了国家足球队外，帕劳几乎每个州都有自己的足球队。帕劳足球联盟每年都会举办各种类型的足球比赛，最主要的足球赛事包括足球联赛和帕劳国家运动会的足球比赛。帕劳的足球联赛又分为成人足球联赛和青年足球联赛。帕劳足球联赛（起初只有成人足球联赛）是由帕劳足联组织举办的国内业余足球联赛，赛事始于2004年。帕劳青年足球联赛开始的比较晚，2013年帕劳足联举办了首届青年足球联赛，此后，帕劳足球联赛就分为成人和青年足球联赛，分别举办。不过，帕劳国内基本没有固定的足球俱乐部，球队只是在参加帕劳足球联赛时才集合在一起，也就是说，每个足球队每年只集合一次。孟加拉队是帕劳最早成立的足球俱乐部，成立于2004年。参赛的球队和俱乐部每年都有变化，2014年帕劳足球联赛共有克雷默足球俱乐部（Kramers FC）、里昂足球俱乐部（Lyon FC）、新星足球俱乐部（New Stars FC）、萨兰格尔国王队（Surangel Kings）和友谊队（Team Friendship）5支球队参加。

帕劳足球俱乐部变化较大，除了自成立以来一直运行的俱乐部外，还有十几个曾经参加比赛的球队和俱乐部。如，帕劳卡努足球俱乐部（Belau Kanu Club）、巴伯·斯特赖克足球队（Biib Strykers）、大宇·雅庞足球队（Daewoo Ngatpang，2004年和2010年赛季的冠军）、梅莱凯奥克足球俱乐部（Melekeok FC，2009年赛季的冠军）、尼泊尔埃佛勒斯峰队（Mount Everest Nepal，曾参加2004年和2006~2007赛季的比赛）、帕劳猛虎队（Palau Tiger Team，曾参加2006~2007赛季比赛）、萨兰格尔公司足球队（Surangel and Sons Company，2006年赛季冠军）、塔杰足球俱乐部（Taj FC，2012年春季联赛、2012年秋季联赛冠军）、孟加拉足球

---

① "Palau Football Association", http：//www.foxsportspulse.com/assoc_page.cgi? c = 2 − 1609 − 0 − 0 − 0&sID = 230524.

队（在2005年、2007年和2012年春季联赛中获得三次冠军）及宇宙和平基金足球队（Universal Peace Foundation，曾参加2004年比赛）（参见表6-7）。

表6-7 帕劳足球队和俱乐部及夺冠排名

夺冠次数	足球队	获得冠军年份
3	孟加拉足球队	2005,2006~2007,2012(春季)
2	大宇·雅庞足球队	2004,2010
2	克雷默足球队	2008,2014
1	梅莱凯奥克足球队	2009
1	萨兰格尔公司足球队	2006
1	塔杰足球俱乐部	2012(秋季)

资料来源："Palau Soccer League"，https://en.wikipedia.org/wiki/Palau_Soccer_League。

此外，从2011年开始，足球比赛被正式纳入帕劳国家运动会赛事。不过，与帕劳足球联赛的俱乐部赛事不同的是，参加帕劳国家运动会的球队是以州为单位的，因此，更多的时候是一种地区间的足球比赛。例如，在2011年帕劳国家运动会上，共有进入决赛的四支球队参加比赛，夺冠球队是来自埃雷姆伦维州的埃雷姆伦维足球队，艾拉伊州足球队获得亚军，雅德马乌州足球队获得季军，科罗尔州足球队获得第四名。

不过，帕劳目前仍然是少数几个国际足球联合会（FIFA）的非会员之一，也只是大洋洲足球联盟（Oceania Football Confederation）的准会员。这意味着，帕劳不能组织自己的国家队参加大洋洲足联的国家杯比赛（OFC Nations Cup）和国际足联的世界杯比赛（FIFA World Cup）。因此，帕劳国家队常常与其他一些非国际足联成员国的球队举行小规模的比赛，比赛大部分在帕劳国家体育场进行。

帕劳国家足球队是帕劳的国家队，在太平洋岛国国家队比赛中一直排名较好。参加密克罗尼西亚运动会的最好成绩是2014年取得第二名。在1998年帕劳主办的密克罗尼西亚运动会上，帕劳足球队取得了第三名的好成绩，不过在2001年的密克罗尼西亚运动会上，未能进入决赛。为促进帕劳足球的发展，2002 年帕劳成立了足球联盟。

2. 棒球运动

帕劳人开始从事棒球运动始于日本统治帕劳期间。据记载，日本人木野泉二（Motoji Kono）是帕劳棒球运动的早期推动者。木野泉二于 1922 年至 1929 年在日本南海政府工作。从 1925 年开始，木野泉二开始教授在日本南海政府任职的帕劳男人关于棒球运动的基本技术和运动规则，积极推动帕劳人从事棒球运动。1927 ~ 1928 年，由帕劳顶尖棒球运动员组成的 "全帕劳" 队（All Palau Team）与日本南海政府队进行了年度比赛。尽管日本队赢得了第一轮的比赛，但 1928 年 "全帕劳" 队赢得了比赛。此后，日本南海政府在帕劳群岛实行棒球比赛分离制度，帕劳人和日本人分别举行比赛，不再举办帕劳人和日本人之间的比赛。

美军于 1944 年底占领帕劳后，驻扎在帕劳的美国大兵进一步促进了帕劳棒球运动的发展。美国士兵不仅增加了对帕劳运动员耐力的训练，也对帕劳运动员的投球与防守技术进行了训练。1947 年，帕劳成立了棒球职业体协，发起 "全帕劳棒球锦标赛"（All-Palau Baseball Championship）。此后，除了少数几个赛季由于备战国际赛事而取消当年的联赛外，帕劳几乎每年都会举办 "全帕劳棒球锦标赛"。

此外，帕劳棒球全明星队（Palauan All-stars）、国家棒球队（Palauan National Baseball Team）在国际赛事中也取得了非常好的成绩。1962 年，在关岛库普哈酋长公园（Chief Quipuha Park）举行的全明星棒球赛中，帕劳全明星队取得了首个国际赛事的胜利，以 2 比 0 战胜关岛全明星队。此后，帕劳全明星队又参加了 1963 年的国际棒球比赛，先后战胜了来自楚克岛的泽维尔中学队和波纳佩全明星队。1969 年，帕劳国家棒球队参加了在塞班岛举办的密克罗尼西亚奥林匹克运动会（1969 Micronesian Olympic Games）。1981 年，帕劳国家棒球队参加了在关岛举办的大使纪念馆棒球锦标赛（1981 Ambassadors Memorial Baseball Tournament），共有四支球队参加了比赛，帕劳队在半决赛中失利，最终来自关岛的岛屿棒球联赛冠军美国总统轮船航运公司朋友队（APL Los Amigos）获得了冠军。

进入 20 世纪 90 年代以来，帕劳国家棒球队也有着出色的表现。在

1990 年塞班密克罗尼西亚运动会上，帕劳国家棒球队在终场以 8 比 0 的骄人战绩打败关岛队夺得金牌。① 在 1994 年密克罗尼西亚运动会上，帕劳国家棒球队获得铜牌。1998 年，密克罗尼西亚运动会在帕劳举行，帕劳国家棒球队再次夺冠。帕劳国家棒球队在 1999 年南太平洋运动会②上取得第五名的成绩。③ 在 2002 年和 2006 年太平洋运动会上，帕劳国家棒球队获得铜牌。在 2007 年萨摩亚太平洋运动会上，帕劳国家棒球队以 8 比 0 的战绩获得金牌。④ 2010 年帕劳国家棒球队在密克罗尼西亚运动会上再次获得夺冠，以 7 比 3 击败北马里亚纳群岛队获得金牌。值得一提的是，在 2004 年大洋洲 3A 棒球锦标赛上，一支由 16 ~ 18 岁青少年组成的帕劳青少年棒球队取得了第二名的好成绩，⑤ 帕劳人对棒球有着极大的热情。

3. 游泳

游泳是帕劳传统的体育项目，尽管帕劳游泳运动员至今未能在国际大赛中获得奖牌，但是帕劳运动员在男女 50 米和 100 米自由泳中取得了比较好的成绩。艾劳德·赛廖尔（Anlloyd Samuel）是帕劳较早参加国际大赛的游泳运动员，也是帕劳男子 50 米自由泳纪录保持者（27.23 秒）。艾劳德参加了 2000 年悉尼奥运会男子 50 米自由泳的比赛，以 27.24 秒在预赛中排名第 71 位，未能进入半决赛。艾劳德只参加了这一届奥运会，退役后在科罗尔一家旅行社担任潜水教练，2010 年去世，死因不明。尼科尔·海斯（Nicole Hayes）是帕劳首位参加奥运会的女子游泳选手，在 2000 年悉尼奥运会女子 100 米自由泳预赛中排名第 47 位，也成为帕劳在

---

① Donald Shuster, Baseball in Palau: Passion for the Game From 1925 – 2007, Guam: University of Guam, 2008, p. 82.

② 南太平洋运动会为太平洋运动会的前身。

③ Donald Shuster, Baseball in Palau: Passion for the Game From 1925 – 2007, Guam: University of Guam, 2008, pp. 91 – 93.

④ Donald Shuster, Baseball in Palau: Passion for the Game From 1925 – 2007, Guam: University of Guam, 2008, pp. 128 – 131.

⑤ Donald Shuster, Baseball in Palau: Passion for the Game From 1925 – 2007, Guam: University of Guam, 2008, p. 106.

此项运动中的最好成绩。

近年来活跃在国际赛事中的男选手有肖恩·华莱士（Shawn Wallace）、诺尔·基恩（Noel Keane）和马尔科姆·凯曼（Malcolm Gaymann），其中擅长50米和100米自由泳的肖恩·华莱士成绩较好。女选手中奥西萨·奇尔顿（Osisang Chilton）、姬莎·基恩（Keesha Keane）及出生于1997年的年轻选手德高尔贝·密斯彻（Dirngulbai Misech）的成绩比较突出。在2011年上海世界游泳锦标赛上，肖恩·华莱士、奥西萨·奇尔顿和姬莎·基恩分别参加了男子和女子50米和100米自由泳比赛，不过均止步于预赛，肖恩·华莱士在男子50米和100米自由泳的成绩均排第95位。在2013年和2015年世界游泳锦标赛中，肖恩在男子50米自由泳预赛中排名均为第92位。其中，在2015年世界游泳锦标赛上，肖恩以27.02秒的成绩打破了帕劳在此项运动中27.23秒的纪录（此前艾劳德·赛廖尔是此项纪录的保持者），这也是肖恩在此项运动中的最好成绩。在2013年世界游泳锦标赛中，肖恩在男子100米自由泳预赛中排名第82位，这也是他在此项比赛中取得的最好名次。姬莎·基恩在2011年世界游泳锦标赛女子50米自由泳预赛中获得第57名，在女子100米自由泳中排名第67位。姬莎在2012年伦敦奥运会上，以28.25秒取得女子50米自由泳预赛第50名的成绩，这也是她在此项运动中取得的最好成绩。奥西萨·奇尔顿在2011年世界游泳锦标赛女子50米自由泳预赛中排名第66位。2013年世界游泳锦标赛女子50米仰泳和50米蝶泳中，奥西萨·奇尔顿的最好成绩分别是第50名和第57名。[1]

德高尔贝·密斯彻是近年来帕劳最著名的游泳运动员，曾多次代表帕劳参加国际大赛。德高尔贝·密斯彻是一位多面手，在自由泳、蝶泳和个

① "Palau at the 2011 World Aquatics Championships", https：//en. wikipedia. org/wiki/Palau_ at_ the_ 2011_ World_ Aquatics_ Championships；"Palau at the 2013 World Aquatics Championships", https：//en. wikipedia. org/wiki/Palau_ at_ the_ 2013_ World_ Aquatics_ Championships；"Palau at the 2015 World Aquatics Championships", https：// en. wikipedia. org/wiki/Palau_ at_ the_ 2015_ World_ Aquatics_ Championships.

人混合泳等运动项目中都有不俗的表现，涉猎的项目也比较广泛，如女子50 米、100 米、200 米、400 米和 1500 米自由泳以及 50 米、100 米、200米和 400 米蝶泳，包括混合泳也有所涉猎。德高尔贝·密斯彻也是目前帕劳 21 项国家游泳纪录的保持者。近年来，德高尔贝·密斯彻参加过 2012年和 2014 年世界短池游泳锦标赛（FINA World Swimming Championships）、2013 年和 2015 年世界游泳锦标赛以及 2014 年夏季青年奥林匹克运动会。在 2015 年太平洋运动会上，德高尔贝·密斯彻打破了由她自己保持的100 米蝶泳帕劳国家纪录。在塞班国际运动会（Saipan International Meet）上，她曾经打破了 400 米自由泳、100 米蝶泳、1500 米自由泳和 400 米个人混合泳的帕劳国家纪录。截止到 2016 年 4 月，她已经打破 21 项帕劳国家游泳纪录。①

4. 篮球

帕劳人也酷爱篮球，有自己的国家队，也有篮球联合会（Palau Basketball Federation）和业余篮球协会（Palau Amateur Basketball Association）。帕劳篮球国家队由男女队组成，由帕劳业余篮球协会负责管理。1988 年加入国际篮联（FIBA），隶属大洋洲国际协会（FIBA Oceania），也是大洋洲最年轻的球队。不过，帕劳国家篮球队参加奥运会、国际篮联世界杯（FIBA World Cup）和大洋洲锦标赛（Oceanian Championship）均未能出线，没有获得相应的奖牌。

此外，英式橄榄球也颇受帕劳人喜爱。不过，相对而言，英式橄榄球运动对帕劳人来说是一个参与人数较少、引入较晚的运动，但同时也是一个不断成长的运动项目。大约在 20 世纪中期，英式橄榄球运动由日本人和美国人引入帕劳。帕劳有自己的英式橄榄球联合会（Rugby Union in Palau）。自 20 世纪 90 年代以后，七人制英式橄榄球被纳入南太平洋运动会的比赛项目。不过，由于帕劳土地非常珍贵，建立球场非常困难，这也在一定程度上阻碍了英式橄榄球运动的发展。

① Dirngulbai Misech, https://en. wikipedia. org/wiki/Dirngulbai_ Misech.

三 体育赛事

帕劳人非常喜欢体育运动,有着比较优良的体育传统。帕劳每年都会举行许多体育赛事,如成人足球联赛、帕劳青年足球联赛、"全帕劳棒球锦标赛"、帕劳年度马拉松和半马拉松比赛(Annual Palau Marathon and Half Marathon)、帕劳运动会(Belau Games)和帕劳青年运动会(Belau Youth Games & Festival)等。这些体育赛事大多由帕劳国家奥林匹克委员会、帕劳田径联合会(Palau Track and Field Association)和帕劳排球联合会(Palau Volleyball Federation)等机构组织举办。

1. 足球联赛

帕劳足球联赛始于2004年,由帕劳足联组织和管理,是大洋洲足联(OFC)的准会员。2004年,帕劳举行首届足球联赛,比赛分小组赛和决赛两轮进行。首次联赛有四支球队参加:大宇·雅庞足球队、尼泊尔埃佛勒斯峰队、帕劳田径队、孟加拉足球队,最终大宇·雅庞队获得冠军。目前,参加联赛的共有五个球队。由于缺乏设施和场所,所有的联赛都在科罗尔帕劳国家体育场举行。2014年度联赛冠军由克雷默足球队斩获,获得冠军最多的球队是孟加拉足球队,曾获得2005年、2006~2007年和2012年春季联赛的冠军(参见表6-8)。

表6-8 帕劳足球联赛夺冠情况

赛季	足球队
2004	大宇·雅庞足球队
2005	孟加拉足球队
2006	萨兰格尔公司足球队
2006~2007	孟加拉足球队
2008	克雷默足球队
2009	梅莱凯奥克足球队
2010	大宇·雅庞足球队
2012 春季	孟加拉足球队
2012 秋季	塔杰足球俱乐部
2014	克雷默足球队

资料来源:"Palau Soccer League",https://en.wikipedia.org/wiki/Palau_ Soccer_ League。

球员托尼·里拉（Tony Ililau）和马拉开·比图（Malakai Bitu）是联赛中表现最为突出的球员，其中托尼·里拉在 2006～2007 赛季共有 9 个进球，而马拉开·比图在 2012 赛季一人斩获 10 个进球（参见表 6 - 9）。

表 6 - 9　帕劳足球联赛各赛季得分最高的球员

赛季	得分最高的球员	所属球队	进球
2004	托尼·里拉	帕劳田径队	4
2006～2007	托尼·里拉	帕劳猛虎队	9
2012	马拉开·比图	孟加拉足球队	10

资料来源："Palau Soccer League"，https：//en. wikipedia. org/wiki/Palau_ Soccer_ League。

2014 年帕劳足球联赛是第九次足球联赛，也是帕劳足球联赛举办 10 周年。比赛于 2014 年 4 月至 6 月举行，历时两个半月，共有五支球队参加了这次联赛，分三轮进行比赛，即小组赛、半决赛和决赛。此次联赛的规则与以往的联赛和其他国家的足球联赛有所不同，每一方分别由 9 名队员组成（一般足球赛每一方由 11 名队员组成），此外，时间为 60 分钟，半场为 30 分钟（一般足球比赛时长 90 分钟）。参赛球队为克雷默足球队、里昂队、新星队、萨兰格尔国王队和友谊队，最终克雷默足球队获得冠军。[①]

2. 棒球联赛——"全帕劳棒球锦标赛"

1947 年，帕劳成立了棒球职业体协，发起"全帕劳棒球锦标赛"。此后，除了少数几个赛季由于备战国际赛事而取消当年的联赛外，帕劳几乎每年都会举办"全帕劳棒球锦标赛"。在联赛的最初十年，来自佩里琉的棒球队战绩卓越，共赢得 1947～1957 年赛季的七次冠军。不过，在 1955 年的"全帕劳棒球锦标赛"上，佩里琉队遭到惨败，输给了科罗尔中学队（Koror Intermediate School）。[②] 进入 20 世纪 60 年代后，佩里琉棒球队

① "2014 Palau Soccer League"，https：//en. wikipedia. org/wiki/2014 _ Palau _ Soccer _ League.

② Donald Shuster, *Baseball in Palau*：*Passion for the Game From 1925 - 2007*，Guam：University of Guam，2008，pp. 16 - 20.

又分别于 1960 年、1961 年和 1969 年赢得三次锦标赛冠军。不过，自 1969 年之后，佩里琉棒球队再也没有赢得"全帕劳棒球锦标赛"冠军。① 1962 年艾拉伊州科梅队赢得锦标赛冠军。1963 年，帕劳职业学校（Palau Vocational School）队打败了雅德马乌州棒球队，成为自 1955 年以来首次赢得"全帕劳棒球锦标赛"冠军的学生球队。现在，人们在帕劳社区学院的奖杯展示区仍然可以看到这次锦标赛冠军的奖杯。

在 1966 年赛季，共有十支球队参加了"全帕劳棒球锦标赛"，分成两个联赛进行比赛。帕劳联赛（Palau League）由帕劳中学队、梅莱凯奥克队、埃雷姆伦维队、佩里琉 A 队和艾拉伊队组成。"领土联赛"（Territorial League）由雅拉尔德红火炬队、宜瓦尔队、科罗尔队、艾梅利克队和佩里琉 B 队组成。不过，此后参加锦标赛的球队和数量每年都有所变化。1967 年，雅德马乌红雀队（Ngardmau Cardinals）击败朝日队（Asahi）赢得当年"全帕劳棒球锦标赛"冠军。1968 年，共有 7 支球队参加了"全帕劳棒球锦标赛"，最终雅德马乌红雀队获得冠军。同年，雅德马乌红雀队还战胜了帕劳全明星队。佩里琉队赢得 1969 年锦标赛冠军。

进入 20 世纪 70 年代后，雅拉尔德红火炬队表现不俗，包揽了 1970 年、1973 年、1974 年、1976 年、1977 年、1978 年和 1979 年共七个"全帕劳棒球锦标赛"冠军。其间，麦英斯队（Meyuns）赢得 1971 年和 1975 年锦标赛冠军，帕劳中学队赢得 1972 年锦标赛冠军。而 20 世纪 80 年代，是帕劳艾拉伊王牌队（Airai Aces Team）独占鳌头的年代。1981 年，帕劳国家棒球队为备战在关岛举行的大使纪念馆棒球锦标赛，1981 年赛季的"全帕劳棒球锦标赛"被取消。从 1982 年一直到 1989 年的 8 年间，艾拉伊王牌队获得了 7 次"全帕劳棒球锦标赛"冠军，只有 1986 年的锦标赛冠军被雅贝奇斯队（Ngerbeches Team）夺得。进入 20 世纪 90 年代，艾拉伊王牌队仍然在"全帕劳棒球锦标赛"中占据领先优势。艾拉伊王牌队先后赢得了 1990 年、1992 年、1994 年、1995 年和 1996 年的锦标赛冠军，

---

① Donald Shuster, *Baseball in Palau: Passion for the Game From 1925 - 2007*, Guam: University of Guam, 2008, p. 20.

并与雅贝奇德队（Ngerbeched Team）分享了1991年的锦标赛冠军。雅贝奇德队赢得了1993年和1997年的锦标赛冠军。1998年的锦标赛冠军被雅贝奇德－雅贝奇斯联合队夺得。为备战南太平洋运动会，1999年赛季的"全帕劳棒球锦标赛"被取消。

进入21世纪以来，科罗尔队开始崭露头角。在2000年赛季的"全帕劳棒球锦标赛"，共有7支球队角逐，最终雅贝奇德队获得冠军。2001年，雅贝奇德队在决赛中以微弱的优势击败艾梅利克队继续蝉联冠军。此后，艾拉伊王牌队在随后的三年中，连续夺得锦标赛冠军。2005年，科罗尔队战胜雅贝奇德队夺得冠军。这是科罗尔队自成立以来60年历史上夺得的第一个锦标赛冠军，2006年科罗尔队击败艾拉伊王牌队再次夺得冠军。2007赛季的锦标赛冠军被艾拉伊王牌队夺得，雅贝奇德队夺得了2008赛季的冠军。

3. 帕劳国家运动会

帕劳国家运动会是帕劳两年一度的体育盛会，由帕劳国家奥林匹克委员会（PNOC）主办，大多数项目在科罗尔帕劳国家体育场举行。选手代表各自的州参赛，但是因为绝大多数居民都生活在毗连的几个岛上，再加上人口比较少，所以参加运动会的运动员基本上都相互熟悉，有的运动员还组团参赛——母女、父子、兄弟齐上阵。裁判手里拿着哨子和选手谈笑，而邻居们抱着孩子站在树荫下一边家长里短，一边看着热闹。因此，帕劳国家运动会看起来就像帕劳人举办的一场大派对。不过，比赛又是激烈的，比赛的哨声一响，运动员全力以赴投入比赛，竞争激烈。

2015年6月18~28日，帕劳举办了第十届国家运动会，共有来自13个州的运动员参加了17个比赛项目的角逐。最终，科罗尔州以199枚奖牌、88枚金牌位居奖牌榜榜首（参见表6-10）。

在最受关注的棒球比赛中，佩里琉州棒球队获得金牌，科罗尔州获得银牌，艾拉伊州获得铜牌。而在男子篮球比赛中，雅庞州、佩里琉州和科罗尔州篮球队分获前三名，佩里琉州篮球队获得女子篮球比赛冠军，雅拉尔德州篮球队获得银牌，科罗尔州篮球队获得第三名（参见表6-11）。

表 6 – 10　2015 年帕劳第十届国家运动会奖牌榜

	金牌	银牌	铜牌	奖牌总数
科罗尔州	88	55	56	199
松索罗尔州	65	49	24	138
雅庞州	63	39	40	142
佩里琉州	38	53	30	121
艾拉伊州	14	9	11	34
梅莱凯奥克州	13	9	7	29
卡扬埃尔州	5	11	5	21
艾梅利克州	4	4	5	13
宜瓦尔州	4	2	4	10
雅德马乌州	3	4	5	12
埃雷姆伦维州	2	1	5	8
雅拉尔德州	1	4	0	5
雅切隆州	0	0	0	0

资料来源：2015 10th Belau Games Report（PDF），p. 9。

表 6 – 11　2015 年帕劳第十届国家运动会团体运动奖牌榜

团体运动项目	金牌	银牌	铜牌
棒球	佩里琉州	科罗尔州	艾拉伊州
男子篮球	雅庞州	佩里琉州	科罗尔州
女子篮球	佩里琉州	雅拉尔德州	科罗尔州
女子沙滩排球	科罗尔州	雅庞州	宜瓦尔州
男子沙滩排球	雅德马乌州	松索罗尔州	卡扬埃尔州
女子室内排球	科罗尔州	雅庞州	宜瓦尔州
男子室内排球	科罗尔州	卡扬埃尔州	雅德马乌州
男子足球	科罗尔州	雅庞州	佩里琉州
女子足球	佩里琉州	科罗尔州	雅庞州
射箭(男团)	艾拉伊州	科罗尔州	佩里琉州
射箭（女团）	艾拉伊州	佩里琉州	梅莱凯奥克州

资料来源：2015 10th Belau Games Report（PDF），pp. 11 – 13。

帕劳国家运动会上最具特色的运动项目莫过于鱼叉捕鱼（Spearfishing）和密克罗尼西亚全能（Micro All-Around，又称小铁人比赛）。在鱼叉捕鱼比赛中，来自佩里琉的莫伊·思慕尔（Moi Shmull）获得冠军，共捕鱼 118.5 磅，来自雅庞州的塞拉斯·阿道夫（Silas Adolf）和麦特瑞克雷·肯基奇（Matereklai Kangichi）分获银牌和铜牌。

而号称小铁人三项的密克罗尼西亚全能比赛内容与帕劳人的生活息息相关，包括爬椰子树、徒手开椰子、投标枪和水下渔猎等。在男子密克罗尼西亚全能比赛中，来自松索罗尔州的梅纳德·索罗（Maynard Solomon）以 91 分的总成绩获得冠军，埃雷姆伦维州的约瑟夫·罗曼（Joseph Roman）获得银牌，来自雅庞的考列诺·耶尤翁格提伍（Koliano Yaiungeitiw）获得铜牌。来自埃雷姆伦维州的乔伊·曼迪以 80 分的总成绩获得女子密克罗尼西亚全能冠军，来自科罗尔州的尤利塔·比利贝（Julita Belibei）和萨曼莎·瑞彻鲁鲁（Samantha Rechelluul）分获银牌和铜牌。[①]

此外，帕劳还主办一些国际赛事，如 2005 年太平洋小型运动会、1998 年和 2010 年密克罗尼西亚运动会等。其中，2010 年第七届密克罗尼西亚运动会是近年来帕劳承办的较大的赛事，共有来自太平洋地区 8 个国家的 1000 名运动员参加了 15 个比赛项目的角逐。起初，马绍尔群岛被选定为第七届密克罗尼西亚运动会的主办国，后因举办地马朱罗的体育设施不能满足比赛要求，马绍尔群岛于 2008 年 5 月宣布退出争夺主办国的竞争，随后，帕劳的科罗尔被选定为第七届密克罗尼西亚运动会的举办地。此前，帕劳还曾承办过 1998 年密克罗尼西亚运动会。帕劳时任总统约翰逊·托里比翁出席开幕式并参加火炬接力，火炬手由参加 2008 年奥运会的帕劳男子摔跤运动员埃尔金·伊文思（Elgin Elwais）担任。

为迎接 2016 年里约奥运会，帕劳田径联合会从 2016 年初开始也组织了许多田径比赛项目，如 1 月 29 日举行的第一次"为生命行走"比赛

---

① 2015 10th Belau Games Report（PDF），p.13.

（1st Walk for Life 2016）、"为生命奔跑"比赛（2016"Run for Your
Lives"）、4月2日举行的帕劳马拉松比赛（Palau Marathon）。此外，2016
年9月举行的第十三届帕劳年度马拉松和半马拉松比赛（13th Annual
Palau Marathon and Half Marathon），比赛内容包括马拉松、半马拉松和半
马拉松接力比赛。帕劳青年运动会于2016年6月24日至7月2日在帕劳
国家体育场举行。[①]

四　体育组织

1. 帕劳足球联盟

帕劳足球联盟（Palau Football Association，PFA）成立于2002年，是
一个为促进帕劳足球发展而成立的非营利性组织。帕劳足球联盟是帕劳国
家奥林匹克委员会（Palau National Olympic Committee，PNOC）14个联合
会（联盟）之一。帕劳足联的运行主要是通过一小部分志愿者的付出，
还有一些志愿教练和志愿者父母的参与。在过去的几年里，联盟年平均收
益800美元左右，支出500美元。[②] 帕劳足联的主要目标是促进、发展和
组织帕劳的足球赛事；促进和发展地区和国际比赛；培养帕劳足球裁判、
教练和球员。[③]

基于以上目标，目前帕劳足联的主要精力放在学校足球运动的推广方
面。一方面，帕劳足联努力推动足球运动进入帕劳学校教学课程，推动在
帕劳所有的小学开展足球教学，以教习足球运动的基础规则，培养学生的
运动员精神。另一方面，帕劳足联还致力于良好体育道德精神、良好品
行、团队精神和远离烟草意识的培养。目前，帕劳儿童和青少年深受肥胖
等疾病和吸食烟草的困扰。帕劳足联希望通过推行体育运动，尤其是足球
运动，支持社区和学校采用相应的政策使学生远离肥胖和烟草。因此，帕

---

① http：//www. foxsportspulse. com/assoc_ page. cgi？c = 1 – 3395 – 0 – 0 – 0&sID = 381889.

② "Palau Football Association"，http：//www. foxsportspulse. com/assoc_ page. cgi？c = 2 –
1609 – 0 – 0 – 0&sID = 230524.

③ "Palau Football Association"，http：//www. foxsportspulse. com/assoc_ page. cgi？c = 2 –
1609 – 0 – 0 – 0&sID = 230524.

劳足联还积极推动校外足球"夏令营"活动，为 6~13 岁的小学阶段的孩子提供参加足球运动的机会。这类夏令营在课后举行，一般一周两天，每次半个小时左右。参加夏令营的孩子每人需要缴纳 10 美元的费用，以支撑项目的运作。每年大约 200 名青少年参与到帕劳足联组织的此类活动中来。①

不过，由于场地、教练和志愿者的缺乏，帕劳足联面临一些困境和挑战。首先，为了实现促进足球运动发展的目标，帕劳足联需要提升当地的教练水平和裁判水平。然而，在帕劳和帕劳的学校系统中还非常缺乏这样的人才。同时，急需提升当地社区的水平，让他们充分意识到足球运动给帕劳人带来的好处，实现增强身体素质、塑造性格、培养运动员精神的目标，从而提升对足球运动的公共支持。其次，从长远来看，帕劳足联还要把足球运动规则向帕劳普通大众推广，从而促进帕劳足球运动项目的发展。不过，目前帕劳足联还没有一个系统的发展规划。尽管这样的发展规划对于足球运动的发展是非常必要的。最后，帕劳足联的行政管理机构非常薄弱，足联董事会成员基本上由志愿者兼任，他们大多有自己的全职工作，对于足联事务有时心有余而力不足。帕劳足联也缺乏诸如足球和球网等物品的持续供应链。

2. 帕劳国家奥林匹克委员会

帕劳国家奥林匹克委员会成立于 1997 年，是帕劳的国家奥林匹克委员会，主要负责与奥运会相关的日常事务。2000 年，帕劳国家奥林匹克委员会首次派出运动员参加在悉尼举办的夏季奥运会，此后连续参加了 2004 年雅典奥运会、2008 年北京奥运会、2012 年伦敦奥运会和 2016 年里约奥运会，参赛项目主要有游泳、皮划艇和摔跤。帕劳国家奥林匹克委员会是国际奥委会和大洋洲国家奥林匹克委员会的成员。不过，至今帕劳未能在奥运会上夺得奖牌，帕劳也没有参加过冬季奥运会。

---

① "Palau Football Association", http://www.foxsportspulse.com/assoc_ page.cgi? c = 2 - 1609 - 0 - 0 - 0&sID = 230524.

第三节 文学艺术与新闻出版

帕劳是南岛语系中比较特殊的国家，其文化习俗深受西方文明的影响，又保留了自己独特的文化传统。帕劳人在社会生活中，从着装到礼仪、从宗教信仰到语言文字处处都体现着现代文明的特色。但与此同时，帕劳的传统文化和习俗也融入帕劳人生活的方方面面。在家里及休闲时间和非正式场合，帕劳语是人们最常用语言。从本土宗教摩德肯基教到文学艺术，秉承着口口相授的传统，无论是教规教义还是神话传说，都是帕劳文化传承的主要形式。帕劳人习惯于在正式场合穿西服打领带，但也只允许在海边或游泳池边方可穿着泳衣。同样，连衣裙已经成为帕劳女性的便装之一，但要求穿着适度的连衣裙，而且不可以穿着连衣裙参加摩德肯基教的仪式。帕劳的商店里摆放着体现现代西方物质文明的商品，帕劳人也固守着靠海吃海的传统和对海洋的敬畏。帕劳手工艺品以展现海洋文化为主，从玳瑁产品加工、雕刻艺术到帕劳"女人钱"和帕劳硬币的制作，都融入了海洋文化和对帕劳历史传统的继承。

帕劳政府积极支持传统文学和艺术的发展，帕劳国家博物馆是政府筹资重建的保存和展示帕劳文化和传统的最主要的场所，帕劳也曾多次派代表出席太平洋艺术节（Pacific Festival of Arts），并承办了 2004 年太平洋艺术节。帕劳的文学主要通过传说和诗歌的形式传承，口口相授的传说成为帕劳文学的主要特色。帕劳诗歌也是帕劳重要的文学艺术形式，有几位著名的诗人，但是正式发表的诗歌非常少。瓦朗坦·森格巴（Valentine Namio Sengebau，1941－2000）是帕劳著名的现代诗人，他一生大部分时间居住在塞班，并设立了一个以他的名字命名的诗歌联赛。

一 帕劳传说

1. 帕劳诞生的传说

传说在帕劳拥有人类和陆地之前，整个帕劳地区只有帕劳的神和海洋。一天，帕劳最高的天神"雅哲姆库克"（Uchelianged）在凝视他下面这片空空如也的巨大海面时说道："让这里升起一片陆地吧。"于是，一块火山岩从海中升起，而且在这片不毛之地上坐着一个巨型蛤蚌。很快，这个大蛤蚌的腹部开始膨胀和颤抖，而且腹部越来越大，好像要生产的样子。乌切林格特天神看到了这些，说："让这里成为一个流动的海。"很快，风开始吹动，海浪不断地冲击着大蛤蚌，并使它猛然裂开。从它的腹部倾泻出大群的海洋生物，这些海洋生物纷纷游到帕劳。这些海洋生物开始在帕劳生产，从最小的海洋蠕虫到人类纷纷出现在帕劳，曾经空空如也的海洋一下子充满了生机。就在这种富有戏剧性和壮观的创世纪中，帕劳诞生了。

与帕劳的诞生相关，还有一些关于帕劳自然现象的传说，如关于解释帕劳鲻鱼巡游和台风产生原因的传说。据说，当帕劳诞生后，大量的海洋生物被创造出来，有一些海洋生物成了某些神的宠物。有一个生活在南部地区的神把鲻鱼群作为自己的宠物，而生活在东部地区的一个神则把强大的洋流作为自己的宠物。有一天，两个神决定用自己的宠物进行交易。帕劳人用这个传说解释今天为什么当鱼类产卵时，鲻鱼群会出现在帕劳的东部海域，而同时，纳吉布海域将出现强大的洋流。

2. 沉没在大海里的村落（Ngibtal Sunken Village）

相传在很久以前，帕劳宜瓦尔州有一个叫宜比特（Ngibtal）的村落，村子里居住着一位名叫戴拉布克的老妇人。戴拉布克有一个儿子，但是她的儿子经常不在家，因此基本是戴拉布克一个人居住。村里的男人们捕鱼归来都会经过戴拉布克老妇人的院子，但从来没有人把鱼赠给老妇人。戴拉布克只能以院子里的面包果树的果实为生，尽管她也非常喜欢吃鱼。

有一天，戴拉布克老妇人的儿子回到家中，老妇人就向儿子哭诉自己的遭遇。戴拉布克的儿子拿起刀把院子里的面包果树砍断了一根树枝，不可思议的是，竟然有海水伴随着海浪的声音从砍断的面包果树树枝里流了出来，而且每有大浪的时候还会有鱼儿从树枝中飞出来。因此，戴拉布克老妇人在自己的院子里就可以捕到鱼了。戴拉布克老妇人家的面包果树里可以飞出鱼儿的事情很快就在村子里传开了。渔民们非常嫉妒，他们觉得他们捕鱼必须辛苦地前往大海，而"恶灵"妇女戴拉布克在树下就可以得到她想要的鱼儿，这是不公平的。因此，渔民们就涌入戴拉布克老妇人家，砍倒了院子里的面包果树。海水伴着鱼儿从砍倒的树干中涌出来，渔民们高兴地把各种各样的鱼抓到篮筐里。海水整整流了一天，最后宜比特村被海水淹没，沉入了大海。

据说，人们在宜瓦尔州的海底发现了由石头铺成的道路和房屋的走廊，因此，这里被认为是沉没的古老村庄的遗迹。事实上，巴伯尔道布岛是火山爆发形成的岛屿，在古代也可能有因为火山爆发和地壳运动而被毁灭并沉入海中的古老村落。

3. 创造卡扬埃尔岛的传说

据说卡扬埃尔岛是由一个帕劳女人创造的。传说在很久以前，有一个帕劳人对他的妻子感到非常生气。他一气之下，就用一个木筏把他的妻子送到了海里。不过，在这个事情发生之前，就有神曾经警告过这个女人她的丈夫将要实施的计划，因此，这个女人事先已经准备好了神让她准备的灰烬、木槿枝和椰子壳等物品。几天后，当这个女人漂流到离岛屿很远的外海时，她按照神的指示，把灰烬撒在了海面上。然后，她把木槿枝插入海底并用椰子壳把它盖起来。这样，一个岛屿就产生了，这个女人也得救了。这个岛就是现在的卡扬埃尔岛，现在岛上仍然生长着木槿树。

4. 自然分娩神的传说（Mengidabrutkoel, Natural Childbirth）

相传在古时候帕劳人不知道如何自然分娩。当有产妇快要临盆的时候，就有村子里的助产妇用竹刀（a bamboo knife）剖开孕妇的肚子把孩子取出来，这样同时也就杀死了孩子的母亲。后来据说是一个叫"孟基德布鲁特克"（Mengidabrutkoel）的蜘蛛神教会了帕劳人自然分娩的艺术，从而避免了产妇的死亡。据说，一天孟基德布鲁特克正在一棵水果树上吐丝结网，一位美丽的姑娘来到树下捡拾树上落下的水果。孟基德布鲁特克立刻变成一个翩翩少年，并摇动树枝让水果纷纷落下。当这位叫特兰吉尔（Turangle）的姑娘注意到水果纷纷落下，她抬头向树上望去，看到了变成少年的孟基德布鲁特克。当他们四目相对时，他们立即坠入了爱河。很快他们就结婚了，而且不久特兰吉尔就怀孕了。当特兰吉尔到了临盆的时候，村里的助产妇来给特兰吉尔接生。这时候，孟基德布鲁特克拒绝助产妇剖开特兰吉尔的肚子取出婴儿，并把特兰吉尔和自己锁在了房子里。当助产妇们在门外叫骂，男人们不断向房子投掷石块并试图杀死孟基德布鲁特克时，他们听到了婴儿的啼哭。当房门打开，他们发现特兰吉尔仍然活着时，他们感到非常震惊。很快，他们就把孟基德布鲁特克看作他们的英雄，并举行仪式庆祝他教会了人们自然分娩的艺术。因此，孟基德布鲁特克也被帕劳人称为自然分娩之神。

5. 安马里斯岛的海龟（Ngemelis Turtle）

安马里斯岛的海龟的传说，也称为发现海龟卵生的传说（Discovery of the egg laying cycle of the turtle）。在帕劳，海龟的壳是制作"女人钱"的重要材料，因此，对于帕劳人来说，海龟壳，尤其是玳瑁壳是一种很值钱的物品。然而，在古代帕劳，人们却不知道如何去抓住海龟。帕劳曾经有一个传说，就是讲一个帕劳人捉海龟却失败的故事。一天，帕劳恩切麦（Ngerchemai，属于科罗尔州）的一个村民出海捕鱼。当他刚要把他的独木舟停下时，他看到了一个大玳瑁，这个玳瑁是他所见过的最大的海龟。于是，他毫不犹豫地潜入水中试图去捉住那只玳瑁。因为他知道，如果他捉住了这样一只玳瑁，他将成为村子里的大人物。经过一番努力，他终于把海龟弄出了水面，但当他返身想回到自己的独木舟上时，他的独木舟却漂到离他很远的地方。而且，当他努力抱着玳瑁划向他的独木舟时，却发现独木舟漂的越来越远。最后，他不得不放了玳瑁，不过，他也没能追上他的独木舟。所以，这个倒霉的人只好游回到他的村子。后来，传说是一对年轻人幽会时发现了海龟产卵的秘密。后来，帕劳人就通过掌握海龟产卵的规律来捕捉海龟。

据说，佩里琉的一个小伙子和阿拉卡贝桑岛（Arakabesan，又称安格利奇比桑岛，Ngerekebesang）的一个少女坠入了爱河，然而佩里琉和阿拉卡贝桑岛距离很远。于是他们就商量着到两个地方中间的安马里斯岛去幽会。根据他们的约定，在月初之夜他们来到了安马里斯岛，两个人商量着他们的未来，一直到很晚才睡去。第二天早上，当他们醒来时，少女发现自己的裙子后片（back skirt）不见了。两个人找遍了岛屿，也没有找到少女的裙子后片。然而他们发现，前一天晚上少女睡觉的地方有许多海龟的足印，在海滨沙滩上有海龟爬行的痕迹。后来，他们不得不用椰子树叶为少女重新做了一个裙子后片。两个人分手时约定月圆时再回到安马里斯岛上约会。十五天后，两个人在月圆之夜按照约定又来到安马里斯岛。他们见面拥抱后就坐在沙滩上聊天，这时他们听到从海边传来了声音，传来声音的地方还有影子在蠕动。小伙子鼓起勇气前去查看，原来是一只大海龟。大海龟的一只鳍被一个裙子后片缠住了，而这个裙子后片就是月初之夜约会时少女丢失的裙子后片。就这样，帕劳人发现了海龟是卵生的，并且掌握了它们产卵的规律。海龟每隔十五天就会爬到海滩上把它的卵产在沙滩上并把卵掩埋起来。因此，如果有人怀疑海龟在某一天爬到了一个特定的地方，他就会在15天之后回到这个地方来捉海龟。后来，帕劳人逐渐了解到海龟的产卵周期和月亮的盈亏是一致的。海龟在沙滩上产卵之后，再过两周又会回来进行第二次产卵。捕龟人从自然的气象变化学习到海龟的习性，并作为民间故事传给下一代。

6. "美人鱼"（儒艮）的传说

儒艮，也被称为"美人鱼"，是帕劳海域的珍稀物种，被帕劳人视为海洋的精灵。帕劳有一个古老的传说，如果帕劳女性不遵守父母的告诫，就会变身成为海里的"美人鱼"。

传说古时候在科罗尔的小村庄里，居住着贫穷的母女二人，母亲非常疼爱她的女儿。有一天，母亲得知了女儿怀孕的事情，感到非常恐慌。因为在很久以前的帕劳，未婚女性怀孕是一种不被容许和耻辱的事情，并且会受到惩罚。因此，怀孕的少女和她的家族受到了村里的制裁。为了避免更多的责难，这位母亲告诫女儿怀孕期间和生产后要遵循传统的饮食习惯，千万不能触犯传统的饮食禁忌。几个月后，怀孕的少女生了一个女孩。这位少女非常喜欢一种核桃果实，但这种果实是帕劳产妇的一种禁忌食物。因此，少女的母亲坚决不让她吃此种果实并时常劝告她不要触犯禁忌。然而，有一天，受不了诱惑的少女趁母亲去农田干活的机会，把手伸向了核桃。正当少女要吃核桃时，她的母亲恰好回来取忘记带的物品，因此，母亲刚好看到了少女要吃禁忌食物的场景。少女因为害怕和羞愧，立刻站起来抱着孩子跑向大海，并跳入了大海沿着海平面游动。少女的母亲站在岸上不断呼喊，恳求她回来。但恐惧和羞愧的少女越游越远，当她游到遥远的海面时慢慢地变成了"美人鱼"。人们认为"美人鱼"（儒艮）之所以有着硕大的下颌，就是当时变成"美人鱼"的少女大口吞食核桃果实的结果。而"美人鱼"（儒艮）也会时常做出用自己的双鳍拥抱自己的孩子的行为，恰似当年的少女怀抱着自己的孩子。

此外，帕劳人也相信人死后，灵魂会转世。传说安加尔岛西南部海岸的帕劳人相信，死后他们的灵魂经过洗礼后就会进入来世。一天，有一个人在灵魂洗礼的地方附近散步时，发现这些灵魂们正在举行盛大的宴会。受到惊吓的灵魂们给了他一个盛满食物的美丽的木碗，作为给予他的村民的礼物。但是，在这个人回家的路上，灵魂们取走了食物并且打破了木碗，这样一来，人类就看不到灵魂美好的生活，而且继续相信活着比死去更好。

二 手工艺品

帕劳的手工艺品以贝类加工为主，包括各类贝类加工品、用玳瑁制成的首饰、用彩叶编成的篮子等。帕劳女性喜欢用露兜树的树叶制作手提包、帽子、垫子和箱包的小挂饰。这些手工编制的工艺品样式各异，是密克罗尼西亚岛屿的传统工艺品。有些工艺品制作精良，富有海洋特色，深受游客的喜爱，手工艺品也是帕劳主要的出口产品之一。帕劳博物馆和其他一些商店，也有一些工艺品的展出和售卖。在科罗尔市区的一间私人经营的小型贝壳博物馆内，就展示着上千种的贝壳标本，也有贝壳加工品出售，从最大的六十厘米贝壳到一厘米的贝壳都有。

此外，帕劳硬币也是一种富有特色的工艺品。不过，帕劳硬币是 100% 的合法流通货币（可以在美国拉斯维加斯的赌场使用），目前使用中的硬币币值一般为 1、5、10、25、50 美分和 1 美元。但是帕劳并不发行流通币，只发行纪念币。帕劳的纪念币多以帕劳的海洋生活为题材，其中，以美人鱼和海神图案为代表的系列彩色镍币和彩色银币是帕劳硬币的一个最大特色，这个系列的彩镍币和彩银币因为图案精美、做工精良而深受全世界硬币收集爱好者的追捧。其他还有黑珍珠硬币（硬币中有一颗黑珍珠，币值为五美元)、冲浪者硬币 (surfers coins) 等。冲浪者硬币尽管没有精美的图案,但有自己的味道,如果摩擦硬币,就会嗅到海的味道。

三　木雕工艺

木雕艺术也是帕劳的传统工艺之一,帕劳的传统建筑男人会馆中就雕刻着各类与帕劳传说有关的故事画。木雕故事板 (Story Board) 是帕劳的特色工艺品之一。帕劳的木雕故事板始于日本统治期间。1929 年,日本美术教师土方久功 (1901~1977) 来到科罗尔,在日本设立的学校担任美术老师。他在帕劳期间,指导帕劳人进行美术雕刻,并从帕劳人传统艺术中得到启发,提议将雕刻在男人会馆横梁和坡顶上的传统装饰画雕刻到木板上,流传后世。过去,帕劳人主要是在一些传统建筑上绘制有关帕劳习俗的东西,如女人 (母系氏族制度)、苏眉鱼 (帕劳国宝) 和船 (帕劳人赖以生存的工具) 等。土方久功在帕劳担任了三年美术老师,在土方久功的引导下,帕劳人开始将他们的历史故事及神话传说以手工精雕细琢地记录在每块故事板上,就形成了今天的木雕故事板。帕劳红木是制作木雕故事板的最好的材料,但目前帕劳红木非常稀有,因此,现在的帕劳木雕故事板主要是用桃花心木和菲律宾红木及其他硬质木材雕刻而成的。今天的木雕故事板,已经成为帕劳人精神象征的记录形式。

四　音乐和舞蹈

帕劳音乐继承了密克罗尼西亚音乐的传统,又深受美国、欧洲及日本音乐的影响。帕劳国歌由伊奇吉尔 (Ymesei O. Ezekiel) 创作,自 1980 年以后就成为帕劳人津津乐道的赞美诗。现代帕劳流行音乐兴起于 20 世纪80 年代中期,帕劳流行音乐中包含日本音乐的成分。而美国音乐对帕劳音乐的影响主要表现在对帕劳乡村音乐的影响。IN－X－ES 曾是帕劳红极一时的流行歌手,他的 "摩挲贝斯" (Mousobes) 在 1999 年获得了巨大的商业成功。[①]

---

① "Music of Palau", https: //en. wikipedia. org/wiki/Music_ of_ Palau.

　　帕劳人是一个能歌善舞的民族，历史上传承下来的舞蹈多种多样，既有向神表达敬意的歌舞，也有月夜沙滩彻夜狂欢的歌舞。同时，帕劳的舞蹈又有男性表演的舞蹈和女性表演的舞蹈之分。在重要的庆典仪式上，身着传统服饰的帕劳女性会以她们美丽的舞姿进行庆祝。帕劳传统舞蹈一般有五六名少女进行表演，她们头戴鲜花，身着艳丽的帕劳传统服饰，伴着柔美的音乐翩翩起舞，"女人钱"也是载歌载舞的女性必定佩戴的饰物。而在一些传统的仪式上，也会有男性表演的舞蹈。帕劳也有男女混合表演的舞蹈。

　　"宜卢克"（帕劳语"Ngloik"）舞蹈是帕劳女性表演的一种向神灵表示敬意的歌舞，歌舞分为两部分。第一部分是为神献歌，歌舞由五个步骤完成。舞者先是排成一列，然后边拍手边演唱，一般是先用右手拍左手，然后再用左手拍右手，这一步称为"Blechobech"。第二步是"母亲舞"（Delal a ngloik），歌声平缓，舞者先是右手在上双手击掌，然后双手同时向右方伸出。第三步称为"Erritelel"，双手没有动作。第四步是"Besos"，舞者手中拿着类似船桨的东西做出划船的动作。第五步是"Qulild"，舞者双手拿着竹条进行表演。舞蹈的第二部分也是结尾部分，称为"Beluulchab"，舞者再次排成一列，边歌边舞对神灵表达敬意。[①]

　　"卢克"（帕劳语"Ruk"）舞蹈是帕劳男性表演的一种向神灵表示敬意的歌舞，是一种与女性表演的"宜卢克"相对应的舞蹈。舞蹈时歌声低沉，舞步轻缓，给人一种肃穆的感觉。舞蹈分为两部分，第一部分称为"卢克之歌"（chelitakl er a ruk），第二部分称为"大卢克"（klou el ruk）。在第一部分，传统的表演者右手拿着一种叫作"chelebed"的打击乐器，左手拿着名为"chaus"的竹管，边歌边舞。现在的舞者一般右手握着一把状如宝剑的木制乐器，左手持有一根木棍进行表演。表演时，舞者一般站成一行，表演的方向是前方和右方。有时候也会排成两队，相对而舞。在歌舞的第二部分，舞者双手空落，先是坐在地上，面向前方，然后一起

---

① Endo Hisashi ed., *Collective Works of Hijikata Hisakatsu: Society and Life in Palau*, The Sasakawa Peace Foundation, 1993, pp. 193 – 194.

站起来边歌边舞。歌舞的两部分都有向神表达敬意的歌曲，帕劳人认为这些歌曲是神创作的。①

"战舞"（帕劳语"Oeang"）也是帕劳男性表演的一种舞蹈，一般由男性少年进行表演。表演者几乎全身赤裸，只在腰间的前后围上红色的布片。表演时用脚打着节奏，边舞边唱，但一般没有伴奏，全凭默契和口令，摇摆着舞蹈。有时候表演者会在帕劳传统的独木舟上进行表演，以舞蹈的形式再现帕劳传统捕鱼的劳作方式。

"克拉克拉"舞（帕劳语"Klakelall"）是一种帕劳男女混合表演的舞蹈，类似于中国的山歌对唱。歌舞欢快热情，是帕劳男女尤其是年轻人在夜晚的沙滩上狂欢的歌舞。表演时，男性和女性相对，分别站成一列。首先由一位或者几位男性从男性一列向前迈出，面向女性进行表演，表演完后回到男性队列。接着女性队列走出几个姑娘对着男性队列进行表演。表演依次进行，表演时会歌唱一些戏谑对方的歌曲。例如，男性会唱一些表达女性懒惰、种的芋头小、芋头生虫不能吃等戏谑女性的歌。而女性则唱一些表达男性懦弱、贫穷的渔夫、捕捞的鱼太少等戏谑男性的歌。"克拉克拉"舞有时会持续整晚，甚至直到黎明。第二天，如男方或者女方一队有人拿着折断的树枝（klbochel）给对方，则表示"约舞"，他们会在另一个月夜进行歌舞比赛。②

五　新闻出版

1. 报纸与杂志

帕劳主要的报纸有官方周刊《帕劳报》（*Palau Gazette*）、私营双周刊报纸《蒂亚贝劳》（*Tia Belau*）和有菲律宾背景的周刊报纸《帕劳视野》（*Palau Horizon*）。《帕劳视野》创立于1998年，到2008年发行量达到8000份。关岛著名报刊《太平洋日报》（*Pacific Daily News*）在

① Endo Hisashi ed., *Collective Works of Hijikata Hisakatsu: Society and Life in Palau*, The Sasakawa Peace Foundation, 1993, pp. 191 – 193.

② Endo Hisashi ed., *Collective Works of Hijikata Hisakatsu: Society and Life in Palau*, The Sasakawa Peace Foundation, 1993, p. 195.

帕劳也有发行。

2. 广播与电视

帕劳没有自己的电视台，只有一个覆盖大多数帕劳岛屿的有线电视网——帕劳国家通信公司（Palau National Communication Corporation，PNCC）运营的数字电视台，提供大量电视频道，包括转播、接收美国有线新闻网（CNN）、福克斯新闻、BBC新闻、NHK和其他一些美国电视台的节目，全天播放卫星电视以及广受欢迎的儿童节目，如迪士尼、尼克国际儿童频道和卡通频道等。帕劳有一个政府广播电台——"生态天堂广播"（Eco-Paradise FM），调频87.9FM（巴贝达奥普为89.1FM）。此外，还有WWFM、KRFM和KDFM三家私营电台，播放各种帕劳本地音乐和外国音乐。

3. 主要网站

随着互联网对社会生活影响的不断深入和扩大，帕劳也在不断建立和完善相应的网络系统。其中，帕劳网是帕劳政府的官方网站，是人们获取帕劳行政、立法、司法部门相关新闻和动态的权威网站，也是一个开放互动的信息平台（2016年3月3日帕劳把政府网站的网址更新为http://palaugov. pw/）。

为促进帕劳旅游业的发展，帕劳旅游局专门开通了帕劳旅游网——原始天堂帕劳（网址http://pristineparadisepalau.com/），以便向世界更好地推介帕劳。帕劳旅游网不仅有航空信息、旅行社、当地交通等相关信息，也有各种特色景点的介绍和展示。随着中国游客的增多，为吸引和方便中国游客到帕劳旅游，帕劳旅游局还于2014年开通帕劳旅游局中文官方网站（网址：http://lvyou168. cn/travel/pw/Visit - Palau/）。此外，帕劳有些州，如艾拉伊州，为推介自己的旅游景点也开设了本州的网站。帕劳国家博物馆也有自己的推介网站（网址http://www. belaunationalmuseum. net/），帮助访问者了解帕劳国家博物馆的藏品、展览、新闻及服务设施等。

第七章

外　交

第一节　概况

　　帕劳是世界上最小的国家之一，也是取得独立较晚的国家。但由于其重要的战略位置和丰富的海洋资源，帕劳独立后一些国家先后与帕劳建立外交关系。目前帕劳已经与美国、日本、澳大利亚、菲律宾、印度尼西亚等50多个国家建立了外交关系，并加入了包括联合国在内的20多个国际组织。此外，基于自身的国力，目前仅在美国、日本、菲律宾以及中国台湾地区设有"大使馆"，另在英国、比利时、关岛和北马里亚纳群岛设有领事馆，在联合国总部设有常驻代表。帕劳对外关系主要分为双边关系、多边关系和区域性关系。

　　由于帕劳在历史上曾先后成为日本的委任统治地和美国的"托管地"，帕劳独立后仍然与日本和美国保持着特殊的关系。帕劳外交尤其受到帕美《自由联系条约》的影响和制约，依据该条约，帕劳政府有权与他国政府、国际组织签订条约及协定，涉外事务须与美咨商，国防亦由美国掌管。此外，作为帕劳在太平洋地区最大的邻国，澳大利亚对帕劳的影响较大，两国发展紧密的双边关系，澳大利亚成为帕劳最主要的援助来源国之一。而同为海洋国家的菲律宾和印度尼西亚也是帕劳的"近邻"，帕劳与菲律宾和印度尼西亚水域相连，因为帕劳与两国至今未能就海洋边界问题达成一致，因此帕劳与菲律宾和印度尼西亚之间在渔业捕捞领域存在一些矛盾，尤其是帕劳专属经济区及南部礁群附近渔场经常遭到菲律宾和印度尼西亚渔民的"越境"捕捞。在帕劳的双边关系中，经济援助是一项重要的内容。帕劳作为一个小岛国，人口稀少，经济发展能力非常有限，因此，经济社会发展严重依赖他国的援助。援助资金主要来自美国、日本、澳大利亚、德国和韩国等发达国家。

同时，帕劳自独立以来努力在国际社会发出一个主权国家应有的"声音"，积极开展双边外交和多边外交。作为一个海洋小岛国，帕劳在海洋环境保护与治理、海洋生物与资源的保护等方面积极提出自己的主张和建议。这个太平洋小岛国因为在环境保护问题上的积极作为引起了国际社会的关注，比如"密克罗尼西亚挑战"以及与南太平洋国家共同发起的"全球变暖及对南太平洋地区的影响"等提案，使得帕劳在这些问题上发挥了一种"领导者"的作用。在外交政策方面，帕劳政府还致力于推动帕劳在联合国等国际组织的存在和作用的发挥，积极开展多边外交。

第二节　与国际组织的关系

帕劳独立后，积极开展多边外交，尤其是在多边外交场合积极呼吁世界关注气候变化对太平洋岛国带来的不利影响，争取国际社会的支持和援助。目前，帕劳已经加入了联合国、太平洋岛国论坛等二十多个全球性和区域性国际组织。

一　与联合国的关系

1994 年 12 月 15 日，帕劳加入联合国，成为联合国第 185 个成员国。2003 年，斯图尔特·贝克（Stuart Beck，1946.12.23—2016.2.29）被任命为帕劳第一位常驻联合国代表，2004 年到联合国任职。2007～2012 年，斯图尔特·贝克当选为联合国大会亚太集团的副主席，并担任联合国大会代理主席。2013 年，斯图尔特·贝克从联合国代表一职离任，并被任命为帕劳首位永久性联合国海洋大使（United Nations Ambassador for Oceans and Seas）。此外，斯图尔特·贝克还与联合国伙伴关系办公室的执行主任埃米尔·多萨尔（Amir Dossal）共同负责"海洋可持续发展联盟"（Sustainable Oceans Alliance）事务，制定有关海洋可持续发展的目标，向联合国大会提供咨询建议。帕劳现任常驻联合国代表是帕劳前参议员迦勒·奥托（Caleb Otto），于 2013 年 9 月 3 日就职。

帕劳虽然加入联合国的时间比较晚，帕劳与联合国的关系却由来已久。早在 20 世纪 20 年代，在联合国的前身国际联盟的授权下，帕劳成为日本的委任统治地。二战后，帕劳又在联合国的授权下成为美国太平洋岛屿托管地的一部分。20 世纪 50 年代末，在联合国的关注和敦促下，美国开始为帕劳提供经济援助，帮助帕劳建设基础设施，改善帕劳的社会环境，促进帕劳经济、社会发展。在帕劳与美国谈判争取独立的进程中，联合国也起了重要的推动作用。1994 年 5 月 21 日，联合国托管理事会举行第 61 届会议，帕劳和美国政府的代表共同宣布帕美《自由联系条约》自 1994 年 10 月 1 日起生效，帕劳独立。1994 年 11 月 10 日，联合国安理会通过第 956 号决议，宣布结束对帕劳这一最后托管地的托管。至此，帕劳正式结束托管，成为一个独立的国家。为纪念帕劳加入联合国，帕劳政府把每年的 10 月 24 日定为帕劳的联合国日。

帕劳成为联合国的正式成员国后，积极在联合国发出自己的声音。尤其是在环境保护和气候变化问题上，帕劳领导人多次在联合国大会呼吁国际社会关注海洋生态保护和全球气候变暖给海岛国家带来的灾难。此外，帕劳还积极参与联合国维和行动，帕劳先后派出警察参与联合国在所罗门群岛、东帝汶和苏丹的维和行动。

帕劳政府非常重视对海洋生物及其多样性的保护，并积极倡议建立海洋生物保护区，推动禁止海底拖网捕捞。在帕劳等国的推动下，2006 年联合国大会一致通过在公海的敏感区域禁止海底拖网捕捞，以保护海洋渔业资源。2008 年帕劳宣布建立世界上首个鲨鱼保护区，并与洪都拉斯、巴哈马群岛、哥伦比亚、马尔代夫、马绍尔群岛、墨西哥和密克罗尼西亚联邦一起发起了全球鲨鱼保护联盟（Global Shark Coalition），积极推动对鲨鱼的保护。此外，帕劳还推动联合国在管理鲨鱼捕捞和消除鱼翅消费方面做出努力。帕劳常驻联合国代表斯图尔特·贝克在任期间，积极组织太平洋小岛屿发展中国家（Pacific Small Island Developing States，PSIDS）高层会议，把加入联合国的 12 个太平洋小岛国组成一个紧密联合的集团。斯图尔特·贝克还出任海洋小组委员会的主席和与海湾国家联系小组委员会主席，积极推动联合国扩大对太平洋国家的关注和支持，并推动在帕劳建立第一个联合国办公室。

帕劳还积极推动联合国通过应对关于气候变化和海平面上升的决议，促使第 63 届联合国大会第 85 次全体会议于 2009 年 6 月 3 日讨论"气候变化和它可能对安全产生的影响"议题，即联合国大会第 A/RES/63/281 决议。决议重申《联合国气候变化框架公约》是应对气候变化的重要工具，重申《小岛屿发展中国家可持续发展行动纲领》、《毛里求斯宣言》和《关于进一步执行小岛屿发展中国家可持续发展行动纲领的毛里求斯战略》，并邀请联合国有关机构，酌情根据各自的任务，进一步努力审议和处理气候变化问题，包括它可能对安全产生的影响；同时提请联合国秘书长根据会员国及有关区域和国际组织的看法，向大会第 64 届会议提交一份全面报告，说明气候变化可能对安全产生的影响。① 同时，在帕劳等国的推动下，联合国安理会把气候变化问题纳入国际安全的范畴。2011 年 7 月，安理会讨论了"维护国际和平与安全：气候变化的影响"（"Maintenance of International Peace and Security：Impact of Climate Change"）议题。此外，斯图尔特·贝克还就气候变化问题向国际法院提出咨询意见，包括解决气候变化影响的决议草案，组织"气候变化责任大使"和一批高级专家担任顾问等。

同时，帕劳也积极参与联合国在疾病控制和预防方面的行动。2011 年帕劳参加了联合国全球非传染性疾病预防和控制会议，积极寻求国际组织对帕劳在非传染性疾病预防和控制方面的帮助。为了表示帕劳与国际组织联合预防非传染性疾病的决心，帕劳总统在 2013 年 9 月举行的第 68 届

---

① 2009 年 6 月 3 日大会决议（A/63/L. 8/Rev. 1 和 Add. 1）63/281——气候变化和它可能对安全产生的影响，http：//www. un. org/zh/documents/view_ doc. asp？symbol = A/RES/63/281&Lang = C。

联合国大会上，宣布把预防非传染性疾病和烟草控制纳入帕劳可持续发展目标。

二 与其他国际组织的关系

帕劳除了是联合国成员国外，还是联合国贸易与发展会议（UNCTAD）、联合国国际开发协会（IDA）、世界卫生组织（WHO）、国际货币基金组织（IMF）、国际复兴开发银行（IBRD）、国际金融公司（IFC）、国际劳工组织、禁止化学武器组织、国际民航组织（ICAO）、红十字协会与红新月会国际联合会（IFRCS）等全球性国际组织的成员国。同时，帕劳也是非洲、加勒比和太平洋地区国家集团（ACP，非加太集团）、亚洲及太平洋地区经济与社会委员会（ESCAP）、太平洋岛国论坛（PIF）、南太平洋区域贸易和经济合作协定（SPARTECA）等区域性国际组织的成员国。

帕劳积极加入各类全球性和区域性国际组织，不仅为帕劳与其他成员国开展对话与合作提供了沟通和交流的平台，也为帕劳在国际社会发出自己的声音提供了机会和场所。同时，国际组织对帕劳经济社会的发展也提供了大量的经济和技术援助。帕劳发起的旨在保护密克罗尼西亚岛屿生态环境的"密克罗尼西亚挑战"以及与南太平洋国家共同发起的"全球变暖及对南太平洋地区的影响"等提案，都是近年来帕劳在多边场合就环境保护问题发出的"声音"，帕劳借助国际组织阐释的关于海洋环境保护的主张使得帕劳成为太平洋地区环境保护的"领导者"之一。

近年来，国际组织为帕劳经济社会发展提供了大量经济援助。其中，亚洲开发银行、欧盟、全球环境基金（Global Environment Facility, GEF）、世界卫生组织和国际原子能机构（IAEA）等是向帕劳提供政府开发援助（ODA）较多的国际组织。亚洲开发银行是向帕劳提供政府开发援助最多的国际组织，2009 年至 2013 年 5 年间，共向帕劳提供了 531 万美元的援助资金（参见表 7 – 1）。

表 7-1   2009~2013 年国际组织向帕劳提供的 ODA

单位：百万美元

国际组织 年度	亚洲 开发银行	欧盟	全球 环境基金	世界 卫生组织	国际原子 能机构	其他	总计
2009	0.70	0.59	0.08	—	—	—	1.37
2010	0.69	—	—	—	—	—	0.69
2011	3.47	0.07	0.67	0.03	—	—	4.24
2012	—	—	0.12	0.05	0.01	—	0.18
2013	0.45	0.05	0.04	0.06	0.08	0.02	0.70

资料来源：日本外务省网站，Japan's ODA Data by Country—Palau，PDF，p.2，http：// www.mofa.go.jp/mofaj/gaiko/oda/files/000142995.pdf。

同时，帕劳还积极与世界银行、国际货币基金组织、国际复兴开发银行等国际金融组织合作，提升帕劳的政府管理和执行能力，为帕劳经济的发展提供资金和技术支持。目前，由世界银行和亚洲开发银行共同发起的《太平洋地区联通项目 2：帕劳-密克罗尼西亚联邦联通项目》（Pacific Regional Connectivity Program 2：Palau - FSM Connectivity Project）正在实施。该项目旨在通过铺设海底电缆，把帕劳和密克罗尼西亚联邦连接到国际互联网，为帕劳和密克罗尼西亚联邦的经济社会发展提供便利和服务。项目于 2014 年 12 月 17 日获得批准，预计 2020 年 1 月 31 日完成。援助资金主要由国际开发协会提供，项目预计花费总计 0.725 亿美元，贷款额为 0.475 亿美元。[①]

此外，帕劳也积极借助国际组织的援助促进本国社会环境的改善。高血压、糖尿病、心脑血管疾病等非传染性疾病是影响帕劳人健康和生命的最重要的因素，因此，帕劳也非常注重与国际组织，尤其是世界卫生组织合作，共同致力于非传染性疾病的预防和控制。近年来，帕劳参加了 9 个全球自愿非传染性疾病控制目标计划和 9 个太平洋非传染性疾病控制目标

---

① 世界银行，"Pacific Regional Connectivity Program 2：Palau - FSM Connectivity Project"，http：//www.worldbank.org/projects/P130592？lang = en。

计划，以支持世界卫生组织全球行动计划（WHO Global Action Plan）和地区非传染性疾病控制路线图。同时，依照世界卫生组织全球自愿目标（2013～2020），制订了帕劳 2013～2018 年非传染性疾病的预防和控制计划。

第三节 与美国的关系

帕劳与美国的关系始于第二次世界大战期间。1947～1994 年，帕劳处于美国的托管之下。二战后美国为了巩固其在太平洋地区的战略存在，积极组建太平洋岛屿托管地，把包括帕劳在内的密克罗尼西亚诸岛纳入美国全面"治理"的范畴。冷战期间，美国为保障其在太平洋地区的"战略阻绝"，积极拉拢帕劳等太平洋岛国，以经济援助换取其对美国的支持。20 世纪 70 年代以后，为应对帕劳的独立倾向，美国又通过与帕劳签订《自由联系条约》的方式，把帕劳打造为美国的"自由联系"国。冷战结束后初期，帕劳等太平洋岛国在美国战略中的重要性下降，美国对太平洋岛国有所"忽视"。进入 21 世纪后，随着大国在太平洋地区争夺的加剧，美国开始重新考量其在太平洋地区的地位和影响力，与美国"重返亚太"战略相适应，美国加紧了在太平洋地区的争夺，美帕两国关系也进入密切发展时期。

一 美国托管时期的帕美关系

第二次世界大战期间，美军于 1944 年取得了佩里琉战役的胜利，随后攻占帕劳，从而开启了帕美关系的进程。1947 年，联合国将帕劳交由美国托管，与马绍尔群岛、北马里亚纳群岛和密克罗尼西亚联邦构成太平洋岛屿托管地的 4 个政治实体。随后，美国国防部全面接管了帕劳的事务。由于二战后美国的战略重心主要放在经营欧洲以及与苏联的对抗上，因此，在托管初期，美国对这些岛屿的发展几乎是漠不关心，也没有为这些岛屿制定相应的发展目标。美国的行为遭到了国际社会和美国国内民众的批评和反对，联合国为此在 1959 年派代表团到这些岛屿视察。迫于压力，从 1961 年开始，肯尼迪总统开始派遣和平队志愿者到帕劳帮助岛上居民进行发展，并为帕劳提供大量的资金援助，帮助帕劳建设学校、医院、道路等基础设施。到了 20 世纪 60 年代，许多美国联邦政府项目也扩展到帕劳。进入 20 世纪 70 年代，美国又通过资本投资项目对帕劳的交通、供水和污水处理等基础设施进行了更新和改造（帕劳早期的基础设施大多是在日本统治时期修建的，已经出现了老化和损坏的问题）。① 美国的经济援助促进了帕劳政治经济的发展，也极大地影响了帕劳的社会发展。

从 20 世纪 60 年代末开始，帕劳开始了它追求独立的历程，1969 年帕劳开始就未来政治地位同美国谈判。1977 年 5 月，美国卡特政府同意于 1981 年中止与帕劳的托管协议。1979 年 4 月，帕劳第一部宪法出台，帕劳宪法经过三次公投于 1980 年 7 月 9 日获得批准，并于 1981 年 1 月 1 日生效。帕劳也在 1981 年通过普选组成了帕劳首届政府，并正式定国名为帕劳共和国。1982 年 8 月帕劳与美国签订了《自由联系条约》。根据条约规定，结束托管后，帕劳有权治理内政外交，防务和安全仍由美国负责 50 年。从 1983 年开始，帕劳就该条约举行了 8 次全民公投，最终于 1993 年 11 月举行的第八次全民公投中以 68% 的同意率获得批准。随后，在 1994 年 5 月 21 日举行的联合国托管理事会第 61 届会议上，帕劳和美国政府的代表宣布，帕美《自由联系条约》自同年 10 月 1 日起生效。1994 年 10 月 1 日，帕劳共和国宣布独立。1994 年 11 月 10 日，联合国安理会通过第 956 号决议，宣布结束对帕劳这一最后托管地的托管，至此，帕劳才得以结束托管，成为一个独立的国家。

冷战期间，与关岛、夏威夷临近的北太平洋地区曾经是美国实施"战略阻绝"的重点区域，美国竭力把包括帕劳、密克罗尼西亚联邦、马绍尔群岛等北太平洋岛国纳入其战略范畴，以"阻绝"其他地区大国介入北太平洋事务。冷战结束后，随着北太平洋岛屿战略重要性的下降，美

① Natasha Alexander and Karl Cherepanya eds. , *Palau Foreign Policy & Government Guide*, International Business Publications, USA, 2003, p. 38.

国一度"忽略"了这些岛国，表现之一就是减少向包括帕劳在内的太平洋岛国提供经济援助。其中，美国"忽视"帕劳的一个直接后果就是日本在帕劳存在感和影响力的不断上升。到 20 世纪 90 年代末，日本大有取代美国之势，尤其是在渔业开发和基础设施建设方面，日本逐渐成为帕劳最重要的援助国。如仅 1996 年一年，日本就为帕劳的电力供应和渔业设施提供了高达 14.74 亿日元（折合 1355 万美元）的资金援助，[①] 而同期美国对帕劳的资金援助也不过 1500 万美元。此外，澳大利亚政府也通过双边和多边援助不断经营包括帕劳在内的"后院"，在帮助帕劳清除二战遗留的未爆炸武器方面，澳大利亚成为帕劳最大的援助国。随着大国在北太平洋竞争的加剧，美国越来越发现自己的亚太战略空间受到挤压，因而开始重新考量其在太平洋地区的地位和影响力。随着美国"重返亚太"战略的实施，尤其是进入 21 世纪以来，美国加紧了在太平洋地区的争夺，对帕劳等北太平洋岛国的重视和援助力度也逐渐提升。

二 当代帕美关系的发展

帕劳独立后，美国立即与帕劳建立了正式的外交关系，并互设大使馆。两国达成了一系列协议，诸如在加强地区安全、促进可持续发展、关注气候变化、保护渔业和保护环境等诸多领域保持广泛而密切的合作。

1.《自由联系条约》的实施与帕美关系的发展

经济援助是帕美关系的重要组成部分，自 1994 年 10 月帕美《自由联系条约》生效后，美国每年都向帕劳提供大量的援助资金，成为帕劳最大的经济援助提供者，极大地促进了帕劳的经济社会发展。按照条约规定，从 1994 年起 15 年内，通过设立帕劳"条约信托基金"（Compact Trust Fund），美国每年向帕劳提供 1500 万美元的资金援助，由美国内务部具体负责实施。据美国内务部数据统计，从 1995 年到 2009 年 9 月 30 日前 15 年合约到期，美国共向帕劳提供了超过 6 亿美元的援助资金，远

---

① Takashi Mita, *Japan's Development Assistance in the Republic of Palau: Community Impacts and Effects*, Bell & Howell Information and Learning Company, 2001, p. 135.

远超过条约规定的资金援助额度。其中，约 1.49 亿美元用于支付修建环绕帕劳巴伯尔道布岛公路的费用，3870 万美元用在了援助帕劳医疗卫生和教育方面。① 在这些援助资金中，基于《自由联系条约》第二款的资金支出最多，大约有 4 亿美元，② 涵盖了帕劳一般政府运行开支、能源生产、交通设施、资产改良、卫生和教育以及建立"条约信托基金"。另有大量资金用于提供给帕劳政府以应对通货膨胀，15 年间（1994～2009年）美国为帕劳提供了约 9900 万美元的资金帮助帕劳应对通胀。③

建立"条约信托基金"是美国实施对外经济援助的特色方式。为促进援助的实施，在帕美《自由联系条约》生效的最初三年，美国建立了7000 万美元的帕劳"条约信托基金"。基金的目标是从 2010 年至 2044 年35 年内，每年为帕劳政府提供相当于 1500 万美元的税收收入以保障帕劳政府的正常运转。④ 从第四年起直到 2009 年（1998～2009 年），每年向帕劳提供 500 万美元的援助资金，共计 6000 万美元的资金援助。⑤ 截止到2011 年，基于帕劳"条约信托基金"的援助资金已经达到 1.47 亿美元。⑥

美国对帕劳的援助是一个成功的典范，自帕美《自由联系条约》生效以来，在美国的经济援助下，帕劳实现了经济的持续增长，年均增长率超过 2%。1994 年，帕劳国民收入仅占政府支出的 36%，到 1997 年近60% 的政府支出都来自帕劳国民收入。⑦ 而 2004～2007 年，帕劳实际

---

① "U. S. and Palau Agreement", the U. S. Department of Interior website, https：//www. doi. gov/ocl/hearings/112/USandPalauAgreement_ 113011.

② "U. S. and Palau Agreement", the U. S. Department of Interior website, https：//www. doi. gov/ocl/hearings/112/USandPalauAgreement_ 113011.

③ "U. S. – Palau Compact of Free Association", the U. S. Department of Interior website, https：//www. doi. gov/ocl/hearings/110/US_ PalauCFA_ 061208.

④ "U. S. and Palau Agreement", the U. S. Department of Interior website, https：//www. doi. gov/ocl/hearings/112/USandPalauAgreement_ 113011.

⑤ "U. S. and Palau Agreement", the U. S. Department of Interior website, https：//www. doi. gov/ocl/hearings/112/USandPalauAgreement_ 113011.

⑥ "US Relations With Palau", Country Fact Sheets：Palau, 2/4/2015, data base：Business Source Premier.

⑦ "U. S. – Palau Compact of Free Association", the U. S. Department of Interior website, https：//www. doi. gov/ocl/hearings/110/US_ PalauCFA_ 061208.

GDP 增长更是超过 5.5%。① 此外，帕劳的基础设施、社会服务、卫生和教育都得到了很大的改善。在信托基金的资助下建立的环绕巴伯尔道布岛公路就是一个成功的例子，这条环岛公路把商业中心科罗尔与帕劳的新首都以及一些原先难以到达的岛屿连接了起来，对于帕劳经济社会的发展是一个巨大的促进。此外，为了保证帕劳政府有能力对这条道路进行很好的养护，信托基金每年还向帕劳提供 300 万美元的援助资金。② 在医疗卫生领域，帕劳的儿童免疫率达到了 98%，婴儿死亡率从 21.4‰下降到 7.1‰，预期寿命从 68 岁上升到 72 岁。③

而美国的经济援助也换来了一个"值得信赖的伙伴"④。在国际事务中，帕劳成为美国坚定的支持者，在联合国及其他帕美共同参加的国际组织中，帕劳始终与美国保持高度一致。如"9·11事件"发生后，帕劳积极响应美国组建反恐联盟的倡议，并支持和参加了伊拉克战争。⑤ 同时，帕劳也是美国的重要盟国，正如美国内务部负责岛屿地区事务的助理大臣托尼·巴鲍塔（Tony Babauta）所言，"帕劳与马绍尔群岛共和国和密克罗尼西亚联邦一样，是美国在太平洋地区的重要盟国"⑥。

2. 《自由联系条约》的"续签"与帕美关系的新发展

基于条约第一个阶段（1994～2009 年）的援助于 2009 年 9 月 30 日到期，帕美两国对《自由联系条约》的实施情况进行了回顾，并在 2010

---

① "U. S. – Palau Compact of Free Association", the U. S. Department of Interior website, https：//www. doi. gov/ocl/hearings/110/US_ PalauCFA_ 061208.

② "U. S. – Palau Compact of Free Association", the U. S. Department of Interior website, https：//www. doi. gov/ocl/hearings/110/US_ PalauCFA_ 061208.

③ "U. S. – Palau Compact of Free Association", the U. S. Department of Interior website, https：//www. doi. gov/ocl/hearings/110/US_ PalauCFA_ 061208.

④ "U. S. – Palau Compact of Free Association", the U. S. Department of Interior website, https：//www. doi. gov/ocl/hearings/110/US_ PalauCFA_ 061208.

⑤ Graham Hassall, "Palau", in Stephen Levine, ed. *Pacific Ways*：*Government and Politics in the Pacific Islands*, Victoria University Press, 2009, p. 172.

⑥ "United States Commits to Repair Palau Compact Road", the U. S. Department of Interior website, https：//www. doi. gov/oia/press/2010/United – States – Commits – to – Repair – Palau – Compact – Road.

年 9 月 3 日续签了下一个 15 年的援助协议（2010～2024 年）。根据双方
达成的协议，新协议提高了美国对帕劳的援助额度。规定到 2024 年，美
国要向帕劳提供 2.29 亿美元直接资金援助。① 这些援助资金主要用于为
帕劳的基础设施建设提供资金支持，包括重修环绕巴伯尔道布岛的公路②
以及向帕劳提供一些美国联邦项目。2010 年的新协议包含了五种援助方
式：一是直接经济援助，协议同意为帕劳的教育、卫生、司法以及公共安
全提供直接的经济援助；二是基础设施项目，美国将继续为双方商定的基
础设施项目提供资金支持；三是基础设施维护基金，新协议同意建立一个
信托基金用于维护先前由美国援建的基本工程；四是设立财政稳定基金，
以帮助帕劳政府减轻债务负担；五是继续设立信托基金，增加帕劳信托基
金的资金量，以保证到 2044 年帕美《自由联系条约》到期前帕劳每年能
够从信托基金提取 1500 万美元的资金，用于教育、卫生、司法和公共安
全领域。③ 在新协议下，40 多个美国政府机构如联邦航空管理局、美国邮
政服务、小企业管理局、联邦紧急事务管理局等都向帕劳提供援助或开展
援助项目。同时，基于新协议，帕劳人可以比较便利地到美国旅游和工
作。

然而，出于政党竞争及其他因素的影响，美国国会没有批准这一援助
账单，这对于帕劳的发展产生了一定的影响，不过美国并没有停止对帕劳
的经济援助。新协议规定，2010 年和 2011 年美国将向帕劳提供 2620 万

---

① "U. S. and Palau Agreement", the U. S. Department of Interior website, https：//
　www. doi. gov/ocl/hearings/112/USandPalauAgreement_ 113011.
② 环巴伯尔道布岛公路全长 53 英里，由美国陆军工兵部队（the U. S. Army Corps of
　Engineers）承建修建，2006 年完工，后因暴雨和洪水冲刷部分路面塌陷。此外，在 2010
　年第 14 届密克罗尼西亚首脑峰会上，美国代表正式宣布援助帕劳重修这条环岛公路。
　美国内务部网站： "United States Commits to Repair Palau Compact Road", the U. S.
　Department of Interior website, https：//www. doi. gov/oia/press/2010/United － States －
　Commits － to － Repair － Palau － Compact － Road。
③ "U. S. and Palau Agreement", the U. S. Department of Interior website, https：//
　www. doi. gov/ocl/hearings/112/USandPalauAgreement_ 113011.

美元的直接经济援助。① 2011 年帕劳实际从美国获取了 2800 万美元的资金援助，其中直接援助资金为 1300 万美元。2012 年，美国又额外增加176 万美元对帕劳直接援助资金。② 2014 年和 2015 年，美国每年向帕劳提供的经济援助都在 4400 万美元以上。③ 其间，美国还出资举办了一系列太平洋地区研习班，研习科目包括再生能源、贸易和投资、海产品可持续商业发展等诸多方面，为帕劳未来的经济发展提供一定的技术支持。例如，在波纳佩举办的渔业 2.0 讲习班上，两位来自帕劳的女性商业领导人参加了学习和培训。她们在讲习班上学习如何扩大她们的商业规模，学习如何与地区其他企业家建立联系，这有助于她们更好的发展。④

此外，在太平洋岛国应对气候变化方面，美国也提供了大量的经济和技术援助。在 2011～2015 年的五年间，美国共向不发达的小岛国提供了4.13 亿美元的经济援助，以帮助各国应对气候变化带来的影响。⑤ 其中，"太平洋美国气候基金"（Pacific American Climate Fund）通过太平洋岛国的非政府组织和私营部门，为太平洋岛国应对气候变化提供了大量的资金援助。美国国家和海洋大气局（NOAA）也为帕劳提供了大量的信息服务，并向帕劳政府派遣应对气候变化的顾问，帮助帕劳制定和实施气候变化应对策略。从 2010 年起，美国已经为多边气候基金注入了 35 亿美元资金，包括专门为小岛国提供应对气候变化影响的"新绿色气候基金"。⑥此外，美国国际开发署与帕劳国家灾害管理办公室（Palau's National

---

① "U. S. and Palau Agreement", the U. S. Department of Interior website, https: // www. doi. gov/ocl/hearings/112/USandPalauAgreement_ 113011.

② "U. S. and Palau Agreement", the U. S. Department of Interior website, https: // www. doi. gov/ocl/hearings/112/USandPalauAgreement_ 113011.

③ Daniel R. Russel, "Remarks to Olbil Era Kelulau (National Congress) of Palau", the U. S. Department of state website, http: //www. state. gov/p/eap/rls/rm/2016/02/253890. htm.

④ Daniel R. Russel, "Remarks to Olbil Era Kelulau (National Congress) of Palau", the U. S. Department of State website, http: //www. state. gov/p/eap/rls/rm/2016/02/253890. htm.

⑤ Daniel R. Russel, "Remarks to Olbil Era Kelulau (National Congress) of Palau", the U. S. Department of State website, http: //www. state. gov/p/eap/rls/rm/2016/02/253890. htm.

⑥ Daniel R. Russel, "Remarks to Olbil Era Kelulau (National Congress) of Palau", the U. S. Department of State website, http: //www. state. gov/p/eap/rls/rm/2016/02/253890. National

Emergency Management Office）合作，在环境治理和自然灾害预防方面为帕劳提供资金支持和技术帮助，美国气象部门还随时为帕劳提供厄尔尼诺现象的监测和救助帮助。2013 年"台风海燕"给帕劳造成了巨大的损失，救灾工作得到了美国国际开发署和美国海军的积极支持和参与。2016 年 2 月，美国负责东亚和太平洋事务的助理国务卿丹尼尔·拉塞尔（Daniel R. Russel）在访问帕劳期间承诺，2016 年 6 月美国林务局（U. S. Forest Service）将向帕劳派出训练员，帮助帕劳培训灾害应对和处置人员。这项培训是美国为帕劳提供的防灾培训计划的一部分。2016 年，美国还继续将帕劳纳入美国的"太平洋伙伴关系项目"（Pacific Partnership Program），并增加一些训练帕劳海军预备人员的项目，以加强美国与帕劳在地区和全球合作的能力。① 目前，大约有 500 名帕劳人在美国军队中服役。② 美国议员格雷戈里奥·萨布兰在 2016 年 2 月向美国国会资源委员会提出议案，建议国会增加对帕劳的援助，以加强与帕劳的联系。

此外，美国与帕劳的民间交流也比较频繁，始于 50 年前的"美国和平队项目"，在帮助帕劳社会发展方面发挥了积极的作用。美国每年也向帕劳提供一些奖学金项目，也有许多帕劳人到美国工作、学习或移民美国。近年来，移民美国的帕劳人不断增加，以至于造成帕劳政治中的一些矛盾。在近期的帕劳选举中，不断有加入了美国国籍的帕劳人重新回到帕劳参加竞选并在政府任职，这显然会对帕劳的政治产生一定的影响，也造成了与帕劳传统的矛盾。

总之，在 70 多年的交往中，帕劳与美国建立起了密切的关系。尤其是随着美国"重返亚太"战略的实施，美国更加强调帕劳和美国"都是太平洋国家，都是太平洋大家庭中的一员"，③ 强调两国的朋友和伙伴关

---

① Daniel R. Russel, "Remarks to Olbil Era Kelulau（National Congress）of Palau", the U. S. Department of State website, http：//www. state. gov/p/eap/rls/rm/2016/02/253890. htm.

② The U. S. Department of State website, http：//www. state. gov/r/pa/ei/bgn/1840. htm.

③ Daniel R. Russel, "Remarks to Olbil Era Kelulau（National Congress）of Palau", the U. S. Department of State website, http：//www. state. gov/p/eap/rls/rm/2016/02/253890. htm.

系。美国"不认为帕劳是一个小岛国，而认为帕劳是一个巨大的海洋国家，帕劳在保护海洋环境方面的领导力和远见是举世公认的，帕劳也拥有丰富的海洋资源"①。美国将与帕劳"在双边、地区及全球等广泛问题上平等协商，共同促进经济社会发展，共同致力于环境保护和气候保护，积极促进帕美平等伙伴关系的发展"。

不过，帕劳与美国之间也存在一些矛盾。一方面，帕劳政府的外交独立性逐渐显现，2004 年 11 月毅然退出七十七国集团（2002 年 9 月加入该集团）。由于帕劳人力资源缺乏，近年来，帕劳更倾向于加入那些能够在其中发出自己的声音并获取更大国家利益的国际组织。但是，在更多的国际事务中，帕劳与美国又保持着高度的一致。② 事实上，帕劳人对美国的情感是非常复杂的，一方面，帕劳公开接受美国全面的经济和政治资助，甚至帕劳的政府大楼也仿照美国白宫修建，帕劳是太平洋岛国中"最美国化"的国家。另一方面，帕劳人对美国不尊重帕劳文化传统和国家利益的任何信息也更加敏感。近年来，许多加入美国国籍的帕劳人重新回到帕劳政府任职，与帕劳大酋长的冲突也时有发生。

第四节　与日本的关系

帕劳与日本的双边关系可以追溯到 20 世纪初期。第一次世界大战期间，日本乘机占领了帕劳。此后 30 年间，帕劳一直处于日本的委任统治之下，直到第二次世界大战日本战败全面撤出帕劳。觊觎帕劳丰富的渔业资源及出于增强日本国际政治投资的政治意图，从 20 世纪 80 年代起，日本开始对帕劳进行经济开发援助。帕劳独立后，日本与帕劳建立密切的双边关系。

---

① Daniel R. Russel, "Remarks to Olbil Era Kelulau (National Congress) of Palau", the U. S. Department of State website, http：//www. state. gov/p/eap/rls/rm/2016/02/253890. htm. .

② Graham Hassall, "Palau", in Stephen Levine ed. , *Pacific Ways*：*Government and Politics in the Pacific Islands*, Victoria University Press, 2009, p. 172.

一　独立前帕劳与日本的关系

1. 日本占领时期的帕日关系

1914 年，日本乘德国无暇东顾期间，趁机占领了帕劳等德国在太平洋上的殖民地。1920 年帕劳成为国际联盟授权下的日本委任统治地——南太平洋托管地（South Pacific Mandate）的一部分，科罗尔成为日本殖民政府的行政中心。

尽管大规模的移民帕劳发生在 20 世纪 20 年代日本统治帕劳时期，但是日本人在帕劳定居可以追溯到 19 世纪。日本统治帕劳时期，日本居民在日本殖民政府中扮演着领导角色。日本统治时期，帕劳的渔业、农业和采矿业都得到的巨大的发展，帕劳在一定程度上实现了自给自足。随后，帕劳成为二战期间日本在太平洋的重要军事基地。第二次世界大战中，美军于 1944 年占领帕劳，结束了日本对帕劳的统治。

1945 年日本战败投降后，除了日本和帕劳的混血儿及其后代外，所有在帕劳的日本居民都被遣返回国。此后，日本－帕劳后裔在同帕劳人和日本移民不断的通婚中，逐渐成为帕劳一个重要的"少数民族"族群。他们普遍认同帕劳的文化习俗和生活习惯。

2. 帕劳独立前日本对帕劳的经济援助

日本作为一个海洋国家和渔业大国，其食品和能源严重依赖他国，因此，保障和不断获取广袤的海洋资源，既是其重要的经济利益所在，也是维护其海洋大国地位，确保其经济安全的重要渠道。而太平洋地区丰富的海洋资源，尤其是帕劳海域巨大的金枪鱼资源，无疑对日本有着巨大的吸引力。帕劳海域盛产金枪鱼，尤其是鲣（金枪鱼的一种）。而日本不仅是渔业生产大国，也是世界上最大的鱼类消费国之一，尤其是金枪鱼在日本有着巨大的消费市场。因此，早在 20 世纪 20 年代，日本统治帕劳期间，就开始着手将帕劳和其他密克罗尼西亚岛屿扩展为其重要的渔业基地。从 1932 年开始，日本渔船开始从冲绳出发远赴帕劳海域捕捞金枪鱼。日本渔船在帕劳海域的首次捕捞量超过在冲绳海域捕捞量的两倍，这激起了日本渔民赴帕劳海域捕捞金枪鱼的热情。到 1934 年，已有 76 艘冲绳渔船获得了在帕劳海域捕鱼的资格。为扩大在帕劳海域的金枪鱼捕捞，日本政府还在帕劳科罗尔设立了独立的渔业公司——南海渔业公司。到 1937 年，金枪鱼产业已经成为日本南海殖民政府的第二大产业，仅次于马里亚纳群岛的糖业。其中，40% 的金枪鱼产量来自帕劳海域。①

尽管二战后，日本失去了对帕劳的占领权，但是帕劳海域仍然是日本积极争取的渔业来源地。帕劳在历史上曾是日本的殖民地，二战期间更是日本在太平洋上的重要军事基地。而且帕劳距离日本仅 4000 公里，与冲绳隔海相望。帕劳一直是日本看重的海洋战略要地。因此，在帕劳仍然属于美国的自由联系国家的 20 世纪 80 年代，日本就开始向帕劳提供各种形式的援助，借以实现其在南太平洋地区获取海洋资源的需要，尤其是确保金枪鱼等渔业资源及天然气的持续供应，确保其长远资源利益。通过 ODA 与帕劳等太平洋岛国建立友好关系可以使这些国家获得和平与稳定，从而保证日本有稳定的自然资源来源，这对日本来说是至关重要的。

自 1981 年帕劳建立宪政政府后，日本就开始向帕劳提供资金援助。据日本外务省的统计数据，1981 年至 1994 年帕劳独立前，日本向帕劳总共提供了 45.68 亿日元（约合 2861 万美元）的资金援助，援助项目主要集中在渔业开发、农业生产以及道路、供水和电力线路等基本经济领域和基础设施建设方面。②

日本在对帕劳渔业进行开发援助的同时，也不断提出获取更多的在帕劳海域捕捞金枪鱼许可证的要求。事实上，对外国渔业援助一直是日本取得在相关援助国海域捕鱼许可证或降低许可证费用的一种有效方式。日本对帕劳的渔业开发援助，其首要目的也是保证日本在帕劳海域的海洋捕捞作业权。而日本在帕劳实施的这些援助项目无疑为日本在帕劳独立后获取帕劳海域的渔业捕捞权打下了基础。此外，太平洋海域丰富的海洋矿藏对于资源匮乏的日本也有着巨大的吸引力。

① Takashi Mita, *Japan's Development Assistance in the Republic of Palau*: *Community Impacts and Effects*, Bell & Howell Information and Learning Company, 2001, pp37 – 39.
② Takashi Mita, *Japan's Development Assistance in the Republic of Palau Community Impacts and Effects*, Bell & Howell Information and Learning Company, 2001, p.135.

二 帕劳独立后帕日关系的发展

1994 年 10 月 1 日帕劳独立后，日本很快于当年 12 月与帕劳建立了外交关系。1999 年日本在帕劳科罗尔设立大使馆，帕劳也相应地在日本东京设立大使馆。基于日本在帕劳长达 30 年的殖民统治，两国关系在建交后获得了迅速发展，双方高层互访频繁，日本给予帕劳大量的经济援助，并签订了多项经济合作协议。自两国建交以来，除了个别年份，帕劳总统访问日本已经成为常态，2000 年，帕劳总统中村邦夫曾四度访日，2013年和 2014 年，帕劳总统汤米·雷蒙杰索也曾两度访问日本（尽管其中一次是"非正式访问"）。2015 年日本天皇夫妇访问帕劳，祭奠二战期间的死难者。

日本是帕劳重要的金枪鱼出口国，帕劳金枪鱼船运公司主要业务是向日本出口金枪鱼生鱼片。日本大量渔船也获得了在帕劳海域捕捞的许可证。2013 年两国贸易额为 40 亿日元，其中帕劳向日本出口 25 亿日元，从日本进口 15 亿日元。[①]

自 1997 年起，日本开始通过"日本与太平洋岛国首脑峰会"这一政府高层论坛，积极发展与帕劳等太平洋岛国的关系，而每次峰会上日本都会通过宣布向太平洋岛国提供大量经济援助为筹码换取岛国对其"入常"的支持。目前，帕劳是日本"入常"的坚定支持者。过去，帕劳支持日本的捕鲸权利，不过，自 2010 年 6 月后帕劳响应国际捕鲸委员会的倡议，宣布不再支持日本的捕鲸权利。

两国文化关系也非常密切，帕劳作为日本的前殖民地，其文化深受日本文化的影响。现代帕劳语中的许多单词来自日语，如"daijobu""okyaku""denki""senkyo"等。帕劳的饮食文化也受到日本的影响。日本在帕劳有一个小的群体，主要是日本外派到帕劳的长期工作人员（不

---

① 日本外务省网站，http://www.mofa.go.jp/region/asia-paci/palau/data.html。

包括帕劳日裔），2009 年约有 300 人，主要集中在安加尔和科罗尔。①
1994 年帕劳独立后，一些日本外派人员就开始在帕劳居住，并建立了长
期合作关系。此外，日本也是帕劳旅游的主要客源地之一。

三　日本对帕劳的政府开发援助

日本将帕劳视为其在太平洋地区重要的"战略伙伴"，是帕劳的第二
大援助国。日本对帕劳的援助主要是通过政府开发援助（ODA）的资金
援助和技术合作的形式进行的，尤其以资金援助为主，技术合作援助和通
过国际组织进行的援助也占一定的比重。自 1981 年帕劳建立宪政政府后，
日本就开始向帕劳提供资金援助。帕劳独立后，日本对帕劳的政府开发援
助呈现不断上升的趋势。尤其是随着近年来大国在太平洋岛国地区战略博
弈的不断升温，日本也更加看重通过援助外交增强其在大国博弈中的筹
码。

1. 资金援助

资金援助是日本 ODA 的重要组成部分，由日本外务省和日本国际协
力机构（JICA）共同管理，主要用于为发展中国家的经济和社会发展提
供资金支持，以帮助这些国家得到充足的项目实施资金。资金援助属于一
种无偿援助，不需要受援国偿还，这对于一些不发达国家而言无疑是最好
的援助方式。包括帕劳在内的太平洋岛国，大多属于经济落后的国家，因
此，日本对帕劳提供的 ODA 大部分属于资金援助，尤其是在 21 世纪之
前，日本对帕劳的援助主要是资金援助，技术合作援助占的比重很小。日
本资金援助分为六种：一般资金援助、渔业资金援助、文化资金援助、紧
急事件资金援助、食品资金援助以及为提高食品生产提供的资金援助。

20 世纪 90 年代日本向帕劳提供的资金援助主要流向渔业开发、改善
渔业贸易、电力发展和道路建设领域，渔业是日本对帕劳政府开发援助的
重点领域。从 1992 年到 1998 年间，日本共在帕劳实施了 6 项渔业援助项

---

① Japanese settlement in Palau，https：//en. wikipedia. org/wiki/Japanese_ settlement_ in_
Palau.

目，总援助金额达 12.9 亿日元，占日本对帕劳资金援助的 25% 左右。①
除了渔业外，日本为帕劳提供的电力供应项目和供水项目，对帕劳电网和
供水系统的建立和完善起到重大的促进作用。其他的主要资金援助项目还
有耗资 2800 万美元的新科罗尔—巴伯尔道布大桥（the K - B Bridge）项
目（1998～2002 年）和耗资 660 万美元的帕劳国际珊瑚中心（Palau
International Coral Center）的建设（1998 年），有力地推动了帕劳经济和
社会的发展。②

　　进入 21 世纪后，随着大国在太平洋地区竞争的加剧，为了增加自己
的竞争筹码，日本对帕劳等太平洋岛国的援助无论从规模还是数量上都不
断增加。近年来，日本对帕劳的援助主要还是集中在资金援助和技术合作
援助方面，援助额不断增长，尤其是 2012 年，日本对帕劳的援助高达
19.81 亿日元，其中资金援助 18.31 亿日元。③

　　近年来，日本对帕劳资金援助的大部分被用于帕劳电网建设和提高帕
劳乡村供电能力项目，还有少部分用于日本非政府组织援助项目和"基
层人群安全援助项目"。2015 年，日本为帕劳"供水系统改造项目"提供
了 18.43 亿日元的 ODA 资金。④ 此外，日本也是帕劳清除二战残留武器的
重要援助国，从 2013 年 5 月开始日本向帕劳派出专门的地雷清除行动服
务队（Japan Mine Action Service），帮助帕劳清除二战中残留在帕劳海底
的炸弹。

　　2. 技术合作援助

　　技术合作援助是日本 ODA 的重要组成部分，旨在通过技术援助为发
展中国家培养技术人员，以增强受援国的国家建设能力。技术合作援助主
要由日本国际协力机构负责实施，主要援助方式包括接收来自受援国的受

① Takashi Mita, *Japan's Development Assistance in the Republic of Palau：Community Impacts and Effects*, Bell & Howell Information and Learning Company, 2001, p. 71.
② Takashi Mita, *Japan's Development Assistance in the Republic of Palau：Community Impacts and Effects*, Bell & Howell Information and Learning Company, 2001, p. 70.
③ 日本外务省网站，Japan's ODA Data by Country—Palau, PDF, p. 1, http：//www. mofa. go. jp/mofaj/gaiko/oda/files/000142995. pdf。
④ 日本外务省网站，http：//www. mofa. go. jp/policy/oda/page23_ 000042. html#oceania。

训者、向受援国派出专家、为受援国提供设备和材料，以及实施把这三者结合在一起的技术合作项目、开发研究等。此外，向受援国派出日本海外合作志愿者，也是技术合作援助的一部分。不过，日本的技术合作援助是有选择性的，接受援助的受训者一般是受援国的中产阶层、有身份地位的人，这些受训者通过接受日本的高科技知识，可以在本国获得更高的社会地位甚或登上国家领导人的位置，他们对于日本自然是"感恩戴德"，最起码是有着亲近感的。包括帕劳在内的太平洋岛国的国家领导人和政府高官中，很多都是日本技术合作援助的受益者，他们领导下的政府自然倾向于与日本保持友好的关系。这对于日本来说，无疑是合算的"交易"。

日本对帕劳的技术合作援助主要分为两部分，一是由日本国际协力机构提供的技术援助，主要包括向帕劳派遣志愿者、研究人员，接受帕劳的受训者和实习生，以及向帕劳提供技术设备支持；二是由日本青年海外协力队（Japan Overseas Cooperation Volunteers，JOCV）向帕劳派遣志愿工人帮助帕劳发展经济和社会。在日本对帕劳提供的 ODA 中，技术合作援助的金额相对比较少。自 20 世纪 80 年代日本开始向帕劳提供援助以来，到 20 世纪末，日本仅向帕劳提供了约 9.42 亿日元的技术合作援助资金，但同期日本向帕劳提供的资金援助为 86.09 亿日元。[1] 进入 21 世纪以来，尤其是近些年来，日本对帕劳的技术合作援助有了大幅提高，仅 2010～2014 年 5 年间日本就向帕劳提供了 65.41 亿日元的技术合作援助资金，其中通过日本国际协力机构提供的援助为 62.72 亿日元，其他技术合作援助由相关机构和地方政府实施（参见表 7-4）。

早期日本对帕劳的技术合作援助主要以接受帕劳的受训者、派出研究人员为主，截止到 1998 年，日本共接受帕劳受训者 83 人，派出研究者 182 人。[2] 从 1998 年开始，日本国际协力机构开始向帕劳派遣志愿者，其

① Takashi Mita, *Japan's Development Assistance in the Republic of Palau: Community Impacts and Effects*, Bell & Howell Information and Learning Company, 2001, p.70.
② Takashi Mita, *Japan's Development Assistance in the Republic of Palau: Community Impacts and Effects*, Bell & Howell Information and Learning Company, 2001, p.70.

中当年派出 10 名志愿者，1999 年派出 26 人。[1] 日本国际协力机构向帕劳派出的人员主要包括护士、体育训练员、青年活动咨询员、营养学家、无线电通信工程师、统计学家、家禽家畜养殖专家、社区发展咨询员、教师、渔船工程师、测量员等专业人员。[2] 由日本青年海外协力队派出的志愿者大多以教师和技术工人为主，他们主要在帕劳的乡村学校和渔业组织中工作，帮助帕劳促进经济和社会的发展。

此外，日本也通过国际组织和日本的非政府组织向帕劳提供援助。一方面，通过国际组织实施的援助可以使日本能够充分利用国际组织的专业知识和经验，并形成世界性舆论，提高其国际地位。另一方面，通过国际组织和日本的一些非政府组织提供援助，更容易掩盖和减轻日本"金钱外交"的色彩，易于为受援国民众所接受。但鉴于在太平洋岛国地区活动的各类国际组织比较少及其发挥作用的有限性，日本可资借用的国际组织比较少。其中，亚洲开发银行是向帕劳提供 ODA 最多的国际组织，2013 年也仅向帕劳提供了 45 万美元的援助资金。[3] 因此，多边援助在日本 ODA 中所占比重较低。

日本对帕劳的政府开发援助，为帕劳电力、道路、供水等基础设施建设和渔业的发展提供了大量的资金和技术支持，促进了帕劳经济社会的发展。由于日本的资金援助，当地渔民使用刺网、拖船等现代化的捕鱼方式，同时由于制冰机器的使用，大大缩短了渔民来往科罗尔购买冰的时间，从而提高了捕鱼的效率，捕鱼量大大提高。此外，日本对帕劳的渔业援助也给社区居民的生活带来了便利，渔业合作社制冰机器的使用和新的电力设备的应用，大大方便了当地人的生活。同时，渔业合作社也为当地人提供了一些就业机会。同时，日本对帕劳的 ODA 也极大地推动了两国

---

① Takashi Mita, *Japan's Development Assistance in the Republic of Palau：Community Impacts and Effects*，Bell & Howell Information and Learning Company，2001，p. 70.

② Takashi Mita, *Japan's Development Assistance in the Republic of Palau：Community Impacts and Effects*，Bell & Howell Information and Learning Company，2001，p. 70. P70.

③ 日本外务省网站，Japan's ODA Data by Country—Palau，PDF，p. 2，http：//www. mofa. go. jp/mofaj/gaiko/oda/files/000142995. pdf。

关系的发展，帕劳成为日本在太平洋岛国地区的友好合作国家。自建交以来，帕劳与日本一直保持着良好的关系，两国政治领导人互访频繁。截止到 2014 年年底，共有 19 位日本国会议员、外交大臣访问帕劳。其间，包括历任帕劳总统在内的 38 位帕劳高层官员访问了日本。[①] 两国关系在地方和基层也有所增长，帕劳共和国现在与日本兵库县（Hyogo prefecture）和三重县（Mie prefecture）建立了密切联系。帕劳还与日本岩手县（Iwate prefecture）有一个小学生交流项目。[②] 帕劳也是日本游客旅游的首选目的地之一。

第五节　与中国的关系

一　与中国大陆的关系

目前，帕劳没有与中国大陆建立正式的外交关系。帕劳独立后，中国与帕劳之间的经贸往来有所增加，中国江苏省、安徽省、辽宁省等与帕劳有经济技术合作关系。1996 年 9 月，帕劳科罗尔—巴伯尔道布大桥坍塌，中国红十字会向帕劳捐赠 5 万美元。1997 年 5 月，时任帕劳总统中村邦夫访华，受到了全国人大常委会委员长乔石的接见，中村邦夫还参观了上海船厂，并游览了长城。1999 年 10 月，在帕劳主办第三十届南太平洋论坛会议期间，中村邦夫总统还会见了出席会后对话会的中国政府代表、外交部副部长杨洁篪。

帕劳与中国台湾地区"建交"后，中国大陆与帕劳之间的联系减少。此外，帕劳与中国还发生了几次外交摩擦事件。2009 年 11 月，帕劳不顾中国反对，接收了 6 名原关押于美军关塔那摩监狱的"东突"分子。其中五人暂时住在帕劳。2012 年 3 月 31 日，帕劳声称中国渔船"非法"进入帕劳水域捕捞，帕劳海警向中国渔船开枪射击，杀死一名中国渔民，并

---

① 日本外务省网站，http：//www.mofa.go.jp/region/asia – paci/palau/data.html。

② 日本外务省网站，http：//www.mofa.go.jp/region/asia – paci/palau/data.html。

逮捕了 25 名中国渔民。事后，帕劳总统曾"呼吁"美国在帕劳驻军以"保护"帕劳的渔业资源。

近年来，随着帕劳旅游度假资源的开发，我国京津沪、长三角、珠三角及温浙等地的企业和公司在帕劳的投资和建设项目逐渐增多。2012 年，中国温州房地产投资公司承接了帕劳宜瓦尔州别墅工程建设，第一期总计 250 套别墅，2013 年已基本完工。2013 年，北京汉能控股集团股份有限公司投资参与建设帕劳环保节能太阳能电站工作。其他如酒店、直航包机业务、帕劳经济特区建设等项目也逐渐增多。2015 年 9 月，由中国企业家投资建造的国际五星级酒店"帕劳之星大酒店"在帕劳艾拉伊州举行开工典礼，帕劳各界政要、帕劳前总统托里比翁、各州州长及中国酒店投资方领导、嘉宾等参加了本次活动。据该酒店项目负责人田行介绍，帕劳之星坐落在帕劳标志性建筑科罗尔—巴伯尔道布大桥旁。酒店吸取国际先进规划理念形成合理分区，充分利用海洋资源优势，项目建成后，其档次和规模在帕劳共和国首屈一指。

此外，随着中国经济的发展，近年来中国到帕劳旅游经商的人数不断增多，目前中国大陆已经取代日本成为帕劳第一大游客来源地。2014 年 8 月，中国—太平洋岛国论坛对话会特使杜起文出席了在帕劳科罗尔举行的第 26 届太平洋岛国论坛会后对话会。2015 年 4 月，在深圳举办的"太平洋岛国（深圳）投资贸易推介会"上，斐济、汤加、帕劳等太平洋岛国带来包括渔业、制造业和电信等价值 635 万美元的投资推介项目。其中，帕劳还推介了他们的"太平洋电视网络项目"，期望引进深圳先进的通信技术创建一个渠道，使得岛国人民之间可以通过这个网络平台分享想法和解决问题，引起了与会企业极大的兴趣。

同时，随着我国对南太平洋岛国的援助力度不断增加，中国与帕劳的联系也不断增多。中国的援助大部分是基建项目贷款，而且不附带任何政治条件，深受受援国的欢迎。自 2005 年以来，中国向南太平洋岛国承诺的"软性贷款"总计达 6 亿美元。2007 年，中国对南太平洋岛国的经济援助金额达到 2.93 亿美元，年援助额开始超过日本。中国的对外援助，坚持尊重受援国主权，并侧重于提高受援国自力更生的能力，赢得了广大太平洋岛国人民的欢迎。中国通过对南太平洋岛国援助外交的开展，展现了中国良好的国家形象。

二 与台湾地区的关系

在台湾地区"银弹外交"的推动下，帕劳独立后与中国台湾地区建立了所谓的"外交"关系。帕劳是台湾地区"外交"的重点争取对象之一，台湾地区在帕劳设有"文化经济社会交流协会"，并给予帕劳大量的"经济援助"。

1996 年 5 月 18 日，帕劳在台湾地区设立"名誉领事馆"。1999 年 12 月 29 日，帕劳与台湾地区建立"大使级外交关系"，台湾地区于 2000 年 3 月在帕劳设立"大使馆"。帕劳前总统托里比翁（台湾地区称"陶瑞宾"）曾长期担任帕劳驻台湾地区"大使"（2001~2008 年）。陈水扁在任期间曾多次访问帕劳，后陈水扁被控用专机载 4000 万美元存入帕劳银行及涉嫌洗钱。[①] 2010 年 3 月，台湾地区领导人马英九访问南太平洋岛国，帕劳是马英九访问南太的最后一站。马英九访问帕劳期间，参观了帕劳的新首都，并在帕劳文化中心参加了"台湾原住民族文化特展"开幕典礼。马英九还到帕劳朝日棒球场主持开球仪式并出席台湾和帕劳棒球友谊赛。

台湾地区主要通过经济援助、投资和渔业合作等方式与帕劳维系"双边"关系，陈水扁当政期间是台湾地区与帕劳的"蜜月期"。2008 年马英九上台，对外推行"活路外交"与"外交休兵"政策，台湾地区与帕劳之间基本维持一种友好关系。

1. 对帕劳进行经济援助与投资

台湾地区与帕劳"建交"后，向帕劳提供了大量的经济援助，并积极鼓励台湾地区商人在帕劳开展投资建设和商业活动。尤其是在陈水扁当政期间，台湾地区提供给帕劳的经济援助达 1 亿美元之多，台湾地区

---

① 人民网：《陈水扁访问帕劳洗钱？扁办反批：特侦组包庇》，http://news. sohu. com/20091110/n268099224. shtml。

与帕劳的贸易、投资也迅速增长。据路透社报道，2004 年台湾地区对帕劳的出口达到 610 万美元，2005 年台湾地区赴帕劳的旅游人数达 34000人之多，占帕劳当年入境游客总量的 42%。2006 年台湾地区在帕劳从事投资和商业活动的商人有 150 人左右，主要经营饭店餐馆或超市商店，帕劳最大的五星级酒店帛琉大饭店和帕劳最大的商业中心 WCTC 都是台湾人经营的。2005 年，台湾地区在帕劳建立了"台湾地区农业科技园"，开发帕劳有着"生命之果"之称的诺丽①相关产品，主要生产诺丽果汁和其他诺丽产品（如香皂、酒水等）。该公司生产的诺丽纯汁已被中国台湾地区、美国及日本等相关机构认证为纯有机产品。

此外，台湾地区还为帕劳提供基础设施建设援助，如帕劳的国家博物馆、有着"小白宫"之称的帕劳总统府都是台湾地区援建的。台湾地区在帕劳当地也建有银行，如"一银"（台湾地区第一银行）帕劳分行。台湾地区也为帕劳学生提供奖学金项目。然而帕劳当地民众对台湾地区的援助和投资却多有不满，例如，台湾地区曾为帕劳学校提供 100 台计算机，但帕劳提出只提供硬件并不能满足帕劳的需要，要求台湾地区为其提供计算机技术人员，后来台湾地区又为帕劳培训了计算机技术人员。而对于台湾地区在当地的投资建设，帕劳人也颇有微词，尽管这些投资和商业为帕劳人带来了就业机会，改善了他们的生活，但是也占据他们大片的土地，夺走了他们原有的生活空间，而且破坏了当地生态环境。

2. 与帕劳开展渔业合作

帕劳所在海域是全世界最关键的金枪鱼渔场，提供全球大约 60% 的金枪鱼。尽管帕劳渔业资源丰富，但资金和技术有限，因此帕劳人只在沿岸潟湖区开展传统自给捕捞，深海区商业性金枪鱼捕捞则通过发放捕捞许可证的方式租给其他国家的渔业公司经营，其中主要是日本和中国台湾地区的渔业公司（日本和中国台湾地区与帕劳签有渔业合作协定，可以在帕劳专属经济区内开发利用金枪鱼资源）。

金枪鱼是台湾地区远洋渔业的重要命脉，台湾地区渔业 90% 的产值

---

① 诺丽，学名"Morinda citrifolia"，是生长在太平洋岛屿的一种热带树木，果实可以入药。

都来自金枪鱼捕捞。台湾地区渔船在海外的渔业基地有 70 多处，其中以帕劳、关岛与台湾地区距离最近，区位条件优越，产品经台北或关岛转运到日本迅速便利，也易于有台湾地区补给饵料和渔船上的食物。而且，帕劳位于台风路径之南，渔业捕捞受台风的干扰较小，这一点更是关岛所不及的。因此，帕劳一直是台湾地区远洋捕捞的重要的渔场。台湾地区金枪鱼业在 20 世纪 90 年代才逐渐在帕劳基地立足，1996 年有 81 艘台湾地区渔船在帕劳基地作业，1997 年增加到 121 艘（同期，中国大陆渔船则由 104 艘降至 20 艘）。2000 年以后，台湾地区渔船在帕劳的外来船中更是占有极大的比例。2005～2007 年，在帕劳的台湾船有 100 多艘，分成 5 个船队。

然而，随着帕劳近海渔业资源的枯竭，帕劳政府开始限制商业捕捞，尤其是禁止使用影响渔业资源再生的围网渔船，以保护帕劳的渔业资源。2013 年，帕劳政府就曾拒绝了台湾地区最大的渔业公司"丰豪"公司免费赠予的围网渔船。2014 年，帕劳更是宣布所有海域一律禁止商业捕捞。

第六节　与其他国家的关系

一　与澳大利亚的关系

1. 密切的邻国关系

澳大利亚是帕劳在太平洋地区最大的邻国，两国有着传统的密切关系。二战结束后，美国为了巩固其在太平洋战争中取得的成果，积极在亚太地区构建同盟体系，其中澳美同盟的建立和发展是美国构筑太平洋战略的重要一环。二战后的帕劳作为美国在太平洋的托管地，无疑受到美国在太平洋的盟国——澳大利亚的悉心"关照"——澳大利亚是帕劳最大的援助国之一，即使在冷战结束后，澳大利亚仍然视帕劳为其"后院"。

1994 年 10 月帕劳独立后，澳大利亚于当年 10 月就与帕劳建立了外交关系。此后，两国发展紧密的双边关系。帕劳与澳大利亚在经济与人类发展方面有着共同的利益，尤其是在海事安全和跨国安全、旅游开发和保护帕劳原生态环境方面有着紧密的合作关系。

帕劳与澳大利亚在海事安全等方面有着广泛的军事合作关系。澳大利亚向帕劳提供了一艘太平洋级巡逻舰，用于保护帕劳的海事安全及打击非法捕捞。澳大利亚皇家海军少将艾伦·威尔莫尔（Alan Willmore）担任帕劳海事监控顾问。澳大利亚还帮助帕劳培训海军和船员。

澳大利亚是帕劳最重要的贸易伙伴和援助来源国。2014 年帕劳与澳大利亚的双边贸易额为 121.3 万澳元，其中帕劳出口 1.7 万澳元，进口 119.6 万澳元。① 澳大利亚也是帕劳食品进口的主要来源国之一。目前，双方没有在对方国家设立大使馆和领事馆，澳大利亚驻密克罗尼西亚联邦大使馆负责澳大利亚对帕劳事务。

2. 澳大利亚对帕劳的援助

澳大利亚是帕劳最主要的援助来源国家之一，其援助项目主要分为双边援助和多边援助。

双边援助项目涵盖了帕劳的安全、教育、卫生、通信和基础设施等各个方面。目前，澳大利亚向帕劳提供的双边援助项目主要有四个。一是"移除战争遗留的未爆炸武器"（ERW）项目，该项目旨在移除和销毁二战遗留的未爆炸武器弹药，为帕劳人提供一个安全的环境，并为帕劳清除一个主要的发展障碍。二战结束后，澳大利亚一直在援助帕劳清理二战中未爆炸的武器，而且是帕劳这一领域最大的援助来源国。该项目始于 2012 年，计划用 5 年的时间，耗资 450 万美元帮助帕劳移除和销毁二战遗留的未爆炸武器，并帮助帕劳当地人提升定位、移除和销毁这些武器的能力。目前该项目已经帮助帕劳移除未爆炸遗留武器 2 万枚。②

二是"提高教师素质"项目，该项目旨在帮助帕劳政府提升教学人员的数量和质量，包括增加妇女就业机会。这项工作主要通过采购教学支撑材料、为教师在数学训练和以英语作为第二语言训练方面提供专家指

① 澳大利亚外交部网站，Palau：http：//dfat. gov. au/trade/resources/Documents/pala. pdf。

② 澳大利亚外交部网站，Overview of Australia's aid program to Palau，http：//dfat. gov. au/geo/palau/development – assistance/Pages/development – assistance – in – palau. aspx。

导、促进教学策略的发展并把开发最好的实践课程作为培养教师助教职位要求的一部分。目前，借鉴针对其他母语人群的英语教学课程的成功经验，针对帕劳数学教师的课程和教学策略改革正在实施，以提升帕劳数学教师的资质。[①]

三是"提高卫生部门人员的资格和技能"项目，该项目旨在与帕劳政府合作，共同致力于通过培养适当的技术人才推动帕劳公共健康战略计划（Palau's Public Health Strategic Plan）的实施。该项目包括为妇女提供更多的就业机会、帮助帕劳评估帕劳护士的资格以及评估卫生部门人员应具备的其他重要资格。同时，为帕劳卫生部门制定人力资源开发计划以保证卫生部门人员专业素质的提升。此外，澳大利亚还为帕劳提供护士训练项目，为满足帕劳人对护士的需求而不断培养合格的护士。在澳大利亚的帮助下，帕劳国家健康人力资源发展计划已经获得批准，并建立了卫生学院开始培训医务人员。[②]

四是"促进男女平等"项目，该项目是澳大利亚政府推出的"太平洋女性促进太平洋发展"地区项目[③]的一部分，旨在促进帕劳性别平等问题的解决，并优先为"太平洋女性促进太平洋发展——2015～2018年帕劳国家计划"提供援助。帕劳国家计划通过女性对公共生活和决策的参与以及减少针对女性的暴力以着重培养女性的经济参与能力。[④]

此外，澳大利亚还通过多边援助项目的实施对帕劳进行援助，多边援助主要通过地区援助项目实施。澳大利亚的地区援助项目是对双边援助的有效补充，澳大利亚在帕劳开展的地区援助项目主要包括：通过渔业署论

---

① 澳大利亚外交部网站，Overview of Australia's aid program to Palau，http：//dfat. gov. au/geo/palau/development－assistance/Pages/development－assistance－in－palau. aspx。

② 澳大利亚外交部网站，Overview of Australia's aid program to Palau，http：//dfat. gov. au/geo/palau/development－assistance/Pages/development－assistance－in－palau. aspx。

③ "太平洋女性促进太平洋发展"地区项目，是澳大利亚为太平洋地区发展中国家提供的地区援助项目，预计用十年的时间，耗资3.2亿美元，提升14个太平洋国家女性在政治、经济和社会发展中的机会和作用。

④ 澳大利亚外交部网站，Overview of Australia's aid program to Palau，http：//dfat. gov. au/geo/palau/development－assistance/Pages/development－assistance－in－palau. aspx。

坛开展的渔业管理；通过太平洋气候和海洋支持项目开展的针对极端气候、潮汐和海洋事件的预防，减轻由此带来的灾害影响；通过公共管理太平洋岛国中心、太平洋金融技术援助中心和太平洋地区审计计划开展的强化政府管理和责任的援助。① 目前，澳大利亚通过地区援助项目为帕劳的基础设施建设和男女平等方面提供大量援助。2015～2016 年度澳大利亚的"北太平洋援助项目"为帕劳、密克罗尼西亚联邦和马绍尔群岛提供了约 1200 万美元的政府开发援助，其中给予帕劳的政府开发援助约为 330 万美元（其中包括 120 万美元的双边援助和 210 万美元的地区项目援助)②。目前正在实施的"帕劳计算机、信息通信技术连通性项目"（the Palau – FSM ICT Connectivity Project，一项由世界银行和亚洲开发银行共同发起的地区技术援助项目）得到了澳大利亚的技术支持，澳大利亚还计划对"太平洋女性促进太平洋发展——2015～2018 年帕劳国家计划"提供更多的支持。

二 与菲律宾的关系

1. 历史渊源与外交关系的建立

帕劳与菲律宾是邻国，仅仅相距 880 公里，两国于 1997 年 7 月 15 日正式建立大使级外交关系。帕劳在菲律宾首都马尼拉建有大使馆，菲律宾也在帕劳梅莱凯奥克设立大使馆。

帕劳与菲律宾有着深厚的历史渊源。据考证，大约公元前 2000 年最早来到帕劳的人就来自菲律宾，但是这一身材矮小的种族大约在 1100 年就已经从帕劳群岛消失。③ 两国自建交以来，政治、经济和社会关系处于友好交往的状态，人员往来频繁。两国还签署了一些医疗卫生和教育合作项目，例如，《帕劳医疗转诊项目》已经实施了 20 多年，而许多的帕劳

---

① 澳大利亚外交部网站，Overview of Australia's aid program to Palau，http：//dfat. gov. au/geo/palau/development – assistance/Pages/development – assistance – in – palau. aspx。
② 澳大利亚外交部网站，Overview of Australia's aid program to Palau，http：//dfat. gov. au/geo/palau/development – assistance/Pages/development – assistance – in – palau. aspx。
③ https：//en. wikipedia. org/wiki/Palau – Philippines_ relations.

年轻人也选择到菲律宾大学接受高等教育。

2. 利益纷争

帕劳与菲律宾之间存在一些利益纷争，海洋边界问题一直是两国屡经谈判却仍然没有解决的难题。两国水域相连，而两国都是海洋岛国，对海洋资源的倚重比较严重，因此都非常看重海洋的划界问题。到目前为止两国一直没能达成最后的划界协定，而由此产生的经济纠纷尤其是因为菲律宾渔民的"越境"捕捞问题而引发的冲突也时有发生。事实上，菲律宾渔民在帕劳专属经济区的捕捞活动已经成为影响两国关系的重要因素。菲律宾与帕劳的关系在帕劳前总统中村邦夫当政期间跌落到历史的最低点。1999年1月，鉴于帕劳对菲律宾渔民进入帕劳专属经济区捕捞与菲律宾政府数次交涉无果的情况下，帕劳总统中村邦夫曾经威胁要断绝两国关系。不过，近年来两国关系已经逐步改善，帕劳也在与菲律宾积极进行渔业合作协议的谈判，而不再时常以外交抗议的形式与自己最近的邻国菲律宾相处。

2012年1月25日，菲律宾宣布由于预算限制，将在同年7月关闭十个大使馆，菲律宾驻帕劳大使馆就是其中之一。时任帕劳总统托里比翁曾向菲律宾总统阿基诺三世（Benigno Aquino Ⅲ）提议重新考虑关闭驻帕劳大使馆的计划。尽管托里比翁反复重申菲律宾在帕劳保留大使馆的重要性，并强调菲律宾驻帕劳大使馆不仅是两国海洋边界谈判的重要联系人和数千名在帕劳打工的菲律宾工人的"娘家"，而且大使馆的关闭也将影响到菲律宾与邻国密克罗尼西亚和马绍尔群岛的关系，但是菲律宾驻帕劳大使馆还是在2012年7月31日正式关闭，至今没有恢复。大使馆关闭后，菲律宾于2013年2月至3月期间曾向帕劳派出了一个官方代表团。

3. 在帕劳的菲律宾人

菲律宾是帕劳外国雇员的最大来源国。现在，每年在帕劳从事各种工作的菲律宾人为4000~5000人，约占帕劳外来工人的60%，定居帕劳的菲律宾人在4000人左右，约占帕劳总人口的20%。[①]

菲律宾人从20世纪40年代开始来到帕劳，一开始他们大多在美国军

① https: //en. wikipedia. org/wiki/Palau－Philippines_ relations.

舰上为美国海军提供服务。20 世纪 70 年代，大约有 200 名菲律宾人生活在帕劳，大多数从事教育和专业工作。2006 年有 4000～7000 人生活在帕劳，约占帕劳人口的 35%。① 2008 年，在帕劳的菲律宾人有 4495 人，大部分属于移民工人。② 不过，位于塞班岛的菲律宾海外劳工办公室（the Philippine Overseas Labor Office）估计，目前生活在帕劳的菲律宾人中有 80% 的人属于非法移民。③

在帕劳的菲律宾人广泛受雇于农业、建筑业、教育、工程、医药、餐饮业和旅游部门或者作为家庭帮佣。他们的最高月工资约为 250 美元。菲律宾在帕劳没有设立专门的菲律宾劳动和就业部门，但是菲律宾海外劳工办公室会和帕劳当局协商劳动力招聘事宜。

① Filipinos in Palau, https：//en. wikipedia. org/wiki/Filipinos_ in_ Palau.
② Filipinos in Palau, https：//en. wikipedia. org/wiki/Filipinos_ in_ Palau.
③ Filipinos in Palau, https：//en. wikipedia. org/wiki/Filipinos_ in_ Palau.

大事纪年

4000 多年前	帕劳群岛开始有人类居住。
公元前 2500 ~ 公元前 1100 年左右	帕劳生活着一种与世隔绝的矮小的岛民。
公元前 1000 年左右	洛克群岛的帕劳早期居民开始进行农业生产，并发展出相当复杂的母系社会体系，帕劳进入母系氏族社会时期。
公元 700 ~ 900 年左右	帕劳形成大型的村落。
1522 年	麦哲伦环球航行的西班牙特立尼达使团在航行的过程中，在大约北纬 5°线附近"发现"了帕劳的松索罗尔岛，并把其命名为"圣胡安岛"，但是这些西班牙船员并没有登上这些岛屿。
1526 年	西班牙探险家托里维奥·萨拉萨尔在航行中到达了加罗林群岛。
1528 年	西班牙探险家阿尔瓦罗·萨维德拉宣称加罗林群岛部分岛屿为西班牙所有，并以当时西班牙国王卡洛斯一世之名为其命名。
1543 年	西班牙探险家路易·洛佩斯·维拉罗伯斯首次"发现"帕劳。
1565 年	西班牙征服菲律宾后，帕劳群岛被划归

249

	为菲律宾舰长的领地。
1574 年	西班牙在马尼拉建立东印度公司后，帕劳成为西班牙东印度公司的一部分。
1686 年	西班牙人弗朗西斯科·拉塞诺来到加罗林群岛，把群岛南面的许多岛屿划入西班牙的版图，并以当时西班牙国王查理二世的名字命名该岛，即加罗林群岛。西班牙宣称占有帕劳，不过，一直到 17 世纪末西班牙也仅仅是在帕劳进行传教活动，西班牙对帕劳的殖民开发始于 18 世纪。
1696 年	保罗·克莱因在菲律宾萨马岛采访了几位遭遇海难漂流到萨马岛的帕劳人，并根据他们关于帕劳的描述，绘制了一幅帕劳地图。
1697 年	保罗·克莱因把他的发现写了一封信连同他绘制的帕劳地图送回了欧洲。这封信和地图几乎立刻激起了痴迷探险的欧洲人对帕劳的热情。
1710 年 11 月 30 日	耶稣会探险队在弗朗西斯科·帕迪利亚的带领下到达了帕劳群岛。然而由于遭遇暴风雨的袭击，大船被摧毁，有两名传教士雅克·都贝隆和约瑟夫·考缔在松索罗尔岛登岸。
1783 年	英国船长亨利·威尔逊的"安蒂洛普号"航船在行驶至帕劳的乌龙岛附近发生触礁并在乌龙岛搁浅。
1790 年	英国宣布占有帕劳，此后的一个世纪，欧洲与帕劳的贸易一直由英国人主导。

1791 年	亨利·威尔逊把里布王子的死讯传回帕劳。
1823 年	柯芬船长率领的英国船在帕劳遭到袭击,几名船员死伤。
1823 年	美国的"Menthol"号捕鲸船在帕劳卡扬埃尔岛北方的暗礁触礁。
1843 年	美国人肖恩在卡扬埃尔岛建立了贸易基地。
1862 年	南部大酋长伊贝杜尔借助英国军舰"Sphinx",攻击了北方大酋长瑞克雷。
1866 年	南部大酋长伊贝杜尔下令处死英国人谢恩(Shane)。
1867 年	英军司令查尔斯·斯蒂文斯以伊贝杜尔杀害谢恩的罪名处死了大酋长伊贝杜尔。
1878 年	英国人奥基夫(Georgia O'keeffe)来到帕劳,并开始以帕劳为基地发展商业。
1880 年	奥基夫的舰船触礁,遭到北方大酋长瑞克雷部下的掠夺。
1881 年	英国军舰开到帕劳,向北方大酋长瑞克雷就其部下掠夺奥基夫商船事件提出赔偿要求。
1883 年	英军司令西布利安·布里奇免除了北方大酋长瑞克雷对奥基夫的赔偿,并与帕劳南北两个大酋长签署了友好文件。
1885 年	教皇利奥十三世承认西班牙在赤道以北所有密克罗尼西亚岛屿的政治主导权,其中包括位于加罗林群岛的帕劳诸岛。西班牙人重新回到帕劳并驱逐了英国的代表。

1885 年	帕劳开始与日本开展贸易。
1891 年	西班牙传教士来到帕劳,并设置统治机构,对帕劳进行殖民统治。
1899 年	在美西战争中战败的西班牙把帕劳卖给德国。
1900 年	帕劳出现了第一个"女人钱"的仿冒品,这种由外国人用玻璃瓶制成的仿冒"女人钱",被称为"Cheldoech"。
1901 年	德国在帕劳设立统治机构。
1909 年	德国人开始在安加尔岛开采磷酸盐矿。
1910 年	在德国统治帕劳期间,帕劳女子沐浴礼的仪式首次被记录。
1914 年	日本占领帕劳。
1915 年	日本在帕劳设立了第一所学校,为帕劳儿童提供初级教育。
1920 年	帕劳成为国联授权下的日本委任统治地。
1922 年	日本在科罗尔成立了日本殖民政府——南海政府,管理包括帕劳在内的密克罗尼西亚诸岛,科罗尔成为日本殖民政府的行政中心。
1922 年	日本南海政府从德国人手中购买了德国开采公司的资产,继续对安加尔岛磷酸盐矿进行开采。日本在帕劳的疯狂开采,导致了帕劳磷酸盐矿的枯竭。
1926 年	日本南海政府在帕劳设立了木工学徒培训中心。
1927 年	日本开始着手调研帕劳的金枪鱼资源,指出帕劳可以成为日本的渔业基地。
1931 年	日本成立了南海渔业联合公司,并在科

	罗尔的马拉卡尔岛建立了渔业基地。
1931 年	日本第一艘金枪鱼捕捞船前往帕劳海域进行捕捞。
1932 年	从冲绳出发的日本渔船开始前往帕劳海域捕捞金枪鱼。
1932 年	日本成立了一家半政府性质的南海殖民公司，主要在帕劳从事采矿业和农业生产。
1933 年	日本渔业联合公司在帕劳设立分公司，从事渔业捕捞和鱼产品加工。
1934 年	日本政府在科罗尔成立了独立的渔业公司——南海渔业公司。
1939 年	日本开通了帕劳与横滨之间的日常航空线路。
1944 年 9 月 15 日	美军发起了攻占帕劳的佩里琉战役，战役持续了三个月之久，是二战中太平洋战场最惨烈的战役之一。
1944 年 11 月	美军占领佩里琉岛，日军守岛部队阵亡9838 人，被俘 446 人，只有不到 200 人生还（含 1947 年缴械的日军士兵），美军阵亡 1684 人，7160 人受伤。
1945 年	第二次世界大战结束，美国占领了帕劳。
1946 年	帕劳初级中学（现在帕劳中学的前身）成立，只有 7 ~ 9 年级。
1947 年 7 月 18 日	帕劳成为美国太平洋岛屿托管地的一个政治实体，帕劳人成为托管地公民。
1947 年	帕劳成立了棒球职业体协，发起"全帕劳棒球锦标赛"。
1951 年	美国内务部接手帕劳等密克罗尼西亚托

	管地的行政管理权。
1955 年	帕劳国家博物馆建立，这是密克罗尼西亚地区最早建立的博物馆。
1955 年	美国太平洋岛屿托管下的密克罗尼西亚委员会通过立法成立了土地委员会，帮助密克罗尼西亚人民对土地进行登记。
1959 年	联合国代表团到访帕劳等密克罗尼西亚托管地，对美国托管当局在托管地的"懒政"行为提出了批评。
1961 年	肯尼迪总统开始派遣"和平队"志愿者到帕劳，帮助岛上居民进行发展。
1961 年 9 月末到 10 月初	密克罗尼西亚委员会在帕劳科罗尔举行了会议，会议首次探讨了这些托管地的领土边界问题，会议提出的问题及建议极大地影响了这些领地的未来政治发展。
1962 年	帕劳初级中学更名为帕劳中学。
1969 年	拉扎鲁斯·沙利依与美国政府代表弗雷德·泽德通过谈判，共同为托管地岛屿设计了一种与美国"自由联系"的身份和地位，即美国与太平洋岛屿托管地之间的《自由联系条约》。
1969 年	美国与密克罗尼西亚议会就太平洋岛屿托管地的未来政治地位展开第一次交涉。
1969 年	帕劳开始就未来政治地位同美国谈判。
1970 年	美国与密克罗尼西亚托管地展开第二次政治交涉，密克罗尼西亚诸岛主张自由联合，美国主张把密克罗尼西亚纳入美国的版图。
1972 年	帕劳采纳土地委员会的模式，开始解决

	帕劳的土地登记问题。
1974 年	摩德肯基教的长老们在伊波邦村建立了帕劳唯一的一所宗教学校——帕劳摩德肯基教学校。
1975 年	帕劳成立了帕劳公地局，开始着手解决日本统治期间被南海政府占有的帕劳公地的归还问题。
1977 年 5 月	美国卡特政府同意于 1981 年中止与帕劳的托管协议。
1978 年	帕劳公投反对成为密克罗尼西亚联盟的一部分，帕劳脱离了密克罗尼西亚。
1979 年 1 月 28 日	帕劳召开制宪会议。
1979 年 4 月 2 日	帕劳制宪会议制定了帕劳第一部宪法——帕劳共和国宪法，1979 年宪法是世界上第一部"无核宪法"。
1979 年 7 月 9 日	帕劳举行宪法公投，宪法以 92% 的大多数同意得以批准。
1979 年 10 月	帕劳就删除"无核"条款后的宪法举行全民公投，70% 的投票者反对这一修改后的宪法。
1980 年 7 月 9 日	帕劳就 1979 年"无核宪法"进行了第三次公投，最终获得了 78% 的支持率，帕劳宪法正式获得批准。
1980 年 11 月 4 日	帕劳举行首次总统选举，豪罗·雷梅利克获得 31.2% 的选票，当选为帕劳第一任总统。
1981 年 1 月 1 日	帕劳宪法生效。
1981 年 3 月 2 日	帕劳组成首届政府，正式定国名为帕劳共和国。

1982 年 8 月	帕劳与美国草签了《自由联系条约》。
1983 年	帕劳就帕美《自由联系条约》举行第一次全民公投，该条约未能获得批准。
1984 年 9 月	帕劳就帕美《自由联系条约》举行第二次全民公投，该条约未能获得批准。
1984 年	帕劳举行第二次总统大选，豪罗·雷梅利克获得连任。
1985 年 1 月	帕劳太平洋度假酒店开业，帕劳开始发展旅游业。
1985 年 6 月 30 日	帕劳第一任总统豪罗·雷梅利克被暗杀身亡（此案件一直没有结案）。
1985 年 7 月 2 日	副总统阿方索·奥伊特龙出任帕劳总统（帕劳第二任总统）。
1985 年 8 月 28 日	帕劳提前举行总统大选，拉扎鲁斯·沙利依当选为帕劳第三任总统。
1985 年 10 月 25 日	拉扎鲁斯·沙利依继任帕劳总统。
1986 年 1 月 10 日	拉扎鲁斯·沙利依与美国代表弗雷德·泽德正式在帕美《自由联系条约》上签字，
1986 年 4 月 9 日	美国国会批准了帕美《自由联系条约》。
1986 年 11 月	美国宣布帕美《自由联系条约》生效。
1987 年	帕劳党成立，该党是为支持时任总统拉扎鲁斯·沙利依而成立的，现已不存在。
1987 年	帕劳修改宪法，修改后的宪法允许以简单多数通过《自由联系条约》。
1988 年 8 月	帕劳最高法院认为宪法的修改违反程序标准，因而裁定 1987 年的修宪无效；帕劳最高法院也认定《自由联系条约》与帕劳的"无核宪法"相抵触，美国的防

	务承诺也与"无核宪法"相矛盾。
1988 年 8 月 20 日	拉扎鲁斯·沙利依总统自杀身亡,但后续的调查表明这是一件因政治贿赂被暗杀的事件。
1988 年	帕劳举行第四次总统大选,尼若科·爱普森当选为帕劳第四任总统。
1988 年	帕劳加入国际篮联,隶属大洋洲国际协会,也是大洋洲最年轻的球队。
1989 年	美国布什政府同意给予帕劳经济援助,以帮助帕劳偿还外债,并为帕劳的发展提供资金。
1990 年	帕劳举行全民公投,帕美《自由联系条约》虽然仍然没有达到四分之三的法定票数,但是获得了 72% 的选民支持。
1992 年	帕劳政府再次进行修宪,同意以过半数取代原来的 75% 的绝对多数批准帕美《自由联系条约》,同时取消了帕劳宪法中的"无核宪法"条款。
1992 年	帕劳举行第五次总统大选,中村邦夫当选为帕劳第五任总统。
1992 年 11 月 4 日	帕劳举行宪法公投,最终以 62.4% 的同意率批准了宪法修正案。
1993 年 4 月 2 日	帕劳社区学院正式成立,学院设有理事会管理学院的运作。
1993 年 11 月 9 日	帕劳就帕美《自由联系条约》进行第八次公投,以 68% 的同意率批准了该条约。
1994 年 5 月 21 日	联合国托管理事会举行第 61 届会议,帕劳和美国政府的代表共同宣布帕美《自

	由联系条约》自 1994 年 10 月 1 日起生效，帕劳独立。
1994 年 10 月 1 日	帕劳共和国宣布独立，成为一个独立的共和国。
1994 年 10 月	帕劳与美国、澳大利亚建交。
1994 年 11 月 10 日	联合国安理会通过第 956 号决议，宣布结束对帕劳这一最后托管地的托管。
1994 年 12 月	帕劳与日本建交。
1994 年 12 月 15 日	帕劳加入联合国，成为联合国第 185 个成员国。
1996 年	科罗尔—巴伯尔道布大桥垮塌。
1996 年	帕劳国家党成立于帕劳大选期间，是为赢得帕劳大选而成立的政党。波利卡普·巴西利乌斯是该党的领袖。该党现已不存在。
1996 年	帕劳举行第六次总统大选，中村邦夫获得连任。
1997 年 7 月 15 日	帕劳与菲律宾建交。
1998 年	帕劳报纸《帕劳视野》创刊。
1998 年	帕劳设立玳瑁保护区。
1998 年	帕劳承办 1998 年密克罗尼西亚运动会。
1998 年	帕劳参议院通过决议设定帕劳为"离岸"金融中心，但是，此后洗钱等非法金融交易极大地损害了帕劳的国际声誉。为此，2001 年，帕劳通过了反洗钱法案和银行监管条例，加强对银行金融业的监管。
1999 年 12 月 29 日	帕劳与中国台湾地区建立"大使级外交关系"。

2000 年	帕劳举行第七次总统大选，汤米·雷蒙杰索当选为帕劳第六任总统。
2001 年	帕劳设立儒艮保护区。
2002 年 9 月	帕劳加入七十七国集团（2004 年 11 月退出该集团）。
2003 年	帕劳政府通过反捕鲨法，禁止在其领海范围内猎捕、运送鲨鱼，以及切掉鲨鱼鱼翅，违法者将被处以 25 万美元的罚款。
2003 年	帕劳政府建立保护区局域网，用以保护原始多样的自然环境。
2004 年	帕劳举行第八次总统大选，汤米·雷蒙杰索获得连任。
2004 年	帕劳第一位常驻联合国代表斯图尔特·贝克就职。
2004 年	2004 年宪法修改是对帕劳宪法调整比较大的一次，宪法修正案共包括五项内容：允许双重国籍；允许总统和副总统选举作为团队进行选举（原来总统选举和副总统选举分开进行）；限制议员的任期为三个四年任期；将两院制议会改为一院制议会；调整议会人员的工资。
2004 年	帕劳举行宪法公投，将两院制议会改为一院制议会的修正案没有获得批准。
2004 年	帕劳议会同意将议员人数由 37 人减少到 25 人（众议员 16 人，代表各州；参议员 9 人，由参议员选区选出）。
2004 年	大选成为唯一的一次总统和副总统作为团队进行选举的大选。

2005 年	帕劳承办 2005 年太平洋小型运动会。
2006 年 4 月	5 位参议员联名提议将帕劳国际机场更名为"罗曼·特梅图厄尔国际机场",同年 5 月,该提议获得通过。
2006 年 10 月	帕劳首都从科罗尔迁往梅莱凯奥克州的恩吉鲁模德。
2008 年	帕劳在其专属经济区设立了鲨鱼保护区。
2008 年	帕劳政府通过立法禁止近海商业捕鱼,规定距离海岸 24 英里以内禁止商业捕鱼、距离科罗尔主要港口 50 英里以内禁止商业捕捞,并禁止捕捞一些特殊的岩礁鱼类、海龟及海洋哺乳动物。
2008 年	帕劳修改宪法,恢复了分别选举总统和副总统的传统。
2008 年	帕劳举行宪法公投,通过了拥有双重国籍的帕劳人不可以当选总统、副总统和国会议员,分别举行总统和副总统选举,以及学术自由、海外帕劳公民以邮寄方式进行投票、只有异性婚姻是合法婚姻等 23 项宪法修正案。但"允许被收养者加入帕劳国籍"条款未获得通过。
2008 年	帕劳举行第九次总统大选,约翰逊·托里比翁当选为帕劳第七任总统。
2010 年	帕劳承办 2010 年密克罗尼西亚运动会。
2010 年	帕劳与美国又签订了 15 年的"新条约"(2010~2024 年),帕劳因此可以得到 2.5 亿美元的援助。
2011 年	在第 8 届帕劳运动会上,足球比赛首次被列为比赛项目,来自帕劳四个州的足

	球队进行了 10 场比赛。
2011 年 12 月	恩吉鲁模德邮政局建立，这也是除了科罗尔之外帕劳第二个邮政局。但是由于入不敷出，为了削减开支，2013 年 4 月恩吉鲁模德邮政局被永久关闭。
2012 年 5 月 29 日	帕劳共和国正式成为国际劳工组织第 185 个成员国。
2012 年 7 月 31 日	菲律宾关闭了驻帕劳大使馆。
2012 年 11 月	帕劳举行第十次总统大选，汤米·雷蒙杰索当选为帕劳第八任总统。
2012 年 11 月 11 日	洛克群岛被列入世界遗产地名录。
2012 年 12 月 2 日	超强台风"宝霞"登陆帕劳，给帕劳造成了巨大的财产损失。
2013 年 1 月 17 日	汤米·雷蒙杰索宣誓就职，这是他第三次当选并组阁。
2013 年 11 月 4 日	台风"海燕"登陆帕劳，对帕劳的农业造成了巨大影响。
2014 年 7 月	恩吉鲁模德承接了太平洋岛国论坛第 45 届会议，不过大部分议程都是在科罗尔举办的。
2014 年 8 月	中国—太平洋岛国论坛对话会特使杜起文出席在帕劳科罗尔举行的第 26 届太平洋岛国论坛会后对话会。
2015 年 4 月 9 日	日本明仁天皇（Akihito）夫妇访问帕劳，祭奠二战期间的死难者。
2015 年 4 月 16 日	帕劳派代表出席在深圳举办的"太平洋岛国（深圳）投资贸易推介会"，并推介了该国的"太平洋电视网络项目"，期望引进深圳先进的通信技术创建一个渠

道，使得岛国人民之间可以通过这个网络平台分享想法和解决问题。

2015 年 5 月 22 日	帕劳总统汤米·雷蒙杰索出席在日本福岛县磐城市举办的第七届"日本与太平洋岛国论坛首脑峰会"。
2015 年 6 月 18 至 28 日	帕劳举办了第十届国家运动会，共有来自 13 个州的运动员参加了 17 个比赛项目的角逐。最终，科罗尔州以 199 枚奖牌（88 枚金牌）位居奖牌榜榜首。
2015 年 7 月	在 2015 年世界游泳锦标赛上，帕劳游泳选手肖恩·华莱士（Shawn Wallance）以 27.02 秒的成绩打破了帕劳在此项运动中 27.23 秒的纪录（此前艾劳德·赛廖尔是此项纪录的保持者），这也是肖恩在此项运动中的最好成绩。
2015 年 9 月	由中国企业家投资建造的国际五星级酒店"帕劳之星大酒店"在帕劳艾拉伊州举行开工典礼，帕劳各界政要、帕劳前总统托里比翁、各州州长及中国酒店投资方领导、嘉宾等参加了本次活动。
2015 年 10 月	帕劳国会通过了《海洋禁捕区法令》，基于此法令，帕劳将设立国内渔业捕捞区以促进帕劳地方渔业的可持续发展，并对国内食品安全和旅游市场的发展进行了规划。
2016 年 2 月	美国负责东亚和太平洋事务的助理国务卿丹尼尔·拉塞尔（Daniel R. Russel）访问帕劳。
2016 年 3 月 3 日	帕劳把政府网站的网址更新为 http://

palaugov. pw/。

2016 年 3 月 24 日	帕劳总统汤米·雷蒙杰索签署第 389 号总统令，宣布该国进入极端干旱紧急状态。
2016 年 5 月 20 日	帕劳总统汤米·雷蒙杰索访问中国台湾地区并参加蔡英文"就职"典礼。
2016 年 6 月 24 日至 7 月 2 日	帕劳青年运动会在帕劳国家体育场（Palau National Gymnasium）举行。
2016 年 8 月	帕劳派出 5 名运动员参加里约奥运会，未获得奖牌。
2016 年 9 月	帕劳举行第十三届马拉松和半马拉松比赛。
2016 年 10 月 1 日	帕劳针对外来游客的免费落地签政策改为每人收费 50 美元，13 岁以上游客的离境税和环保税也由 50 美元提高到 100 美元。
2016 年 11 月	帕劳举行第十一次总统大选，现任总统汤米·雷蒙杰索获得连任，雷纳尔多·奥卢奇（Raynold Oilouch）当选为副总统，同时选出了由 13 名参议员和 16 名众议员组成的帕劳第 9 届议会。
2017 年 1 月 19 日	汤米·雷蒙杰索宣誓就任帕劳总统，这是他第四次当选并组阁。

参考文献

一 中文文献

崔福元编著《世界地名与航海探险》，海潮出版社，2010。

地图出版社编《大洋洲及太平洋岛屿》，商务印书馆，1972。

〔美〕房龙：《房龙讲述太平洋的传奇》，梅妍译，东方出版社，2005。

〔美〕唐纳德·B. 弗里曼：《太平洋史》，王成至译，东方出版中心，2011。

高放等编著《万国博览·美洲大洋洲卷》，新华出版社，1998。

韩玉平编著《瓦努阿图》，社会科学文献出版社，2011。

李冰编译《走过南太平洋》，中国电影出版社，2004。

李树藩等编著《世界通鉴》（第4卷），吉林人民出版社，1998。

廖少康：《南太平洋的区域合作》，《当代亚太》1995年第3期。

刘必权：《世界列国志·大洋洲阿拉伯北非》，川流出版社，1967。

刘丽坤、李静编著《马绍尔群岛》，社会科学文献出版社，2016。

吕桂霞编著《斐济》，社会科学文献出版社，2015。

〔苏〕马吉多维奇：《世界探险史》，屈瑞译，海南出版社，2006。

钱其琛主编《世界外交大辞典》，世界知识出版社，2005。

日本大宝石出版社编著《帕劳岛》（走遍全球海岛系列），张咏志译，中国旅游出版社，2014。

王立权、王建党等编著《大洋洲国家地理手册》，河南大学出版社，

1987。

王晓凌：《南太平洋文学史》，安徽大学出版社，2000。

吴安其：《南岛语分类研究》，商务印书馆，2009。

吴钟华：《南太不了情：一个外交官鲁滨逊式经历》，四川人民出版社，2006。

徐明远：《出使岛国：在南太的风雨岁月》，中国华侨出版社，1995。

徐明远：《南太平洋岛国和地区》，世界知识出版社，2003。

徐明远：《一任三使风雨疾》，新华出版社，2009。

叶大兵编著《世界婚俗集》，江苏人民出版社，1985。

叶进：《南太平洋的万岛世界》，海洋出版社，1979。

杨坚等主编《世界各国和地区渔业概况》（上册），海洋出版社，2002。

赵少峰编著《图瓦卢》，社会科学文献出版社，2016。

张勇编著《所罗门群岛》，社会科学文献出版社，2016。

祝天明：《大洋洲列国志》，香港益群出版社，1973。

二　英文文献

Daniet P. Ryan, *Essential Principles of Contract and Sales Law in the Northern Pacific: Federated States of Micronesia, the Republic of Palau and the Marshall Islands, and United States Territories and Political Entities*, Published by ProQuest LLC., 2009.

Denise Youngblood Coleman Ph. D. ed., *2015 Country Review: Palau Review 2015*, CountryWatch, Inc. Houston, Texas, PDF.

Donald Shuster, *Baseball in Palau: Passion for the Game From 1925 – 2007*. Guam: University of Guam, 2008.

Endo Hisashi ed., *Collective Works of Hijikata Hisakatsu: Society and Life in Palau*, The Sasakawa Peace Foundation, 1993.

Francis X. Hezel, *Strangers in Their Own Land*, University of Hawaii Press, 1995.

Homer G. Barnett, *Being a Palauan*, published by Holt, Rinehart and Winston, Inc. , 1979.

John Carter ed. , *Pacific Islands*, year book, fourteenth edition, published by Pacific Publications (Aust.) Pty. Ltd, 1981.

Lee R. Berger, Steven E. Churchill, Bonita De Klerk1, Rhonda L. Quinn (March 2008). "Small-Bodied Humans from Palau, Micronesia". PLoS ONE 3 (3): e1780. doi: 10. 1371/journal. pone. 0001780. PMC 2268239. *PMID* 18347737.

Millicent Mei-Ling Piazza, *Political-Economic Transitions and Environmental Change in Micronesian Island States: A Case Study in the Republic of Palau*, Published by ProQuest Information and Learning Company, 2006.

Natasha Alexander and Karl Cherepanya eds. , *Palau Foreign Policy & Government Guide*, International Business Publications, USA, 2003.

Pateick Ubal Tellei, *Omesubel A Ureor: Workforce Development in Palau from Per-contact to 1999*, Published by ProQuest Information and Learning Company, 2005.

QTR KEYFIGURES, May 2013, 2014, 2015, 2016, Ministry of Finance Bureau of Budget & Planning Office of Planning & Statistics, PDF.

"Republic of Palau Non-communicable Disease Prevention and Control Strategic Plan of Action 2015 – 2020", PDF.

R. F. Kanost, Localisation in the Trust Territory of the Pacific Islands, *Localisation*, Section Ⅶ.

Roland W. Force, Historic and Prehistoric sites, Preservation of Culture and Cultural Tourism in the Trust Territory of the Pacific Islands, Serial No. FMR/CC/CH/77/217 (UNDP), Unesco, Paris, 1977, PDF.

Sharon Sakuma, "Republic of Palau: Business Opportunities Report" (PDF), Prepared for the United States Department of the Interior Office of Insular Affairs, September 2004, Updated By Pearl Ueranant, July 2007.

Stephen Levine ed. , *Pacific Ways: Government and Politics in the Pacific Islands*, Victoria University Press, 2009.

Takae E. Shibasaki, *Impact of Japanese Language Education in Palau (1914–1945)*, Published by ProQuest LLC. , 2010.

The Republic of Palau Exclusive Economic Zone MONITORING, CONTROL, AND SURVEILLANCE the Next Five Years 2016–2021, PDF.

Takashi Mita, *Japan's Development Assistance in the Republic of Palau: Community Impacts and Effects*, Bell & Howell Information and Learning Company, 2001.

Yu-ping Chen, The Land that Is Never Returned: the transformation of Public Land in Palau, *Legal Ground: Land and Law in Contemporary taiwan and the Pacific*, 2013/09/11–12.

1976 Trust Territory of the Pacific Islands (Report of Fiscal Year 1976), Furnished by the Department of the Interior, USA, 1976.

2012 Statistical Yearbook, Palau, PDF.

2012 Mini Census of Population and Housing, table 1, Republic of Palau, Bureau of Budget and Planning: "2013 Statistical Yearbook", PDF.

2015 10th Belau Games Report, PDF.

三　相关网站

澳大利亚外交部网站，http://dfat. gov. au

国际货币基金组织网站，http://www. imf. org

美国中央情报局网站，https://www. cia. gov

美国中央情报局"世界概况"网站，http://www. webcitation. org/5ncBXKnx7

美国国务部网站，http://www. state. gov

帕劳国家官方网站，http://palaugov. pw

帕劳社区学院网站，http://pcc. palau. edu

帕劳中学网站，http://www. palaumoe. net

日本外务省网站，http：//www. mofa. go. jp

人民网，http：//news. sohu. com

维基百科，http：//en. wikipedia. org/wiki

世界卫生组织网站，http：//apps. who. int

世界银行网站，http：//wdi. worldbank. org

亚洲开发银行网站，http：//www. adb. org

福克斯体育，http：//www. foxsportspulse. com

索　引

Z

后 记

　　怀着一种极其复杂的感情，终于为这本书画上了最后一个句号。从开始关注太平洋岛国到本书的写作完成，时间已经整整过去了三年。本书的写作，也断断续续持续了近三年的时间。写作的过程既是一种"折磨"，也是一个不断探索未曾涉猎领域的过程，是一个痛苦并快乐着的历程。本书的完稿，不可不说呕心沥血，但仍然心有志忑。虽几经修改，然而，可能仍不免有疏漏之处。因此，我也殷切期待本书付梓之后能够得到更多的读者和专家的批评指正。

　　本书的写作，得到了聊城大学太平洋岛国研究中心诸位师长和同仁的鼓励和帮助，谨在此向他们表示诚挚的感谢。感谢陈德正教授的引导和帮助，使我开始涉足太平洋岛国这一新的研究领域。感谢李增洪教授、倪学德教授、吕桂霞教授、王作成博士、韩玉平博士、赵少峰博士、张勇博士、田肖红博士、刘丽坤博士的大力帮助。感谢中心刘建峰和王桂玉夫妇为本书的写作提供的帮助和支持。此外，还要感谢我的家人对我的支持和鼓励，正是有了他们做坚强的后盾，才使我能够安心写作。谨以此书献给我的父母。

李德芳

2016 年 10 月 8 日　于聊城大学太平洋岛国研究中心

新版《列国志》总书目

越南

非洲

阿尔及利亚

埃及

埃塞俄比亚

安哥拉

贝宁

博茨瓦纳

布基纳法索

布隆迪

赤道几内亚

多哥

厄立特里亚

佛得角

冈比亚

刚果共和国

刚果民主共和国

吉布提

几内亚

几内亚比绍

加纳

加蓬

津巴布韦

喀麦隆

科摩罗

科特迪瓦

肯尼亚

莱索托

利比里亚

利比亚

卢旺达

马达加斯加

马拉维

马里

毛里求斯

毛里塔尼亚

摩洛哥

莫桑比克

纳米比亚

南非

南苏丹

尼日尔

尼日利亚

塞拉利昂

塞内加尔

塞舌尔

圣多美和普林西比

斯威士兰

苏丹

索马里

坦桑尼亚

突尼斯

乌干达

西撒哈拉

赞比亚

乍得

中非

欧洲

阿尔巴尼亚

爱尔兰

爱沙尼亚

安道尔

奥地利

白俄罗斯

保加利亚

比利时

冰岛

波黑

波兰

丹麦

德国

俄罗斯

法国

梵蒂冈

芬兰

荷兰

黑山

捷克

克罗地亚

拉脱维亚

立陶宛

列支敦士登

卢森堡

罗马尼亚

马耳他

马其顿

摩尔多瓦

摩纳哥

挪威

葡萄牙

瑞典

瑞士

塞尔维亚

圣马力诺

斯洛伐克

斯洛文尼亚

乌克兰

西班牙

希腊

匈牙利

意大利

英国

美洲

阿根廷

安提瓜和巴布达

巴巴多斯

巴哈马

巴拉圭

巴拿马

巴西

玻利维亚

伯利兹

多米尼加

多米尼克

厄瓜多尔

哥伦比亚

哥斯达黎加

格林纳达

古巴

圭亚那

海地

洪都拉斯

加拿大

美国

秘鲁

墨西哥

尼加拉瓜

萨尔瓦多

圣基茨和尼维斯

圣卢西亚

圣文森特和格林纳丁斯

苏里南

特立尼达和多巴哥

危地马拉

委内瑞拉

乌拉圭

牙买加

智利

大洋洲

澳大利亚

巴布亚新几内亚

斐济

基里巴斯

库克群岛

马绍尔群岛

密克罗尼西亚

瑙鲁

纽埃

帕劳

萨摩亚

所罗门群岛

汤加

图瓦卢

瓦努阿图

新西兰

 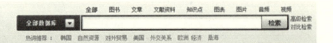

当代世界发展问题研究的权威基础资料库和学术研究成果库

国别国际问题研究资讯平台

列国志数据库 www.lieguozhi.com

列国志数据库是以"十二五"国家重点图书出版规划项目、中国社会科学院创新工程学术出版资助项目《列国志》丛书为基础，全面整合国别国际问题核心研究资源、研究机构、学术动态、文献综述、时政评论以及档案资料汇编等构建而成的数字产品，是目前国内唯一的国别国际类学术研究必备专业数据库、首要研究支持平台、权威知识服务平台和前沿原创学术成果推广平台。

从国别研究和国际问题研究角度出发，列国志数据库包括国家库、国际组织库、世界专题库和特色专题库4大系列，共175个子库。除了图书篇章资源和集刊论文资源外，列国志数据库还包括知识点、文献资料、图片、图表、音视频和新闻资讯等资源类型。特别设计的大事纪年以时间轴的方式呈现某一国家发展的历史脉络，聚焦该国特定时间特定领域的大事。

列国志数据库支持全文检索、高级检索、专业检索和对比检索，可将检索结果按照资源类型、学科、地区、年代、作者等条件自动分组，实现进一步筛选和排序，快速定位到所需的文献。

列国志数据库应用范围广泛，既是学习研究的基础资料库，又是专家学者成果发布平台，其搭建学术交流圈，方便学者学术交流，促进学术繁荣；为各级政府部门国际事务决策提供理论基础、研究报告和资讯参考；是我国外交外事工作者、国际经贸企业及日渐增多的广大出国公民和旅游者接轨国际必备的桥梁和工具。

数据库体验卡服务指南

※100元数据库体验卡目前只能在列国志数据库中充值和使用。

充值卡使用说明：

第1步 刮开附赠充值卡的涂层；

第2步 登录列国志数据库网站（www.lieguozhi.com），注册账号；

第3步 登录并进入"会员中心"→"在线充值"→"充值卡充值"，充值成功后即可使用。

声明

最终解释权归社会科学文献出版社所有。

数据库服务热线：400-008-6695

数据库服务QQ：2475522410

数据库服务邮箱：database@ssap.cn

欢迎登录社会科学文献出版社官网（www.ssap.com.cn）

和列国志数据库（www.lieguozhi.com）了解更多信息

图书在版编目（CIP）数据

帕劳 / 李德芳编著. －－北京：社会科学文献出版
社，2017.4（2018.8 重印）
　（列国志：新版）
　ISBN 978 － 7 － 5201 － 0610 － 8

　Ⅰ.①帕…　Ⅱ.①李…　Ⅲ.①帕劳－概况　Ⅳ.
①K965.2

中国版本图书馆 CIP 数据核字（2017）第 070849 号

·列国志（新版）·

帕劳（Palau）

编　　著 / 李德芳

出 版 人 / 谢寿光
项目统筹 / 张晓莉
责任编辑 / 叶　娟

出　　版 / 社会科学文献出版社·国别区域与全球治理出版中心（010）59367200
　　　　　　地址：北京市北三环中路甲 29 号院华龙大厦　邮编：100029
　　　　　　网址：www.ssap.com.cn
发　　行 / 市场营销中心（010）59367081　　59367018
印　　装 / 三河市尚艺印装有限公司

规　　格 / 开　本：787mm × 1092mm　1/16
　　　　　　印　张：19.5　插　页：0.75　字　数：283 千字
版　　次 / 2017 年 4 月第 1 版　2018 年 8 月第 2 次印刷
书　　号 / ISBN 978 － 7 － 5201 － 0610 － 8
定　　价 / 59.00 元

本书如有印装质量问题，请与读者服务中心（010 － 59367028）联系